クルディスタンを訪ねて

トルコに暮らす国なき民

松浦範子 文・写真

新泉社

クルディスタンを訪ねて　目次

Ⅲ　彼らの居場所

Ⅳ　私のなかのクルディスタン

装幀　藤原邦久

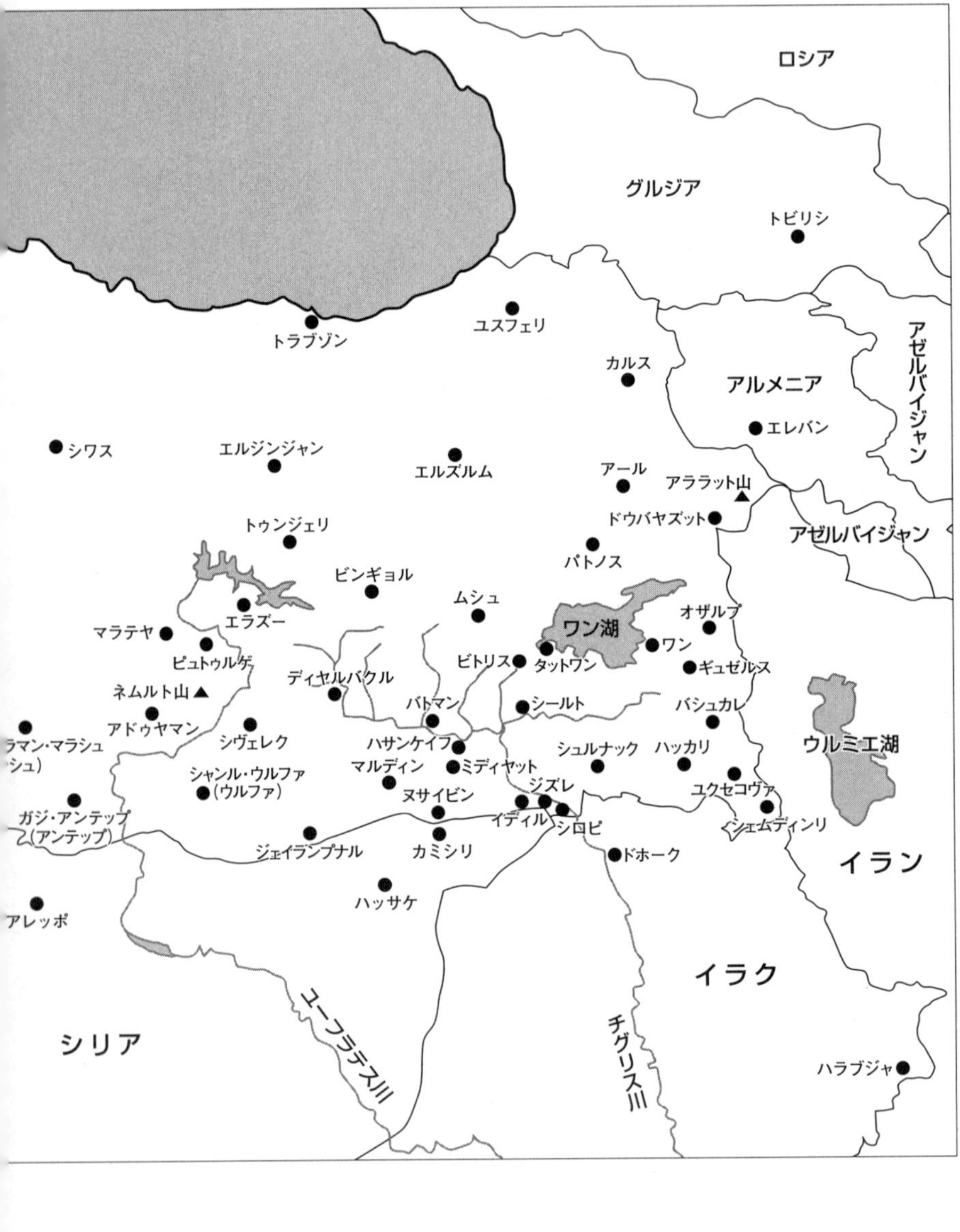
ロシア
グルジア
トビリシ
ユスフェリ
トラブゾン
カルス
アルメニア
アゼルバイジャン
エレバン
シワス
エルジンジャン
エルズルム
アール
アララット山
ドウバヤズット
アゼルバイジャン
トゥンジェリ
パトノス
ビンギョル
ムシュ
エラズー
マラテヤ
ワン湖
オザルプ
ワン
ピュトゥルゲ
ビトリス
タットワン
ギュゼルス
ディヤルバクル
ネムルト山
バトマン
シールト
バシュカレ
アドゥヤマン
ラマン・マラシュ
シュ)
シヴェレク
ハサンケイフ
シュルナック
ハッカリ
ウルミエ湖
マルディン
ミディヤット
シャンル・ウルファ
(ウルファ)
ジズレ
ユクセコヴァ
ヌサイビン
ガジ・アンテップ
(アンテップ)
イディル
シロピ
シェムディンリ
ジェイランプナル
カミシリ
ドホーク
イラン
ハッサケ
アレッポ
イラク
ユーフラテス川
チグリス川
シリア
ハラブジャ

ブルガリア
黒　海
ギリシャ
イスタンブール
マルマラ海
イズミット
ヤロヴァ
エーゲ海
アンカラ
トルコ
イズミール
カッパドキア
アンタルヤ
アダナ
メルシン
地中海
キプロス
ニコシア
レバ

＊文中、人物名の一部は仮名です。

プロローグ

はじめてのクルド人のまち
――ドウバヤズット――

トルコの国は、東西に長い楕円の形をしている。西の端のイスタンブールとは正反対の東の果てに、ドウバヤズットの町はある。そこは、北へ向かって五十キロ行けば旧ソ連領アルメニア共和国、東に三十五キロほど行けばイランという国境の町だ。

人口五千人あまりのこの町は、年々少しずつだが道路が整備され、繁華街は広がっている。町の中心街であるチャルシュ通りは、端から端まで歩いても通過するのにせいぜい一〇分程度。しかし、通り沿いには小さいながらも洋品店、食料品店、電気屋、薬局、ロカンタ（食堂）、銀行、モスクまで何でも揃っていて、最近ではスーパーマーケットも開店している。たいていの用事はここだけで済ませることができる。また、イラン国境に一番近い町であることから、両替商や、両替を請け負う貴金属店も多く、それらの店では銀行よりもいいレートでの取り引きが可能だ。しかも、トルコ国内では珍しく、イラン通貨（イラン・リアル）の両替ができるのである。

商店街には、働く子供が多い。その中でも靴磨きの少年たちは年齢層が低く、せいぜい七、八歳といったところだろう。どうやら、おとなしい性格ではこの商売は成り立たないと見え、やかましいほど活発な子が多い。彼らは、道具一式を入れた木箱を肩からぶら下げ、数人組で道行く人に声を掛けてゆく。交渉はなかなか粘り強い。首尾よくお客を得た少年は、生真面目な顔をし、すでに真っ黒になっている小さな手で、大人の大きな靴に身体全体を使って磨きをかける。彼らは幼い少年たちだが、すでに職人の顔を持っている。客とて、相手が子供だからといって、大目に見てやるようなことはない。そこには、れっきとした客と職人という関係が成り立っているのだ。

一方、自分の持ち場で商売をじっと続けている煙草売りの少年の多くは、靴磨きの少年とは違ってクールだ。みかん箱ほどの大きさの、木枠にガラスをはめ込んだケースには、いろいろな銘柄の煙草が並べられ、ライターやマッチ、煙草一本ずつのばら売りもある。彼らは、売り込みもしないし、余計なことはしゃべらない。買いに来た客に煙草を手渡し、料金を受け取るだけだ。夕方になれば箱ごと持って帰り、朝にはまた同じ場所で、箱のふたを開けて客を待つ。

そのほか、客の体重を量って小銭を稼ぐ少年、屋台に積んだ野菜を量り売りする少年、銀色のお盆にチャイと角砂糖を乗せて出前をする茶屋の少年など、この道を歩けば、たくさんの小さな仕事人たちに出会う。

ドゥバヤズットは、一日あれば十分見て回ることができるこぢんまりとした町だ。この町の歴史は浅いと聞く。確かに歴史の重みはないけれど、都会の喧騒に染まっていないゆったりとした時間が流れるこの町は、どこかしら古き良き時代を偲ばせる。

ただ、ここには旅人の目に奇妙に映るものがある。たくさんの兵隊の姿である。迷彩色の制服に身を包み、肩にライフル銃を担いだ青年兵士は、たいてい数人組で買い物をしていたり、カフェでアイスクリームを食べていたりする。この町の軍事施設に送り込まれた徴兵中の若者たちが、休憩時間を繁華街で過ごしているのだ。それゆえ、武器を携帯する兵士といってものんびりしたもので、その姿に物々しさは感じられない。

イスタンブールなどトルコ西部の観光地で出会った人たちは、「東部には行くな」と口々に言っていた。見どころなど何もないし、戦争をしているから危険だ、というのだ。ところが、そう忠告してくる人の中に、自ら東の町に足を踏み入れたことのある人はほとんどいなかった。「本当のことなど、来てみなければわからない。ここは平和そのものではないか」——何も知らなかった頃、私はそう思っていた。

町の中心を離れ、外に向かって歩いて行くと、庶民の暮らす四角い民家が見えてくる。塀に囲まれた庭には葡萄やイチジクの木が植えられ、ニワトリやアヒルが歩き回っている。羊の毛皮が、洗濯物のように干してあることもある。

日中、この辺りで出会うのは女や子供ばかりだ。体格がいいせいか、威張って見える大人の女たちは、男のいない場では非常にたくましく、よくしゃべる。旦那の前では、多くの女が撮影を断るくせに、女だけになると「ほら撮っておくれよ！　次はあたしの番だ！」と凄まじい。写真を撮りにやって来た私の方が遠慮したくなるほどだ。一方、嫁入り前の若い娘たちは、物静かで身のこなしも上品だ。しかも美しい。かつてのオスマン帝国とペルシャ帝国、アラブ・イスラム世界の狭間に位置するクルディスタンには、かなりの美形が多いのだ。ただ、それも正直なところは若いうちだけだ。女の多くは歳を重ねるにつれて肥え太り、美しさは衰え、代わりにたくましさと脂肪が備わってゆく。今となっては目も当てられない中年の女たちも、かつては恥じらいのある美少女だったに違いない。そして、目の前にいるきれいなこの娘たちも、あと十年、二十年経てば、彼女たちの母親同様の姿に変身してしまうのだ。

町の周辺へと進んで行くと、思わず立ち止まって息を吸い込みたくなるような光景に出くわすことになる。そこには広大な丘陵地帯が広がっているのだ。草の大地にはゆっくりと進むいくつもの羊の群れがいる。点在する集落からは、生活のぬくもりを感じさせる細い煙が立ち上っている。

そして北東の方向にそびえ立つのが、標高五一六五メートルの大アララット山と、富士山に似た小アララット山だ。この山の名前は、かつてワン湖周辺に栄えた文明「ウラルトゥ」からきており、ウラルトゥがなまってアララットになったといわれている。

アルメニアの言い伝えによれば、アララット山はノアの方舟が漂着した聖なる山であり、ノアが祭壇を築き、家族と動物たちの無事を感謝するために供物を捧げた場所ということになっている。また、ノアが「農夫となり、葡萄畑を作り始めた」のも、息子のハムが「父の裸を見た」のもこの場所なのだそうだ。トルコでは、この山はアール・ダーと呼ばれ、トルコ語のそれは「苦痛」を意味するが、アルメニア語でアールはアグリとなり、「彼は葡萄を植えた」という意味になる。

そして、ドウバヤズットの町から二十六キロほど離れたアール・ダーの郊外に、なんとノアの方舟が埋まっていたと噂される場所がある。確かにその地点を少し高い位置から見下ろしてみると、土地のでこぼこは方舟の形に見えなくもない。一九八五年にこの場所が発見されると、調査は進められ、まるで方舟の残がいであるかのような古い糸杉の木片などが多数発掘された。方舟の形をした土地の起伏を一望できる資料館には、発掘当時の写真や新聞記事などが展示されており、ここは観光コースの一つにもなっている。

だが、ドウバヤズットの一番の見どころとされているのは、イサク・パシャ宮殿だ。町から東に向かって五キロほど行った山の中腹にあるこの宮殿は、十七世紀にこの地を治めたクルド人の王、イサク・パシャによって建てられた。ドーム型の天井と外壁に施された美しい装飾をもつこの殿堂は、荒涼とした景観に溶け込み、かつての栄光の余韻を残しつつも、衰退の悲哀を物語っている。傷みがひどく、修復が進められている内部からでは、当時の華やかさは想像に任せるしかないが、全面積七六〇〇平方メートルの敷地には、全部で三六六もの部屋があったとされ、現在でもモスク、ハレム、浴場、厨房、王の墓、牢獄などの名残を見ることができる。

私が、そのドウバヤズットの町を初めて訪ねたのは、一九九七年の夏のことだった。友人が文章を書き、私が写真を撮る。私たちには、いつか二人で本を作りたいという夢があった。「絨毯織りの女を取材して本にしよう」。そして、その第一歩として、私たちは二週間のトルコの旅を計画したのだった。

トルコでは、絨毯を織るのは女である。最高級品である絹の絨毯は、目が細かく、模様も複雑だ。一日中織り続けてもほんの数センチにしかならず、一生の間に織れる絹の絨毯はほんの数枚といわれている。そんな繊細で緻密な作業をするのは歳のいかない少女たちだ。指が細く、目のよい若いうちでないと、絹は織れないからだ。歳を重ね、家事や力仕事で指が太くなると、糸も太く、目の粗いウールの絨毯を織るようになる。さらに老齢に達し、目が衰えれば、糸を紡ぐ役目へと変わってゆく。色や柄のすべてに意味が込められ、その土地ならではの特徴を兼ね備えた絨毯は、元来、女の子が八歳くらいになると母親から手ほどきを受け、嫁入り道具として持参するために織ったものだった。しかし、現在ではだんだんその習慣も薄れ、工房で織られるようになった高価な絨毯は、海外からやって来る観光客向けのものとなってしまった。また、工房で絨毯を織る仕事というのは、地味で目を酷使する厳しい労働の割に報酬が少なく、織り手は減る一方らしい。

私たちは、消えゆく美しき習慣を見たかった。当時の私は、朝から晩遅くまで会社に釘づけの日

々の中で、写真家としての自立を目指していた。私たちはそれぞれ違った事情を抱えながら、それでも何か一つのことを見据え、形にしたいと願っていた。

そして、二人揃ってイスタンブール、トラブゾン、エルズルム、と進み、次にやって来たのがドウバヤズットだったのである。

ドウバヤズットに着いた晩、夕飯を食べに行った帰り道のことである。警察署の前を通り掛かると、一人の警官がたどたどしい英語で話し掛けてきた。ナンパである。友人が「あれが見てみたいんだけど」と、署の前に停められていた装甲車を指差すと、意外にも警官はあっさりと快諾した。その時の私たちは、もちろんただの興味本位だった。

そばに寄って見ていると、「これでイサク・パシャ宮殿にドライブに行こう」と警官は誘い掛けてきた。私たちは二人とも、めったにないチャンスということに対しては相当貪欲である。好奇心をかき立てられて「行く！」と答えると、まずは装甲車の中に入り込んで目に入るすべてのものを脳裏に焼きつけた。フロントガラスは横に細長く側面の窓も小さいために、街灯の光はほとんど入ってこない。それでも目が慣れてくると、暗い車内の床の上に、たくさんのライフル銃が積み重ねてあるところや、大きなハンドルと細長いギアのついたとてもシンプルな運転席の様子が見えた。次に私たちは、車内に取りつけられたはしごを使い、天井に空いたハッチから這い出て、車体の上によじ登った。思ったよりも視界は高い。それから警察官は本当に装甲車のエンジンをかけると、そのままドウバヤズットの町を抜け出し、草原の中の一本道をものすごい轟音を立てて突っ走ったのである。振り落とされないように装甲車の屋根にしっかりとつかまり、強烈な冷たい夜風にあおられながらも、満天の星空を仰ぎ見ては、私たちは完全にはしゃいでいた。

「本物の装甲車に乗って一般道を走るなんて、めったにできることじゃない！」

イサク・パシャ宮殿にこそ行かなかったものの、私たちはほんの一〇分か一五分のドライブを心底楽しんだ。その後、警官がどうしてもホテルまで車で送ると言うので私たちはそうしてもらったのだが、車に乗ると警官はピストルを手にして言った。

「これからビールを飲みに行こう。なあに心配することはない。野犬が襲ってきたらこれでパンパンパン、PKK（クルディスタン労働者党）ゲリラがやって来てもこれでパンパンパンだ」

警察官だと思ってうっかり信用したが、ここは日本ではない。自分たちの認識の甘さを、この時になって初めてはっと気づいたのだった。これはまずい……。頑なに断り続け、なんとかホテル前で車を停めてもらうと、制服姿のまま警官はこう言った。

「こんな安ホテルにいたら、身体が痒くなる。知っているホテルがあるからそこに泊まるといい。そこで一緒に楽しくやらないかい？」

私たちは「もうこのホテルにお金を払ってしまったから」と、逃げるようにして車を降りたのだった。

ホテルに入ると、私たちの様子をうかがっていた二人の青年が冷ややかに言った。

「警察を信用するんじゃない。下手をすれば命取りになる。警察はそうやって観光客に声を掛け、人のいないところに連れて行き、乱暴した後に殺してしまうなんてことを平気でする連中なんだ。無事で帰ってこられたのは何よりだが、あんたたちはこの国の警察のことなんてまるでわかっちゃいないようだな」

自分たちの無鉄砲で世間知らずな行動に、恥ずかしさで顔から火が出そうだった。その上、実は装甲車に乗ってきただなんて、とても打ち明けられるはずもなかった。

「警察は何かというとすぐに賄賂を要求してくる。拒否すれば豚箱行きだから、誰もが仕方なく払うんだ。そうやって得た金で、彼らはあんたたちを乗せたような乗用車を買い、酒を飲む。ましてや、ここはクルディスタンだ。トルコじゃない。住んでいる僕たちはクルド人だ。トルコ人じゃないんだ。だから余計に差別され虐げられてきた。僕たちにとって、警察というのは守ってくれる存在どころじゃない。敵さ。あいつらは犬だよ」

「犬」というのは、相手を罵り侮辱する時の最低の言い方だ。警察なら安心だなんて、ここではあり得ない。いや、世界中で警察を信用できる国なんて、そうはないのかもしれない。

「僕たちは生まれた時から、家庭の中でクルド語で語り掛けられて言葉を覚え、育った。でも、この国では公の場でクルド語を使ってはいけないことになっている。クルド人の音楽、民族衣装、そして伝統行事もすべて禁止されているんだ。西部の都市に行けば、クルド人は馬鹿にされたり、嫌がらせを受けることもある。以前、僕がイスタンブールで仕事をしていた頃のことだが、道を歩いていたら警察に呼び止められ、身分証明書を提示させられた。当然、出身地から僕がクルド人だということがわかってしまう。僕はその時、袖《そで》の下を渡さなかったから、そのまま警察署に連れて行かれて拘束されたよ。一切飲み食いなしで、トイレにも行かせてもらえず、一昼夜牢屋で過ごすしかなかった。イスタンブールで何をしたわけじゃない。ただ道を歩いていただけなんだ。外に出してもらえた時には、『東の奴はこっちに来るな』と吐き捨てるように言われた……。これはほんの一例にすぎないんだけど、この国ではクルド人はそういう目に遭っているということなんだ」

私にとっては、初めて耳にすることばかりだった。親切なことで有名なトルコ人の国で、まさかそんな現実があろうとは思ってもみなかった。しかし私は、二人の言葉の中に誇張や偽りがあるとは思えず、これが真実だということを信じて疑わなかった。そしてその時、ある記憶が私の脳裏をよぎった。

それはその半年前のこと、私は、カッパドキアの観光案内所で働く男性が見事に数カ国語を使い分けるのを感心して見ていた。「何カ国語を話せるんですか」と訊く私に、彼は「トルコ語、英語、イタリア語。そして……」と言うと、そばにあった紙切れに走り書きをしてそっと示した。そこには、小さく「KURDISH（クルド語）」と書かれていた。彼はすぐにそれを黒く塗りつぶし、紙を小さく千切り、ストーブの火に投げ込んだ。そして彼は、小声で「僕の父はクルド人だから」とつけ加えた。たったそれだけの彼の言動ではあったが、重大な秘密が隠されているようでもあり、危険なことを孕んでいるかのように見えたのだった。その当時は妙に気にはなったものの、それっきりになっていたその記憶が、この時突然思い出され、すーっと謎が解けたような気がした。

その晩、部屋に戻り、灯りを消してベッドに入ってもなかなか寝つくことができず、何度も寝返りを繰り返していた。明るく言葉を掛けてくるクルド人の子供や老人の表情、若者の無骨な物言いで語られた差別やいじめの現実、何も知らず、何も考えずに警察の装甲車に乗って大喜びしていた愚かな自分の姿……。いろいろな映像と感情が入り混じっては頭の中をぐるぐると回り、わーっと叫んで心の中をくしゃくしゃに丸めて捨ててしまいたかった。

その翌朝、私はあまりの吐き気と腹痛で目が覚めた。前日の夕食がもとで、ひどい食中毒を起こしたのである。一口の水さえ吐き出してしまうほどだった私は病院に担ぎ込まれ、生まれて初めて点滴を受け、ホテルの古びたベッドで死んだように三日三晩眠り続けた。友人をはじめ、ホテルの人たちにも大変な迷惑を掛けた上に、短い旅行日程の貴重な時間を私たちは失うこととなった。そういうわけで、はるばる東の果てまで来たものの、私たちは肝心の「トルコの絨毯を織る女」を訪問するという計画は果たせないまま、旅を終えたのだった。

私はこの一件があってはじめて、平和と戦争、軍隊と兵器の存在についてなんら深く考えることもせずに生きてきた自分に気づいた。そして、装甲車に乗って喜んでいた愚かな自分に強烈な羞恥心と嫌悪感、憤りを覚えるようになった。あの鉄の塊は、人を殺す目的で作られた、人殺しに向かう者たちの乗り物ではないか。静かなクルド人の町を轟音を立てて突き進み、私たちに笑顔を向けてくれた純朴な人々を脅かし続けてきた代物に、どうして面白半分で乗り込むことができよう。たくさんの人々を殺戮するための道具でしかない銃や装甲車を、ただの好奇心で、興味の対象としてしか見られなかった自分は、なんと恐ろしい考え方の持ち主だったのだろう……。

普段の生活に戻った私の頭の中からは、絨毯を織る女の人生のことは次第に薄れていった。その代わりに、根強く私の心を揺さぶり続けたのは、クルドの人々とクルド人の土地(=クルディスタン)のことだった。

それにしても私は、クルド人、あるいはクルディスタンについて、あまりにも無知だった。ガイドブックのドウバヤズットのページには、「この町の住民のほとんどがクルド人」という程度の記述はあるから、その存在くらいはうすうす知っていたにせよ、その実態など知るよしもなかった。あとからわかったことだが、トルコ国内ではもちろんのこと、世界的に見ても、クルド人問題は民族問題や人権問題の枠を超えた人間存在の根幹に関わる未解決の大きな問題だったのだ。それにもかかわらず、日本ではこの問題について伝えられることはほとんどなかった。私は、そんなクルド人の問題について、もう少し知りたいと思うようになっていた。逆境にも負けず、明るくたくましく生きる人々の日常に触れ、歴史に刻まれることのない庶民の声を聞きながら、彼らの飾らない表情に光を当てるような写真を残したいと思わずにはいられなくなっていた。

写真を撮りに行くにあたって、彼らの社会的な背景をもっと勉強し、理解しようと試みた。だが、素人の私は資料を集める方法すらよく知らなかった。クルド人について書かれている本はなかなか見つからず、図書館にある民族辞典のようなものから少しずつ拾っては、学んでいくしかなかった。そんな時、都心にある大型書店で偶然出会ったのが、トルコ人社会学者イスマイル・ベシクチが著した『クルディスタン＝多国間植民地』（中川喜与志・高田郁子編訳、柘植書房、一九九四年。原書一九九〇年）だった。そこには、クルド民族に関する歴史や概論、第一次大戦後に引かれた国境線によって多国間にまたがる植民地あるいはそれ以下の存在とされたクルディスタンの悲劇、歴代トルコ政府の行ってきた対クルド人政策の具体的な内容と問題点、またクルド民族の内部にある問題などが、分厚い本に綿密に書き込まれていた。私の体験はちっぽけなものだったが、その内容を理解する上で大いに役立った。警官のナンパ、ドウバヤズットの宿で聞いた話、カッパドキアで気になったこと……。ベシクチが綴った知られざる事実に、自分自身が経験した出来事が重なり合った。ぼんやりとしていたものが少しずつ見えてきたような感覚を覚えた時、私は震えた。そして、後ろから背中を押されているような気がしたのだった。

それからしばらくして、私は会社勤めを辞め、一人でクルディスタンを繰り返し訪れては、クルド人の写真を撮るようになっていった。

I

行き先は「クルド」

行き着いたまち
──メルシン──

イスタンブールからトルコ航空の国内線に乗り継ぎ、南に向かって約一時間半ほど飛ぶと、地中海沿岸に位置するトルコ第四の都市アダナに到着する。さらにそこからバスで西へ一時間、やって来たのは、地中海で第一の港町メルシンである。

メルシンは、羊毛、綿などトルコの産物の積出港として、重要な役割を果たしてきた。人口十五万人を抱える工業地帯である一方、温暖な気候を利用した農業の盛んな土地でもある。そんな豊かなこの町の海岸線には、緑豊かな遊歩道と公園が広がっており、そこは人々の憩いの場となっている。夕方になれば、散歩を楽しんだり埠頭に腰掛けて釣り糸をたらす人、海に向かって凧上げをする家族連れなどでいっそう賑わう。公園の脇を走る国道の向こう側には、海を臨むように建てられた高層高級住宅が連なり、落ち着いた雰囲気の中にも華やかさが感じられる町である。

メルシンは大きな町である。なかでも銀行や高級ホテルの並ぶ目抜き通りや港は、メルシンの表の顔といえるだろう。だが、華やかな部分を取り囲むようにして、周辺にはそれとは裏腹な庶民の家々が建ち並ぶ地区が広がっていることを忘れてはならない。そこには、トルコ国民の五人ないしは四人に一人、人口にして約千二百万人以上といわれるクルド人が数多く暮らしている。

「国を持たない民族としては世界最大」といわれるクルド民族は、メソポタミア文明発祥の地、チグリス・ユーフラテス川の上流地域に古くから暮らしてきた先住民族である。その総人口は二千五百万とも三千万ともいわれ、中東ではアラブ人、トルコ人、ペルシャ人に次ぐ規模を誇る。五十万平方キロメートルにも及ぶその居住地域は、古くから「クルディスタン（＝クルド人の土地）」と称されてきた。しかし第一次世界大戦後、その土地は、トルコ、イラン、イラク、シリア、旧ソ連などの国境線で分断されるようになり、併合されたそれぞれの国内においてマイノリティとなったクルド人たちは、同化政策や差別、時に熾烈な迫害に直面してきた。

メルシンの中にある「クルド人のまち」。春にしては強い陽射しの下、空気が乾燥し、砂ぼこりの舞い上がる通りでは、近所の子供たちが一丸となって走り回っている。通りに面した四角いアパートの玄関先には、スカーフで頭を覆い、ゆったりとした長いワンピース姿の女たちが集まっては座り込み、世間話に余念がない。時の流れの緩やかな、昨日と何ら変わらない生活。決して裕福とはいえないけれど、一見、穏やかな暮らしが営まれているかのように見てとれる。

クルドの人々との出会いを求めてやって来た私は、二十一世紀を迎えて最初に廻ってきた犠牲祭を、そんなメルシンで過ごすことになった。各家庭が神に生け贄を捧げる犠牲祭は、毎年イスラム暦第十二月の十日目から四日間行われる。陰暦のイスラム暦は太陽暦よりも十一日から十二日短いため、一年ごとにその日数分がずれていき、三十数年で一周する。私の訪れた二〇〇一年は三月五日からだった。翌年は二月二十二日からということになる。トルコでは、この宗教行事が行われる日を含む約一週間は、学校も会社も休みとなり、官公庁や商店も閉鎖され、国中で帰省や旅行の大移動が見られる。

祭りの始まる朝早く、時計の針が四時半を指す頃、祈りの時を知らせるアザーンが夜明け前の静かな町に響き渡った。祭りが行われるにあたっての特別なアザーンとはいえ、まだ暗闇に包まれているこの時間、モスクで祈りを捧げるのはほんの一握りの老人だけである。

次のアザーンは午前六時、今度のモスクはあふれんばかりの人で賑わっている。祭りに際し、入口には寄付金を募る箱も用意された。一組の母子が施しを待ち受けて、布の上にしゃがみこみ、ただじっとうつろな目をして人の出入りを眺めている。

儀礼を果たすつもりで頭にスカーフを被り、私もモスクに入った。女性は二階に上がり、ついての裏で祈りを捧げることになっている。なんとなく、女は後ろの方へと追いやられているように思えなくもないが、厳かな礼拝の様子を邪魔することなく、いや正直なところ、白い目で見られたり注意を受けずにすむから、撮影するにはかえって都合がいい。大勢の男たちがメッカの方向に向かって一斉にひざまずき、頭を床につけて祈る姿を俯瞰で捉えることもできるのだから、なおさら結構なことである。思う存分シャッターを切った後、私は外に出て、今度はモスクへ向かう人の姿を眺めながら、絵になるような被写体を待ち受けることにした。ところが、毎度のことながらこの時も、私はあっという間に子供たちに取り囲まれてしまった。トルコでは、私がカメラを構えるたびに、いつでも子供の集団がさっと寄ってくる。そして、彼らは身をもってすべてを遮り、「われこそは！」といわんばかりにフレームに納まろうとする。こちらも挨拶程度に二、三枚撮ってやるが、彼らはとどまるところを知らない。これまでにどれだけの美しいシャッターチャンスを彼らのおかげで逃したか知れないのである。トルコ語では子供のことを「チョジュック」というが、ちょっと邪悪な響きのするこの言葉は、まさにこんな時の彼らにぴったりだと私は思ってしまう。晴れ渡った空の下、犠牲祭という特別な日のモスクの光景は、やはり写真に収めたい。しかし、すでにチョジュックたちは目の前で控えている……。私には策が必要だった。

「礼拝が終わったら、たくさんの人たちがモスクから出てくるでしょ。その人たちの写真を撮りたいのよね。でも、きっとたくさんの子供たちが写真に写ろうとして私を邪魔すると思うのよ。だから、そういう子供たちがやって来たら、『だめだよ』って言ってくれないかなあ。君たちなら、できると思うんだけど……」

私は彼らに仕事を頼むことにしたのだ。すると彼らは、撮影を妨げるチョジュックからキリリとした顔つきの私の子分へと早変わりし、「わかった。まかせてくれ」と言って、背の高さがずいぶん違う私を見上げながら大きく何度も頷いてみせたのだった。

そうこうしていると、近くに立って私たちの様子をうかがっていた男性が一言二言声を掛けてきた。するとその途端、子供たちは一人残らず、一目散に私のもとから走り去ってしまうではないか。素直なチョジュックたちにたいそう気をよくしていた私は、突然のことに「おいおい、あんたたち行っちゃうの？　私の頼んだ仕事はどうするつもりよ」と思いながら、仕方なく彼らの駆けていく方向を目で追うしかなかった。見ると、どこからか逃げてきたらしい一頭の羊がこちらに向かって走ってくる。神への生け贄として買われた羊は、これから自分に起ころうとしていることが、わかっているかのようである。子供たちは羊を捕まえるようその男性に言われたのであろう、私の目の前に羊が到達したところで寄ってたかって取り押さえた。そしてもと来た方向へと、ある者は角を捕まえ、ある者は毛を掴み、時折羊を蹴飛ばしたり叩いたりしながら、力ずくで羊を連れて行った。私は、彼らが通りを曲がって見えなくなるまで、なぜかその姿から目を離せずにいた。あの羊は生け贄となる日の朝、逃げ出してはみたものの、結局は捕まり余計に痛い思いをしてしまった。何か、せつない光景を見てしまったものだな、と思いつつ……。

間もなく、子供たちは飛び跳ねるようにして私のもとへと戻ってきた。そして礼拝も終わり、たくさんの男たちがモスクからどっと出てくると、子分たちは私がカメラを構えるたびに、キリッとした態度で「はいはい、邪魔しないように！」と、予想以上の働きをみせた。さらには、「もう少ししたら白い服を着たホジャ（聖職者）が出てくるから、ここで待っていたほうがいい」などというアドバイスをするほど立派なアシスタントに成長していた。しかし、「これがぼくのお父さんだ。写真を撮るといい」などと言ってくる子供ももちろんいる。が、それはご愛敬である。こちらも楽しみながら撮らせてもらう。人々が出払った頃、ホジャへの挨拶を済ませ、最後に、見事にアシスタントを務めあげた子供たちに対し、お礼代わりといっては何だがカシャカシャと多めにシャッターを切り、私は大満足で撮影を終えることができた。


祭りの日、人々はこぞって親戚や知り合いの家々を挨拶回りする。私の滞在先はとりわけ来客が多かった。昨年、惜しまれつつ亡くなった、多くの人々の尊敬を集めたクルド人の家庭だったからである。掃除の行き届いた広い部屋の壁には、花や工芸品が貼りつけられ、生前の主《あるじ》の写真も飾られていた。

午前九時頃になると、お客がポツリポツリと現われ始めた。家族は立ち上がり、客を部屋に迎え入れると、ぐるりと輪になって座につく。この時、地位のある人や年配のお客には窓際に並んだソファーを勧め、客を迎える家族は若い人たちと一緒に、背中に大きなクッションをあてて絨毯を敷き詰めた床の上に座る。そんな何げないルールが、ここではきちんと守られている。背中にクッションがなく、部屋の壁にもたれ掛かって座っている人があれば、すぐに誰かが気づいて枕を持っていく。同席した者同士、互いに心配りを怠ることはない。そして中央を向き、部屋の真ん中を広く開けた形で、文字どおりの座談会となるわけだ。迎える家族は、山盛りのキャンディーやクッキー、煙草などを大きなお盆に乗せ、座に着いたお客一人一人を順に回り、好きなものを取ってもらう。お茶やコーヒー、果物も同じようにして振る舞う。そうしているうちにも、次々と別のお客が押し寄せるようにやって来る。そのたびに、その場に居合わせたすべての人たちが一斉に立ち上がり、口々に「イドデ・ピュルズブ」というクルド語のお祝いの言葉を交わしながら、一人ずつ握手をして回る。

その前日、いつもはジーンズ姿の私は、人の集まる祭日のためにと、その家族の一員である友人に洋服を買い与えられていた。ロング・スカートにセーターとベストという三点セットだった。私にはどうも似合わず、不恰好に思えた。したくもないスタイルを無理矢理押しつけられた私は、仏頂面をして「こんなの嫌だ、欲しくない」と抵抗した。それでも、「祭りが終わったら捨ててしまえ」と言われて、しぶしぶ買ってもらったのだった。祭りの当日、私はその服を身につけ、円陣に加わり、「イドデ・ピュルズブ」とたくさんの人に挨拶をした。訪れた人の中には、私が前回メルシンを訪れた折に、食事に招いてくれたり、話を聞かせてくれた人が何人かいて、私との再会を喜んでくれた。初めて会う人たちも、はるばる遠い国からやって来た私を歓迎してくれた。そんな暖かな注目を浴びながら、私はクルド人に似た恰好をし、彼らのやり方を真似ながら覚えたてのクルド語で挨拶をすることが、嬉しくてたまらなくなっていった。嫌だったロングスカートも、はいてみると快適だったし、慣れてくればまんざらでもない。そしてふと、私が客人に対してクルド語で挨拶を交わすたびに、友人が目を細めて私を見ていることに気づいた。「洋服を買ってあげるから」と言ってくれたその友人に、私はなぜあんなに意固地になって、つまらぬ反抗をしたのだろうと、私は心の内で密かに反省したのだった。

しばらくしてから、私たちもよその家庭や友人の親戚を訪ね、キャンディーやお茶をご馳走になった。こんなときは、長居をしないのがマナーのようである。丁重にお礼を述べ、引き留める家人のもとを早々に後にするのだった。

私がメルシンで出会ったクルド人たちは、男女ともつねに堂々とした美しい立ち居振る舞いを見せ、二十代の若者であっても、大人としての社交をきちんと身につけていた。しかしながら、こういうしゃちこ張った挨拶やおつき合いというのは、若い人にとっては少々肩の張ることではあるようだ。クルド人の社会では、年齢や間柄においての上下関係が非常に厳しく、目上の人に対してつねに気を遣わねばならないので、それも致し方のないことだろう。友人たちには気晴らしが必要だったとみえ、挨拶回りを終えると、私を連れて海岸へ行こうと言って歩きだした。

空き地や公園または玄関先では、犠牲祭で捧げられた生け贄の羊が木に吊り下げられ、解体されていく光景があちらこちらで見受けられた。切り分けられた肉は親戚や知人に分配され、さらにイスラムの教えに則って、貧しい人にも分け与えられることになっている。肉のかたまりを入れた大きなボールやビニール袋を手にして家路に向かう人々とすれ違いながら、私たちは歩き続けた。

海岸に向かう途中で、私たちはある場所に立ち寄った。HADEP（ハデップ・人民民主主義党）の事務所である。HADEPはトルコにおけるクルド人唯一の合法政党で、民主主義、平和、平等、人権の保護などを掲げ、多くのクルド人の支持を集めている。部屋に入ってみると、さまざまな年齢層の市民が、その開かれた雰囲気の中でテーブルを囲んでお茶を飲んだり、窓辺に立って談笑したりしていた。まるで、立ち寄れば必ず茶飲み友達と落ち合えるサークル活動の部室のようである。ただ、額に入れられて壁に横一列で並べられた写真に写っていたのは、傷つき血を流して倒れ死んでいったクルドの人々の無惨な姿であった。イラン・イラク戦争末期に北イラクのハラブジャでフセイン政権が起こした、死者五千人以上といわれる化学兵器による大量虐殺事件の犠牲者、トルコ南東部で発見された拷問を受けた若い女性と赤ん坊の遺体、行方不明のＨＡＤＥＰの党員や活動を支援していた若者の肖像……。状況や撮影場所はさまざまであっても共通するのは、いずれも「クルド人に起こった悲劇」の現実だった。

友人たちと離れ、一人で部屋を一巡して写真を見終わった時、私は二十歳前後の女性たちに「はるばる遠い国からようこそ」と声を掛けられた。しばらくの間、たわいのない会話を交わしていたが、髪を短く刈り込んだ女性が、ふと、「私は三年間マルディンの刑務所にいたの」と話し始めた。

三年前、彼女がまだ十八歳だった頃、生まれ育ったマルディンの家に警官が突然なだれ込んできた。彼女はそのまま連れ出され、その後、連日にわたって棒で叩かれたり、電気ショックを与えられる拷問を受けたという。拷問を行ったのは警官で、男性の場合もあれば女性の場合もあったそうだ。彼女はそばにいた妹を気遣い、拷問の詳細については語ろうとしなかったが、「女だからといって手加減されるものではない」と言いながら、少し顔を歪ませたのだった。拷問を受けたところで何も語らなかった彼女は、結局、三年間の懲役を課せられることになってしまった。

ではいったい、彼女は何を犯したというのか。なぜ彼女は連行され、拷問まで受ける羽目になったのだろうか？

「政府に逆らうような抗議行動やゲリラ活動、もちろんテロ行為なんて一切やってないわよ。ＨＡＤＥＰの仕事をしただけ。例えば、女性同士で集まって交友の輪を広げたり、互いの連帯感を強めることを目的とした集会を行うとか、お祭りを企画実行したりとかね」

この時、二十一歳の彼女は出所してまだ三カ月、そんなことのあった地元を離れ、親戚を頼ってメルシンで暮らし始めたばかりだった。二十歳にも満たない年齢で拷問を経験し、つい最近まで苦汁をなめてきたせいなのか、彼女は年齢の割に老けて見えた。肌にはみずみずしさがなく、すでに深いしわが刻まれていた。しかし、晴れ晴れとした表情で彼女は言った。

「刑務所でいろいろな人と出会ったけれど、みんな情熱的で素晴らしい人間ばかりだった。あの出会いは、私にとって生涯忘れることのできない、とても大切な経験だったと思う」

きっと、彼女と同じような活動をして投獄された人たちのことを指しているのだろう。そう話す彼女の、信念の強さを裏づけるような眼光と、背筋のぴんと伸びた毅然とした態度が印象的だった。

そして、そこでもう一人、経験を話してくれた男性があった。

一九九四年のこと、彼がちょうど二十歳の時、警察官は突然やって来た。南東部のある町の自宅で、いつものようにお茶を飲みながら、くつろいでいた晩のことだった。激しくドアを叩く音がしたかと思うと、二十人ほどの私服警察官がドアを蹴り破り、土足のままライフル銃を携えて入り込んできた。あっという間にうつ伏せに突き倒された彼と従兄弟は、頭と身体を足で強く踏みつけられ、身動き一つ取れなくなった。そして後ろ手に手錠をかけられ、目隠しされた。母親の泣き叫ぶ声や妻が殴られる音が聞こえていても、彼にはもはやどうすることもできなかった。

彼と従兄弟はそのまま警察署に連行され、服をすべて剥ぎ取られて小部屋に放り込まれた。そこにはすでに、同じように服を脱がされた者が二人入れられており、そのうちの一人は女性だった。小さな空間に四人もの人間がすし詰め状態だったから、彼らの姿を見ずとも声を聞かずとも、その様子はわかった。別室に連れて行かれると、目隠し、後ろ手の状態で大きなフックに吊り下げられ、拷問が行われた。叩かれ、刃物で切りつけられ、傷口には塩が塗り込められた。

気の遠くなるほどの痛みに耐える、そんな毎日だった。それが繰り返し一カ月も続いたかと思われる頃、警官は金をちらつかせながら「この金をお前にやろう。その代わりにアジャンになるんだ」と言ってくるようになった。

アジャンとは、仲間のクルド人の中に、政府を批判する者、クルド人ゲリラを援助する者、分離活動をする者がいたら、それを警察に密告するという政府側の代理人、要するにスパイのことである。アジャンには、密告するたびに報奨金が支払われる。そのため、経済水準の低い南東部地域にあって、進んでアジャンになったり、金欲しさに隣人を密告するクルド人は実際に数多く存在し、でっち上げの密告が行われることさえある。おそらく彼も、もう一人の女性も、アジャンの餌食になってしまったのであろう。

しかし、彼はアジャンになることを拒絶し、拷問が続けられても無言の闘いを貫いた。刻み込まれた傷の痕跡は、今もなおはっきりと彼の身体に残っている。

間もなく、少し年下の従兄弟は解放され、彼自身はディヤルバクルの刑務所に移送された。そこで与えられた飲み水は泥水のようなもので、食事も劣悪であった。そして、拷問はそこでもあった。だが、彼は負けることなく耐え抜いた。ガリガリにやせ細ったものの、課せられた三年間の懲役をなんとか乗り切り、ついに出所に漕ぎ着けることができた。ところが、家に帰れると思ったのもつかの間、今度は軍隊に送り込まれてしまった。トルコの男子には十八カ月間（当時）の徴兵があり、彼はまだその義務を果たしていなかったからやむを得ないこととはいえ、出所してから軍に入る前に家族に一日会うことすら許されなかった。

彼が警察に連行された当時、妻は妊娠九カ月目を迎えたところだった。しかし、夫の逮捕によるショックで異常をきたし、それから四日後に帝王切開で緊急出産をしたということである。あまりにも早すぎる誕生だったため、小さく、か弱い赤ん坊は命を危ぶまれたが、「風」という意味の名前をつけられ、家族に大切に守られながら無事に育っていった。

兵役を終え、彼がようやく家に戻れた時には、強制連行からもうすでに五年近くの歳月が流れていた。五歳までに成長したわが子と初めての対面を果たしたが、息子は自分が父親だということをなかなか認めてくれなかったという。

「あの町にいたらいけないと思ったんだ。それで、妻と子供を連れてメルシンにやって来た。でも、生まれ育った故郷がやっぱり恋しいから、時々里帰りしているよ」

小柄で人懐っこい表情を見ただけでは、彼にそんな過去があったなどとは、とても想像できない。

「僕は平和を望んだだけだ。戦争には反対なんだ。だから平和について少し文章を書いたりしたことがあるんだけど、それがなぜいけないんだ？ なぜ逮捕されなきゃならないんだ？」

彼はメルシンで仕事に就けないまま、今も年老いた父親からの送金を頼りに暮らしている。

海岸にたどり着いた頃、日は傾き始めていた。私たちは、みんなで肩を組んだり手をつないだりして歩いた。海沿いの遊歩道を風に吹かれて歩くのは、とても気持ちがいい。しかし私の頭の中は、いろいろなことがぐるぐるとめぐり、重たい疲れが取れずに残っていた。

トルコ政府は、トルコ共和国建国の父、ケマル・アタチュルクの掲げた「トルコにいる者すべてがトルコ人」との国是に従い、国内のクルド民族や少数民族に対し、厳しい同化政策を行ってきた。

山の斜面に掲げられたスローガン「トルコ人だと言えることはなんて幸せなんだ」

クルド人は「山岳トルコ人」と呼ばれ、クルドなどという民族は存在しないとされた。民族固有の言語、音楽や舞踏、民族衣装の着用などの文化生活は、国の統一を破壊するものとして厳しく禁止され、それらの発展は阻まれた。なぜなら、民族意識に目覚めたとき、その民衆は自らの文化の中で自由に生きることを望み、反抗し始めると考えられたからである。しかし、強圧的な同化政策はかえって民衆の反発を買うことになり、その抵抗は反乱へと発展していった。それに対し、トルコ政府は強大な軍隊を投入し、凄まじい報復措置を取った。また、民族独自の母言語を話すだけで「国家反逆罪」とする法律が制定されると、クルド人たちは次々と投獄され、その多くが処刑されていった。その後一九九一年になって、私生活においてのみクルド語の使用が認められるようになったが、教育や報道はもちろんのこと、公の場でのクルド語の使用は引き続き禁止され続けた。

トルコ政府が、クルド人の団結とトルコからの独立を求める動きを徹底的に阻止するよう努めてきた理由の一つに、クルド人の住む東部の土地＝クルディスタンが、外交手段にも使われるほどの豊富な水資源と、鉄、銅、クロム、石炭などの鉱物資源に恵まれていたという点が挙げられる。天然資源の宝庫を死守するためにも、政府はこの土地の分離独立をとうてい許すわけにはいかず、民族規模も反抗心も大きいクルド人に対して、特に厳しい取り締まりを行う必要があったのである。

そのような状況を背景に、クルド民族の解放を求めるＰＫＫ（クルディスタン労働者党）が、一九八四年八月十五日、本格的な武装闘争を開始した。その中心人物としてＰＫＫを率いたのは、アンカラ大学で政治を学んでいた頃にマルクス・レーニン主義の洗礼を受け、左翼思想に傾倒していったアブドゥラ・オジャランであった。ＰＫＫはクルド社会のエリート集団ではなく、オジャランはじめ、幹部や加わっていったメンバーには、貧農の出身者が多かった。

ＰＫＫは、東部山岳地帯でのトルコ政府軍を標的とした待ち伏せ攻撃から、次第に活動範囲を広げ、都市部の軍事施設や警察署、国内の政府施設や観光地まで襲撃するようになっていった。PKK側は、武装闘争はあくまでも合法的な政治活動を封じられたゆえの最後の手段であると主張したが、トルコ政府は分離主義、テロ行為には絶対に屈しないという強硬な姿勢で、年間七十から八十億ドルとも推定される予算を費やすことで、大量の兵器と兵士を投入し、PKK弾圧に力を尽くしてきた。

ゲリラ活動に加わった者があれば、政府軍はその家族に対し「捕まえて国家に引き渡すように」と要求し、それに逆らうと、何も知らない赤ん坊から病弱な老人までの一家全員が丸ごと拘留された。山から下りてきたPKKゲリラに食事や寝床を与えたりすれば、それだけで「テロリストを支援した」と見なされ、容赦ない弾圧が加えられた。

それと同時に政府側は、大幅な予算を割いて同じクルド人に給与を与え、密告者や民兵組織を仕立て上げるという作戦を実行し、山岳地帯でのゲリラ追跡の案内役をさせたり、対ゲリラ戦の現地人部隊としても利用した。密告者の存在は、ともに暮らしてきた隣人同士や仲間内に猜疑心と恐怖心を起こさせ、同胞意識を分裂させる大きな要因となった。また政府から武器を支給された民兵の出現によって、政府側と反体制側に分かれたクルド人同士に憎み合いが生じ、双方の間で血みどろの争いが繰り返されることとなった。

さらに政府軍は、PKKとの激しい戦闘地域を監視しやすくし、ゲリラの温床となり得る村を排除するために、山間部の村人たちを強制移住させた。住民たちが二度と戻ってこられないように村は焼き払われ、家や暮らしを完全に奪われてしまった人々は、別の土地に住む場所を見出さなければならなくなってしまった。破壊された村は三千七百を数え、強制退去させられたクルド人の数は三百五十万人にものぼるといわれている。

イスタンブールやアンカラをはじめ、イズミール、アダナ、メルシンなど数々の都市の周辺には、こうして村を追われ、逃れてきた多くのクルド人たちが次第に集まり、クルド人の町が形成されていったのである。

故郷を離れて西側の都市にやって来たクルド人たち。彼らにとっての移住とは、必ずしも自発的な選択によるものとは限らなかった。貧困からの脱出、テロリストというレッテルからの逃避、銃で脅され火を放たれ、住む家も村も奪われた後に残された唯一の道……、それが人々の移住の現実だった。だから、自分たちは動物以下の扱いしか受けられないという被害者意識が根強く人々の思考を支配している。

政府の都合による強制移住であっても、新しい土地と新しい家を用意してもらえるわけではない。わずかな財産をはたいて、なんとかして家を借りることから始めなければならない。しかも、たくさんの家族を抱えているというのに仕事に就くことも難しい。学校にも行かずに靴磨きなどの仕事をする子供の姿が多いのはそのせいだ。

そして、南東部から流れてきた避難民たちは、差別や蔑視にさらされた。東部出身者、つまりクルド人のことを、危険な野蛮人とか無教養などと決めつけて、蔑む人がいる。「クルド人は汚いから」と、病院で診察を拒否されたり、学校でクルド人と知られた途端にいい成績がもらえなくなったりすることもあるという。

メルシンで出会ったクルド人の多くは、故郷に帰りたがっていた。この町で生まれ育ち、強制移住の記憶のない現代っ子たちでさえ、「メルシンよりも故郷の山が好き。故郷の自然の中で暮らしたい」と言う。しかし、それは叶わぬ夢だ。住む村はもうない。

私がメルシンを訪れるたびに、人々は本当に暖かく受け入れ、心からもてなしてくれた。何も知らずに、通りすがりにこの町を眺めるだけであれば、平凡な日常と幸せな暮らしの姿があるように見えたことだろう。しかし、このトルコの一地方都市は、その国の矛盾の縮図であるかのように、明と暗を兼ね備えていた。私が、クルド人の国内避難民が多く暮らす一帯の砂利道でつまずいて転んだ時に、言われた言葉を思い出す。

「ここは、メルシンの中のクルディスタンなんだよ。何もかも荒れ放題なんだから気をつけて」

私は自分の知らなかった現実に戸惑い、言葉を失うこともしばしばだった。けれど、クルド人の若者たちはうなだれているばかりではなかった。彼らの多くが望んでいるのは、武器を取ってトルコ政府と戦うことではなく、戦争のない平和な暮らしと、この国でトルコ人と平等に人間らしく生きることだ。そして彼らは、学校や職場のトルコ人とは良好な人間関係を築き上げようと努力してきた。平和的手段でもって、なんとかして問題を改善しようと奮闘している者も多い。

一九九九年二月にPKK指導者オジャランが逮捕されて以来、彼らを取り巻く状況はほんの少しずつ変わってきている。二〇〇〇年三月二十一日、これまで全面的に禁止されていたクルド民族の伝統的な祭り「ネブロス」が初めて一部の都市で解禁になり、ディヤルバクルをはじめとする各地で盛大に行われ、このメルシンでも大変な賑わいを見せた。また、その年の五月にはメルシンとアダナで、クルド人のミュージシャンによるクルド語のコンサートが開かれ、海岸近くにある野外コンサート会場に集まった観客は、月明かりの下、自分たちの存在をしっかりと確かめるかのようにともに歌ったのだった。

政党ＨＡＤＥＰの事務所に私を連れて行くことを、はじめはためらっていた友人は、何でも知りたがる私に向かってこう言った。

「かつては戦争があったかもしれない。でも、もうそんなことはいいじゃないか。あなたがよく言っているように、僕たちの故郷の自然は素晴らしいとか、人々はどこで会った誰よりも親切だったとか、それだけを見て覚えておいてくれればいい」

彼は、現実を誰のせいにするわけでもなく、必死で自分の道を探ろうと仕事に生きている。その言葉を聞いた私は、過去の傷に触れられたり、同情されるのはまっぴらごめんだと言われているような気がした。そしてそれが、困難な現実の中に生きる彼のプライドなのだろうと思った。

ネブロスの炎
――ディヤルバクル――

「クルディスタンの首都」とも呼ばれるトルコ東部最大の街、ディヤルバクル。長さ五・五キロの城壁で囲まれ、かつてはアーメッドと呼ばれていた旧市街には、六三九年に建造されたアナトリア地方で最古のイスラム教寺院やキャラバンサライ（隊商宿）、さらには、それ以前に建てられたキリスト教会などが見られ、いにしえの都市の面影が色濃く残る。一方、新市街はトルコ東部地方における商業の中心地とあって、ビルが建ち並ぶ新興都市の様相を呈している。城壁のてっぺんに登り、街の外を眺めてみると、東の方角には豊かな水で土地を潤してきたチグリス川の流れが見える。古くから文明を育み、悠久の時を超えて時代の移り変わりと人間の業を見続けてきたこの川は、今もこうして無言のまま流れ行く。

そして、チグリス川の恵みを授かった町を取り巻く一帯の肥沃な大地は、よくならされて大規模な農地となっている。農民たちが耕運機を操り、冬を越した黒土を耕してゆく。命を吹き返した大地は、間もなく新しい春を迎えようとしていた。

二〇〇一年の三月二十一日、私はディヤルバクル旧市街の城門の一つであるハルプット門を出た所で、午前七時発エスキフーアール行きのミニバス（乗り合いワゴン車）に乗り込んだ。

ミニバスは、大渋滞の新市街をぐるぐる回っている。どうやら、前日に下見をした時とは違う道筋をたどっているようだ。間違って行き先の違うバスに乗ってしまったのだろうか……。私は、隣に座っていた地元の乗客に訊ねてみた。こそっと話し掛けたつもりだったのだが、乗り合わせたほぼ全員の客がこちらを向き、口々に一生懸命の説明をしてくれた。

彼らの話によると、私がバスを乗り間違えたわけではなく、祭りが行われるにあたって警察があちらこちらの道路を塞いだために、バスが回り道をしているのだ、ということである。

とんだ計算違いだ。時間は迫っている。私は、八時から行われる「クルド人のネブロス」を見るために、会場へと向かっているところなのであった。ネブロスとは、イランや中央アジアの国々でも広く祝われる新年を迎える日、あるいはその日行われる祭りのことである。

日本でも、三月二十一日は「春分の日」として祝日になっているが、この日、太陽は赤道上を直射するため、全地球上の昼夜の長さがほぼ等しくなる。ネブロスを祝う土地の人には、その日を春の始まりとして、また、新しい年の幕開けとして、平和と豊饒を願って火を焚き、その上を跳び越えたり周りを囲んで踊ったりしながら、新年を迎える習わしがあるのである。

いっこうに進まないミニバスの中で、私はしばしば時計を睨んでは気をもんでいた。非常に大きな規模を誇るディヤルバクルのネブロスには、ヨーロッパ各国からもたくさんのメディアがやって来る。その取材陣たちは、お抱え運転手の車でとっくに会場に到着していることだろう。それに比べてこの私ときたら、日本円にして約二百円の運賃は高すぎる、と不満を抱きながらミニバスに乗り、近所のお年寄りと肩を並べて「いざ！」と意気込んではみたものの、予想外の大渋滞に巻き込まれ、いまだに新市街を脱出できずにいるとは……。話し掛けてくる乗客や運転手に対しては平静を装っていたが、心の中ではがっくりと肩を落としていた。この日を一年間待ちわび、日本からはるばるやって来たというのに。

とはいうものの、私はいつだってこんなふうにやってきたのだ。おかげで、居合わせた誰もが私を警戒することなく近寄って来てくれる。そして案外いい話を聞き出すこともできるのだ。ハイヤーで乗りつけるような抜かりのないジャーナリストたちには、こんなに味わい深い取材はとても不可能だろう。そう思うと、ネブロスというお祝いの日にふさわしく、おめでたい私はすぐに気を取り直したのであった。

それにしてもひどい渋滞だ。祭りが行われるのは新市街の中ではなく、ここから十五キロほど離れた一本道の傍らにある広場なのだ。それなのに、縦横無尽に交差する込み入った新市街地での通行止めは、いったい何のためのものなのかまったく理解に苦しむ。

長い時間かかって市街地を抜け、広い道路に出ると、ミニバスはようやく快調に滑りだした。それから間もなく、大きな軍事基地に差し掛かる。通り過ぎるまでに数分はかかる広い敷地の中で、若い兵士たちが道路に向かって銃を構えている。

基地を通り過ぎれば、辺り一面は田園風景に変わる。そのど真ん中を突き抜ける、会場へと通じる道路の脇には、ずらりとパトカーが停まっていた。そして、ブルーの制服を着たおびただしい数の警察官が、ネブロスへと向かう人々の様子をうかがっている。不満を持つ民衆と取り締まろうとする警察、トルコにあってクルド人の集まる場所ではいつもこうだ。

そんな風景の中で、私はミニバスをどんどん追い越してゆくたくさんのトラックを目で追っていた。普段は牛や羊などの家畜を運んでいるトラックは、この日ばかりは人間を満載して突っ走って行く。ネブロスの祭りへと向かうクルド人たちである。

私がミニバスの窓からカメラを向けると、彼らは荷台からこぼれ落ちそうになりながら、手に握った旗を振り、あるいは腕を高く伸ばしてポーズをとった。「ロロロロロロ……」と裏声の雄叫びがあがる。祭りが始まる前から、すでにかなりの盛り上がりようだ。

会場となる広場の少し手前で私はミニバスを降り、そこから歩くことにした。クルド人たちも行列をつくってぞろぞろと足早に進んで行く。そんな人々の姿を写真に収めようとする私の真横を、彼らは旗を翻してピースサインを高く振りかざしながら通過する。真っすぐこちらに視線を向け、まるで戦いに出るかのような気迫の面持ちだ。カメラの前で立ち止まったり、はしゃいで見せたりする者など一人もいない。「ロロロロロロ……」と昂揚した叫びの大合唱がまた起こる。

外国人のカメラは、彼らにとっては世界に向けた窓なのだ。外に向けてアピールするために、レンズを意識しながら私の横をすり抜け、凛として歩みを進めて行く。大人も子供も男も女も、皆が背中に炎を背負っているかのように見えた。そしてその時、私は心臓がドクドクと脈打つ鼓動を感じていた。

祭りの行われる広場は、道路よりも七、八メートル低い位置にある。テープで囲われた広場へと降りる前に、ボディーチェックと荷物の検査を受けなければならない。男女の入場ゲートは別々に設けられており、女性のゲートには女性の、男性のゲートには男性の警官が検査にあたる。警官は一人一人をまるで「処理」するといった具合に無表情のまま金属探知器をあて、終わると「行け」との言葉代わりにあごをしゃくり上げる。私もクルド人女性に混じり、重たいカメラバッグを胸に抱え、背中を押されながら順番を待った。気が急いてさっさとゲートを抜けようとしたり、人をかき分けたりする者があれば、黒いサングラスをかけたあごの細い女性私服警官の一喝が入る。
ようやく広場に降りると、雲のない青空を背景に、頭上には数え切れないほどのHADEP（人民民主主義党）の黄色い小旗が翻っていた。このネブロスは、一九九九年にディヤルバクルの地方選挙で勝利した、トルコにおける唯一のクルド人の政党HADEPが取り仕切っているのだ。

午前八時、HADEPディヤルバクル支部長のアイデミール・ギュレルによって、広場中央に山と積まれた薪に火がつけられ、祭りの幕は切って落とされた。歓声とともに炎はめらめらと天高く立ち上り、熱を発する。二人の青年が、腰に提げたダフ（木枠に皮を張った太鼓）を力強く打ち鳴らし、焚き火の周りを歩き始めた。炎と鳴り物を取り巻くように、人々は小指をつないで輪になり、時計とは反対周りに回転しながら踊り猛る。先頭を切って右端で踊る者は、右手の指にスカーフを挟み、器用に鮮やかな振りを披露する。足は大地を強く叩きつけるように、前後へまた左右へと素早い動きを見せ、同時に肩を小刻みに揺さぶる。そこに上半身の前後の動き、膝の曲げ伸ばしが加わり、踊りの中にメリハリがつけられる。繰り返されるステップは、単純なようで実は複雑で奥が深い。

クルドの踊り。指をつないでできた輪は人々の結束を、男女一緒に踊るのはともに平等に生きることを、そして地面を強く踏み鳴らす動作は「この大地はわれわれのもの」ということを表現しているのだという。彼らに伝えられてきたこの「踊り」という営みは、暮らしの中の楽しみとして欠かせないばかりでなく、結婚や割礼などのお祝い事で重要な位置を占めてきた。そのような時、人々は朝から晩まで、場合によっては一週間もの間、とにかく踊り続けるのだ。

快晴の空の下、気温はぐんぐん上昇し、人の息と汗が混じった異様な熱気が立ち込めていた。広場の所々から黒煙が上がる。火が点けられたタイヤの上に油が注がれ、燃え上がる炎の周りには、幾重もの人の輪ができる。熱い空気を激しく振動させる低く張りのあるダフの音とともに、ザッザッと靴を鳴らす音が辺りに響き渡る。

汗だくで踊る者、大きな旗を力いっぱい振りながら公園を練り歩く者、祭り用の民族衣装を身にまとい、父親の肩車でピースサインを振りかざす少女。クルド民族の象徴とされる赤・緑・黄色のスカーフを絡め、額に巻く女たち。また、その三色の絵の具で顔を塗りつぶした少年たち――。

その様子に圧倒されながら、私は多くの人が手に持っているカードのことが気になっていた。頭に巻いたスカーフに挟んでいる人もいる。

そこには「行方不明の彼らを取り戻そう！」という言葉と、二人の男性の顔写真が印刷されていた。ＨＡＤＥＰのメンバー、セルダール・タヌシュ氏とエボベキール・デニス氏である。彼らは二〇〇一年一月二十五日にシロピで政府軍治安部隊に捕らえられて以来、行方がわからないままなのである。人々の間では、抹殺されてしまったに違いないと囁かれている。ＨＡＤＥＰは合法政党であるにもかかわらず、主にクルド人が構成する政党であることから、ＰＫＫとの関連を疑われたメンバーや活動に参加する人が捕らえられるという事態がしばしば起こっている。

「こんなことがあってよいのか！」と、ある者はカードを手に叫ぶ。

「この国に民主主義はない！　われわれには民主主義とＨＡＤＥＰが必要だ！」

そんな中で、今度はまた別のスローガンをクルド語で繰り返し叫びながら行進している一群の姿ル人、ラクダ族出身のエンバー・ナジャランという陽気でハンサムなＰＫＫ支持者であった。次に、民族衣装のクルド人とトルコ人の若い女性が三人並んでいる姿が目に留まった。

「アポ（オジャランの愛称）はわれわれのリーダーだ！」

「ＰＫＫ！　ＰＫＫ！　ＰＫＫ！」

その時、小学校の教師だと名乗る三人組の若い女性たちが、「あれは私たちのスローガンよ」と言って私のそばに寄ってきた。そして、それと同じ言葉を紙に書き、私に渡すとすぐに去って行った。お嬢さん育ちのように見える明るくかわいらしい彼女たちであった。

誰もが祭りの踊りだけが楽しみで来ている、というわけではないようだ。このネブロスは、単なる新年のお祝いとは違う……。

「ネブロス」は、クルド民族独自の祭りではないということは前に述べたとおりである。だが、クルド人にとって、この祭りは特別な意味をもつ。火を焚くことは、イスラム勢力に支配される以前のゾロアスター教（拝火教）の影響だという説もあるが、彼らには、ネブロスあるいはノウルーズと呼ばれるこの日にまつわる伝説が古くから語り継がれているのだ。

クルドの人たちから聞いた言い伝えによると、昔々、クルディスタンに残酷で極悪非道な王がいたという。その名はゾハクといい、彼は両肩に一匹ずつ蛇を飼っていた。その蛇の餌とされたのは、なんと若者の脳みそであったために、毎日若い男たちが捕らえられ、一日二人ずつ殺されては蛇のために脳がくり抜かれるのであった。ある時、見るに見かねたゾハクの雇われ料理長は、調理場に置かれた檻の鍵を外し、捕らえられていた若者をこっそり逃がしてやった。脱出した若者たちは一目散に山奥へ逃げ込んだが、その中にいた鍛冶屋のカワだけは、兄弟を殺された恨みを晴らすためにゾハクへの復讐を企て、一人立ち向かうのである。そしてカワは、ゾハクの肩にいた憎き蛇の首

Onlar hala
Kayıpların Sesi Ol

を落とすことについに成功する。すると同時に、ゾハクの命までもが尽きたのであった。ゾハクを征伐したカワは喜び勇んで山に駆け上がり、火を焚いて事の成就を人々に知らせた。そして火を囲んで一晩中踊り続けたのである。

山に散っていったそれぞれの若者たちはクルド人の祖先となり、カワのあげた狼煙《のろし》はネブロスの起源になったという。ネブロスの祭りで火を焚き、踊ることは、圧政から解放された民衆が自由を祝う象徴でもあったのだ。

それゆえ、単一民族国家を謳うトルコ政府は、民族の存在確認ともいうべきクルド人のネブロスを国家に対する反逆と見なし、厳しく処罰する対象としてきた。政府はネブロスの祭りを、トルコ民族が何世紀にもわたって受け継いできたものであるとし、トルコ系の人々が多数を占める中央アジアから参加者を呼び寄せてセレモニーを行う一方で、クルド人の手による催しを断じて許すことはなかったのである。それでも密かに祭りを行い、決してやめようとしなかったクルド人たちには、悲劇的な歴史が綴られていくことになる。

アールの町の小さな空き地で村人たちがネブロスの焚き火を囲んで踊っていると、やって来た警官が銃で脅して人々を追い回した。ジズレでは、政府軍の兵士がネブロスを楽しんでいる民衆に向かって四方八方に銃を乱射した。橋の上にいた人々は装甲車でなぎ倒され、ある者は川底に突き落とされた。そうして六十人から七十人もの人々が殺され、百人を超える人々が負傷した。

ここに挙げたのは、クルド人たちから聞いた話のほんの一部である。

一九九六年三月二十二日付の『ターキッシュ・デイリー・ニュース』によると、当時のトルコ国務長官ナヒト・メンテセ氏はこう語っている。

「ネブロスにおいて文化や民族の隔たりなんてものはない。ネブロスは愛と平和に満ちた国際的な祭典なのだ。それにもかかわらず、この祭りを別の目的のために利用し、本来もつ意味を退廃させようとする策動は実に非人間的な行為である」

また、非常事態令監督官のアフメット・カイハン氏は、

「平和と安全を確かなものとして祝うはずのネブロスで、トルコ南東部地域で見られるような不法な活動は絶対に許されるものではない。また、祭りはアナトリア地方や中央アジアで何世紀もの間にわたって伝統に則り行われてきたというのに、あるグループはネブロスがただ一つの民族のものであるかのような表現をし、演じている。無法者のクルド人グループPKKに至っては、ネブロスで流血事件まで引き起こしている」と発言している。

民族の違いを問わない祭りならば、なぜクルド人には許されないのだろうか。確かに、クルド人たちは国家に対する抗議をしてきた。PKKのような武装した反政府組織もある。でも、それは政府による人権侵害と不当な抑圧があったからこそであり、本来、多くのクルド人はネブロスを祝い、祭りを楽しみたいだけなのだ。それなのに、政府はクルド人の行うネブロスを、とりもなおさず野蛮な反政府活動ないしは国家からの分離活動であると決めつけている。彼らの語った内容は、政府が暴政によって決定した祭りの禁止を正当化するための発言であるとしか思えない。それに、祭りを血で染めたのはPKKやクルド人の側ではなく、集まったクルド人たちを蹴散らそうとした国家の方ではないか。

しかし、このコメントが出されてから五年が経ち、少しずつではあるが状況は変わりつつある。トルコにおけるクルド民族に対する迫害や人権侵害が諸外国で徐々に明らかにされるようになり、

ているのだ。

政府はPKKに対する強硬な姿勢を崩さないまま、クルド民族の存在を認めざるを得なくなってき

そして二〇〇〇年のこと、ディヤルバクル、イズミール、シャンル・ウルファ、アダナ、メルシンなどの都市で、HADEPの主催するクルド人のネブロスにとうとう許可が下りた。トルコ共和国建国以来、初めてのことである。記念すべきその第一回目、このディヤルバクルの会場には二十万人を超える人々が集まった。

二回目となる今回も、民族衣装を身にまとい、赤と緑と黄色を組み合わせて図案化された旗を手に、クルド人たちは続々とこの会場に集まって来ている。

今やこの広い公園は、身動き一つとれないくらい多くの人であふれ返っている。遠くの方までびっしりだ。こんなに大勢の人の顔が一カ所に集まるのを、私はこれまで見たことがない。

無数の旗がはためき、人の波の上に担ぎ上げられた若者たちがそびえ立つようにしてピースサインと拳を振りかざしている。

会場には特設ステージと、その向かって左側に貴賓席が設けられている。雛壇のように設置された屋根つきの席には花が飾られ、そこには、この祭りを主催したHADEPのディヤルバクル支部長アイデミール・ギュレル、ディヤルバクル市長のフェリドゥン・チェリク、トルコ人権協会会長のフスヌ・オンドゥル、今は亡き人気クルド人歌手アフメット・カヤの妻ギュルテン・カヤ、そのほかトルコ人作家のヴェダト・トゥルカリや歌手のヴァルリック・オズメネクなど多数の来賓と、民族衣装を着た舞踊の代表団などが一堂に会している。

ネブロスの基本はなんといっても「火と踊り」なのだが、HADEPが主催するこの会場では、ステージで演じられる企画も用意されていた。ステージ下の最前列には、民族衣装に身を包んだ乙

女たちがずらりと並び、黄色いゼッケンをつけたＨＡＤＥＰの若いボランティア・スタッフたちは手をつないで、民衆がステージに向かってぐんぐん押し寄せてくるのを塞ぎ止めようと必死に踏ん張っている。

クルドの民族衣装姿の二十代の女性が、たくさんの楽器で狭くなっているステージに上がり、マイクを手に取った。

「ネブロスおめでとう！」

「新しく迎える日々が幸多くありますように！　互いに祝福し合いましょう！」

「クルド人に、そして世界のすべての民族に、平和と自由と栄光を！」

膨大な数の群衆は、彼女の一言一言に対し歓声で答えた。そして、人々が立ち上がったり押し合ったりするたびに、彼女は注意を呼びかけるアナウンスを繰り返さねばならなかった。

改めて、ステージの下に設けられたかがり火の点火式が来賓の手で執り行われ、続いてクルドの伝統舞踊、来賓の挨拶、詩の朗読、祝辞などが披露された。そして、人間として自由に生きることや民主主義の意義、新しい政治の必要性などが代表者によって述べられた。

その後はお待ちかねのコンサートだ。民謡からポピュラーなものまで、親しまれている多種多様のクルド音楽が次々に飛び出す。結婚式などで必ず演奏される景気のいい曲や、長距離バスの中でよく流れている人気歌手の曲など、私の知っている音楽もいくつかあった。

炎天下の中、熱射病で倒れる人が次々と運ばれていく。空を仰ぎ見れば、太陽は頭の真上に来ている。大観衆の興奮もまさに頂点に達していた。

クルド民族のアイデンティティを歌ったがために亡命生活を余儀なくされ、前年パリで客死したアフメット・カヤのメドレーが始まると、どよめきと歓声とで会場はよりいっそう沸き返った。そして人々は、平和を意味するところの象徴であるピースサインと、指を一つに束ねて打ち砕く力を誇示するかのような拳を、高く振りかざすのであった。

高い位置にセッティングされたプレス専用のスペースからは、ぎゅうぎゅう詰めの会場の中で小さな輪を作り、互いにぶつかり合いながらも踊る人々の姿がよく見える。

同じクルド民族でも、住む地方によって踊りや衣装にさまざまな特徴がある。「あれは、トゥンジェリのもの、そっちはハッカリのもの」と、ディヤルバクルの地方紙記者が教えてくれた。イタリア人の写真家は水を差し入れしてくれたし、「いい被写体がある」と教えて連れて行ってくれたHADEPのスタッフもいた。皆がこのネブロスに満足し、いつもより互いに優しい気持ちになる時間を共有できた一日だった。

予定の夕方五時よりも少し早めに祭りは終了した。日に焼けて頰や鼻の頭を真っ赤にした人々が、次々と広場を後にする。まだ興奮覚めやらない、いやいや祭りはこれからだ、といった様子の若者たちが、すき間のできた広場の中で輪になって踊り始めた。売れ残ったサンドウイッチは値引きされ、売り手は声を張り上げて最後まで売り切ろうと懸命だ。

来た時とは逆の方向に向かって、たくさんの人を荷台に乗せたトラックは次々と走り去って行った。カラフルなドレスも朝に比べて少し色褪せて見える。誰もが祭りに集まって来た時の颯爽とした姿とは異なり、少し疲れた様子で、しかし満足げな笑みを浮かべて日常へと帰っていく。

かくして、前年に引き続いてディヤルバクルのネブロスは盛大に行われ、そして終わった。暴動やテロもなく、問題はなかったかのように見えた。しかし、私が出会った学生たちは会場に来る途中で警察に呼び止められ、「ネブロスに行くな！　行くなら石をぶつけてやる」と脅されたという。見えないところで、こんな嫌がらせもあったのだ。

首都アンカラでもネブロスは催され、大きく報道されたが、それは中央アジアからやって来たトルコ系の人たちのものであった。ＨＡＤＥＰも当地でクルド人のネブロスを計画していたが、最後の最後まで許可が下りず、やむなく取りやめとなった。

ネブロスが許可されるのは、ディヤルバクルをはじめとした数都市に限られ、クルド民族が昔から根を張ってきた南東部の町や村では依然として禁止されたままである。そして、場所は明らかにされていないが、今年もまた非公式にネブロスを行ったために五十名が治安部隊によって逮捕され、その時に起きた衝突で子供二人と警官一人を含む八人が負傷したという報告がなされている。

ディヤルバクルのネブロスで見た人々の姿は、実に美しかった。いつの日か、クルド人もトルコ人も一つの輪になってネブロスを楽しむ日が来ることを私は願っている。また、クルディスタンのあちらこちらの村でもネブロスの炎が見られるようになる時、それがどんなに先のことで、どんなに年老いていたとしても、私は彼らのもとに居合わせたい。そしてその時が来たら、伝統をつないでゆく「本来の」ネブロスを私は撮りたいと思っている。

摘まれ続けてきた芽

――アンカラ――

ローマ時代に基礎が築かれ、ビザンチン時代になって、激しい攻撃を仕掛けるアラブ勢力の侵攻を防御するために増築されたアンカラ城は、旧市街に位置する商業地域ウルス地区の丘の上にある。夜のライトに照らされた城跡の頂上には、真っ赤なトルコ国旗がはためき、丘の斜面には家々の電灯の明かりが魅力的な夜景を作り上げている。

だが朝を迎えると、その一帯に、騒々しさと猥雑さが渾然一体となった下町が姿を現わす。人々の生活感が漂う赤茶けた屋根の煤《すす》けた家々が密集する「ゲジェコンドウ」だ。

ゲジェコンドウとは、直訳すれば「一夜城」だが、一晩のうちに建てたような掘っ建て小屋、どこからかやって来た者が不法に占拠して建てた家、もしくはそんな家ばかりがひしめき合う地区を意味する。トルコの都市周辺には、必ずゲジェコンドウが広範囲にわたって存在し、アンカラやイスタンブールでは、人口の半数以上がゲジェコンドウの住民であるとさえいわれている。地方からの移住者で人口が膨れ上がるにつれ、街の外へと広がってゆくゲジェコンドウには、実にさまざまな人々が、それぞれの思いや事情を抱えて暮らしている。その中には、住んでいた村を追われたクルド人の家庭も多い。

ケマル・アタチュルクが、一九二三年のトルコ共和国建国に際して定めた首都アンカラ。内陸部に位置するその都市を初めて訪れた時、私がまず足を向けたのは、観光地として有名なアタチュルク廟でも立派な博物館でもなく、もちろん官公庁や一流ホテルが建ち並ぶエリアでもなく、庶民的な空気の漂うゲジェコンドウだった。

賑やかなマーケットやモスク前の広場、そして巨大で騒々しいミニバスターミナルを通り抜け、国道沿いに建ち並ぶ古びた家々の前までやって来た。

私はクルディスタンを旅する時には、いつも「旅行者です」と言ってきた。ジャーナリストでも支援者でもなく、ふらりとやって来ては写真を撮り、ただ話を聞くだけ。結局、私のやっていることは他人の生活空間へのいたずらな侵入でしかなく、何の意味もないし、誰の役にも立っていない……。時折、私は自分をあざけ笑い、ひどく消極的にもなる。ゲジェコンドウの中へと、はじめの一歩を踏み出そうとしていたその時も、実はそうだった。

それでも、とりあえず細く曲がりくねった坂道や階段を上がってみることにした。すると、「お茶を飲んで行きなさいよ」という声があちらこちらの家の窓から飛んでくる。路の悪いところで出会った娘たちは私の手を引き、頂上への歩きやすい経路を教えてくれ、子供たちは私の荷物を持って見晴らしのいい場所へと連れて行ってくれる。そうこうしているうちに、少し前まで感じていた後ろめたさは、いつの間にか薄れていった。

ファトマの家は、アンカラ城の丘の斜面を覆うゲジェコンドウにあった。密集した家々の間を縫って石塀で固められた要塞を目指していた時、葡萄棚のあるベランダから身を乗り出し、大声で私を呼んでいたのが彼女だった。

クルド人であるファトマの一家は、十年ほど前にアンカラのウルス地区に移り住んできた。故郷のエルズルムにいた頃はひどく貧しく、寒さの厳しい冬は凍える思いをしていたという。アンカラに来て、現在も住んでいるこの家を建て、父親が石炭を販売する職を得てからは、一家の暮らしぶりはだいぶよくなったらしい。しかし今でも、東部の山間部で暮らすクルド人たちの多くが、西部の都会で暮らす人々よりも恵まれない環境で、貧しい生活を送っているのだとファトマは言う。

十六歳になったばかりの彼女には、話したくてたまらないことが山ほどあるらしい。次から次へと口から言葉がついて出てきたが、その中でも非常に気になったのはこんな話だった。

「オジャランを知ってる？　私たちのリーダーよ。アポ（＝オジャラン）は、女性の自由への闘争はとても重要だと言っているの。それで、私も山に入ってゲリラになろうと決意していた頃もあった。彼が捕まってしまった時には、ほんとに涙が涸れるほど泣いたわ。アポは監獄島に閉じ込められ、レイラ・ザーナは重禁固刑務所の中……。トルコに民主主義なんかない。クルド人には自由がないということなのよ」

アブドゥラ・オジャランは、一九七〇年代末にＰＫＫを結成し、トルコのクルド運動の中核を担ってきた人物だ。一九八〇年六月には、トルコを逃れてレバノンのベッカー高原にＰＫＫの軍事訓練キャンプを設置し、レバノンとシリアを本拠地としてトルコ政府に対する武装闘争を率いてきた。

キャンプ地の置かれたベッカー高原はレバノン領だが、実質的にはシリアのコントロール下にある。また、オジャランの住居はシリアの首都ダマスカスの近郊にあったとも見られていた。それらを黙認していたシリア政府がＰＫＫをかくまい支援していると見なしたトルコ政府は、一九九八年一〇月にオジャランの追放か侵攻かをシリアに迫り、国境線に国軍を集結させた。トルコの軍事的圧力に対して、シリア側はあっさりと折れ、さっさとオジャラン率いるPKKを追い出すという方策を選んだのである。

シリアを追い出されたオジャランは、ロシア、イタリア、ギリシャを巡った後、ケニアのナイロビにたどり着くと、ギリシャ大使公邸に身を潜めた。そして、シリア出国から四カ月が経った一九九九年二月十五日に逮捕劇は起きた。オジャランがトルコ特殊部隊によって捕らえられたのは、オランダに向かうためにギリシャ大使公邸を出て、空港に向かう途中のことだったとされている。黒い覆面を被った秘密部隊に囲まれ、特別機でトルコ本国に移送されるオジャランの姿は、世界中で報じられた。

トルコに強制連行されたオジャランの身の置き場所となったのは、マルマラ海に浮かぶイムラル島の刑務所だった。そこに収容されていたほかの受刑者は全員移送され、厳重な警戒態勢の下、刑務所しかないこの島に、オジャランたった一人が幽閉されることとなる。

一方のレイラ・ザーナも、クルド人にとっての「抵抗運動のシンボル的存在」といわれる人物だ。一九九一年のトルコ議会総選挙においてディヤルバクル選挙区から三十歳という若さで出馬し、全投票数の八四パーセントの票を得て当選した、クルド人初の女性国会議員である。そして、議員として最初の仕事である宣誓式に臨んだ時、彼女はクルドの民族衣装をまとい、クルド語の宣誓を行った。それは、トルコ共和国の立法機関を舞台に、クルド人が民族的アイデンティティを主張した初めての出来事であった。

レイラ・ザーナを含むクルド人議員十八名は、トルコ議会史上初のクルド人合法政党HEP（人

民労働者党）の党員で、クルド語による教育・出版・放送、そして集会・結社の自由を求めるとともに、トルコ政府軍とＰＫＫとの戦闘について、話し合いによる平和的解決を要請した。彼女たちの活動は、クルド民衆の間では大喝采を浴びたが、トルコ政府や軍の首脳部にとっては、それは憲法違反、分離活動を意味することにほかならない。政党法の「トルコ国内に民族や言語の違う少数派が存在すると声明してはならない」との定めにも違反するとされ、党は閉鎖へと追い込まれた。また、それまでに党関係者や支持者四十八人が殺害されたという記録も残っている。

その後、一九九三年にＤＥＰ（民主主義者党）が新たに結成され、レイラ・ザーナたちＨＥＰの残党も合流した。しかし、クルド問題の政治的解決を主張したＤＥＰは、党の事務所や地方支部が襲撃されるなど、同じく弾圧を受けることとなる。そして一九九四年三月、トルコ議会はレイラ・ザーナをはじめとするクルド人議員の不逮捕特権剝奪を決議。一部の議員はヨーロッパへ政治亡命し、残ったレイラ・ザーナたちは議会の建物の中で逮捕された。最高検察庁は、軍首脳部（国家治安評議会）の意を受けて、国家反逆罪で死刑を求刑。そしてその年の十二月、レイラ・ザーナ以下四名に国家治安法廷が下した判決は、禁固十五年であった。死刑判決を免れたのは、トルコ政府がヨーロッパからの非難を恐れたためとみられているが、いずれにせよ、彼らの合法活動の芽はこうして次々と摘まれてきたのである。

国家反逆という罪を問われた重罪人として、二〇〇三年現在も拘留されているレイラ・ザーナだが、一九九六年のサハロフ平和賞をはじめ、数々の国際的平和賞を受賞するなど、世界中から多大な注目と支持を集めてきた。一九九五年には、ノーベル平和賞候補者の最後の五人に残っていたともいわれている。

「レイラがいるのは、すぐそこよ」と、ファトマはレイラ・ザーナが一九九四年以来投獄されているアンカラ重禁固刑務所の方向を指差した。

「今はもう、山に入ってＰＫＫゲリラとして戦う気持ちはないわ。ゲリラにならなくても、民族のためにやれることは町にもある。今の私はＨＡＤＥＰのやり方に賛成してるの」

トルコにおいて、主にクルド人が構成する合法政党ＨＡＤＥＰ（人民民主主義党）があるということを知ったのは、クルディスタンを歩き始めて間もない頃だった。ＨＥＰやＤＥＰに続いて旗揚げされ、アンカラに本部があるその政党の名前は、東部で出会った人々の会話の中にしばしば登場していた。

二〇〇〇年五月、私はＨＡＤＥＰのメルシン支部長ムザフェル・アカドゥ氏にインタヴューする機会があった。南東部の町ヌサイビンで生まれた彼は、イスタンブールの大学で法律を学び、現在はメルシンで弁護士をしながら政党の支部長を務めている。

「ＨＡＤＥＰはトルコ東部の広い範囲で第一党となっています。そして、全国三十七市の市長をＨＡＤＥＰ党員が務めています。これだけの支持を得ているにもかかわらず、残念ながら現在では、国会に私たちの議席はありません。トルコの国会議員の選挙は、各県ごとの比例代表制をとっていますが、政党が議席を得るには、全国レベルでの得票率が一〇パーセントを超えなければならないという条件があります。一〇パーセントという高い数字は、少数政党の乱立を防ぐ目的で設定されたもので、とりわけ、クルド人問題を訴える政党の国会進出を阻止するためのものなのです」

一九九九年に行われた総選挙では、ＨＡＤＥＰの全国の得票率はおよそ五パーセント。選挙の際、

HADEPの支持者が集中する投票所には兵隊が派遣されたり、投票が妨害されたり、票がカウントされなかったり、投票箱がすり替えられたりなどといった不正が行われたという話を、以前に何度か聞いたことがあった。そのために一〇パーセントを割ったのだ、正しい投票が行われたならHADEPは議席を確保できたはずだ、という声は少なくない。

「トルコ国内における人権問題は非常に深刻な状態にあります。とりわけクルド人問題が解決されないことには、トルコが民主的な国家であるとは断じて言えません。トルコ人、クルド人、そのほかの少数民族、少数派宗教の信仰者、労働者など、すべてのトルコ国民が、差別や蔑視のない平等な基盤のもとで、ともに友好的に暮らしていくこと。そして、多岐にわたるクルド問題を平和的な政治手段で解決することが、私たちの目指すところです。そのために、HADEPは人権団体やNGOなど、あらゆる組織と話し合い、協力し合っています」

彼は終始、穏やかに語ってくれた。彼に会う以前にも、HADEPを支持するグループの若いリーダーやメンバーたちと話をしたことがあるが、印象的だったのは、選挙が不正に行われていることや、HADEPの活動が決して自由でも安全でもないことを、どの人も実に落ち着き払った態度で静かに語ったことだった。

私はこれまで、HADEPを支持する人々の思いの強さに少なからず驚かされてきた。結婚式などで踊りの列ができると、先頭に立つ人の手に握られてクルクルと宙を舞う、黄色地に黒蝶が描かれたスカーフは、HADEPの党旗だった。カメラを向ければ、たくさんの人がHADEPのシンボルであるピース・サインを掲げた。HADEPの集会所には、いつも多くの人が出入りしていた。そこで何か催しがあれば、会場はぎゅうぎゅう詰めの超満員になった。各地で行われたHADEP

主催のネブロスの祭りには、何万という単位の人々が集まり、党の名を叫んでいた。「私はＨＡＤＥＰを支持します」と語る時、人々の表情は自信に満ちあふれて見えた。

政教分離を原則とする世俗国家とはいうものの、国民の九九パーセントがイスラム教徒であるトルコでは、イスラム暦第十二月の宗教行事が行われる日を含む一週間は休日となる。その間に、羊や牛などの家畜を神に捧げるクルバン・バイラム（犠牲祭）、そしてトルコの二つの国民行事であるエルケック・バイラム（男の祭り）とカドゥン・バイラム（女の祭り）が相次いで行われる。男女それぞれの祭りには、同性同士が別々に集い、思い思いに歌や踊りを存分に楽しむ。カドゥン・バイラムの日には、女性の人権や役割に関する街頭演説、シンポジウムなどが行われることも多い。

カドゥン・バイラムの日の正午近く、私はメルシン市内のクルド人が多く暮らす地域で、ＨＡＤＥＰの集会所に向かって歩いていた。クルドの民族衣装を身につけた女性たちが踊りや音楽を披露する姿を見に行こうとしていたのだ。トルコでは、クルド民族意識に触れるような行いは一切禁止され、封印させられ、クルド民族の存在すら否定されてきたが、オジャランの逮捕後、そのような規制も以前に比べれば緩和されるようになった。ＰＫＫの活動拠点がある山岳地帯から離れた大きな街に限ってのことではあるが、二〇〇一年のこの頃には、許可さえ取ればクルドの祭りを行うことは不可能ではなくなっていた。ＥＵ（欧州連合）加盟を悲願とするトルコが、ヨーロッパ諸国に改革の必要を迫られたためとはいえ、クルド語教育や放送の容認も検討され始めていた。

そして間もなく、女性たちの待ち望んでいた楽しい時間が訪れるはずだった。ところが、二日前に同じ場所でエルケック・バイラムが催された時とは街の様子が一変していた。ＨＡＤＥＰの集会所のある通りは、かなりの広範囲にわたって、住民よりも多いのではないかと思われる数の警察官で埋め尽くされていたのである。カメラやビデオを構えた私服警察官の姿も路上や建物の中や屋上の所々に見受けられ、列を成すパトカーに加えて装甲車までもが何台も停まっていた。住民たちは、建ち並ぶアパートの屋上や窓辺から顔を出して様子をうかがい、時折、どこからともなく激しい指笛の音が鳴り響く。すると、それに応える指笛が次々と加わり、辺りはその大合奏に包まれた。しかしこの響きは、祭りが始まる前の昂揚感とはまったく異なるものであった。

近所に暮らす知人の話によると、この日の朝九時頃、HADEPの集会所近辺を通行していた女性たちが、警官に追い払われたり、暴行を加えられるといったことが起きていたという。その後、警察は集会所の前に詰め寄り、祭りを主催したHADEPの女性スタッフに向かって「祭りを中止するように。従わなければ逮捕する」と警告した。それに対し、「中止命令を受ける理由はないはずだ。あなたたちの行いは民主主義に反する」と反論したものの、結局は集会所に近寄ることさえままならない状況は続き、祭りの実行は実質上不可能となってしまったのである。

夕方近くにはようやく警察官の姿も少なくなり、いつもの光景が戻ってきた。それでも夜遅くまで、青いライトを回転させながら通りを猛進してゆく装甲車を何度も目にしたのだった。

それにしても、いったい何があったというのだろう、なぜこのようなことになってしまったのだろうか。近辺の住民の誰もが「何事にも問題はなかった」と言っていた。クルドの民族衣装や、クルド語の歌や踊りが問題とされたわけではなかったはずだ。同様に企画実行されたエルケック・バイラムでは、警察の厳しい監視下にあったものの、祭りが中断させられることはなかった。

知人宅にやって来た客の中に、警棒で殴られた女性がいた。出産を間近に控えていた彼女は、親戚宅を訪ねた後、家に戻ろうとしてたまたま集会所の前を通っただけだったという。

「こっちに来るな！　あっちへ行け！　と警官に怒鳴られて追い回されたのよ。でも、お腹が重たくて走って逃げることができなかった。だから余計にたくさん殴られてしまったわ」

セーターの袖をたくし上げた姿を見ると、肩は腫れ上がり、腕にはいくつもの青あざがあった。

この事件で逮捕者も出ていた。HADEPのスタッフを含む二十八名もの男女である。

HADEPは多くのクルド人に熱狂的に支持されている一方で、軍警察当局には影でテロリスト呼ばわりされている。公にはされていないが、南東部の山岳地帯では、HADEPの事務所がつねに監視下に置かれていたり、閉鎖に追い込まれたりするのはよくあることだ。

二〇〇〇年の二月には、HADEP党員である三人の市長が揃って捕らえられるということがあった。拘束されたのはいずれも南東部地域の市長で、ディヤルバクル市のフェリドゥン・チェリク氏、ビンギョル市のフェイズラー・カラアスラン氏、シールト市のセリム・オザルプ氏である。

この件に関しては、「三人の市長はPKK関係者と接触し、国内および国外のPKK活動を公金を用いて援助している」とスーパーヴァーリ（非常事態令発令地域に派遣された地域知事）が発表。同年二月二十一日付の『ターキッシュ・デイリー・ニュース』は、ディヤルバクル県の奥地で捕らえられたPKKゲリラの証言にもとづいて三人の市長は拘束されたと伝えた。ディヤルバクル市長のチェリク氏は、PKKに同情的な外国の高官と会談を重ねていたことや、国外でPKK幹部と会っていたことが、以前から問題視されていたらしい。こうして三人の市長は拘束され、ディヤルバクル国家治安裁判所へと送られることになったのである。

三人の逮捕はメディアを通じて大きく報じられ、諸外国にもすぐに伝わった。欧州議会、欧州評議会などは、トルコ政府に対して遺憾の意を表わすとともに、三人の市長の解放を要求した。そして収監されてから四日後、三人は自由の身となることでこの一件は決着したのだった。

ディヤルバクルの食堂で一人黙って食事をしていたら、暇を持てあましていた店員がやって来て、こんなことを話して聞かせてくれた。

「ディヤルバクルの留置所の門が開いて三人の市長が出てきた時、その瞬間を待ちわびていた群衆の、ものすごい興奮で沸き返るようだったよ。迎えに来ていた車に三人が乗り込むと、その車は歓喜あふれる人々の手で担ぎ上げられ、みこしが通るかのように車は進んで行ったんだ」

そしてその店員は、自信に満ちた表情でこう言った。

「断然、ＨＡＤＥＰが一番さ」

引き寄せられた場所
――非常事態令下のまち――

今になって考えてみると、何がきっかけだったのかはよくわからない。「あそこの兵隊の数といったら住民よりも多いくらいだ」――心当たりといえば、誰かが言ったこんな言葉くらいだ。だが、直感なのか、何かの予感か、なぜか私はこの町へ行くことにこだわっていた。

この町に向けて一歩踏み出した頃、私はディヤルバクルで二人のクルド人と知り合った。名はオメルとザフェル。彼らはそれぞれ別々の事情を抱えて、ディヤルバクルのホテルで宿泊しているところだった。彼らは同行していたわけではなく、まったくの偶然で同じホテルで鉢合わせになったのだが、一見何のわだかまりもないように見えた二人の間には大きな溝があった。二人は隣り合った村の出身で、お互いが敵対する立場にあったのである。

オメルの生まれ育った村は、これまでに多くのＰＫＫゲリラを山へ送り出してきた。彼自身はゲリラ活動に加わっていなかったが、何者かの偽りの密告によって逮捕され、三年間の服役を終えたばかりであった。そのため、彼は故郷には帰らず、親戚からの仕送りを頼りに転々としているところだった。

一方のザフェルは、赤ん坊を連れた若くして夫を亡くした女性の付き添いでディヤルバクルに来ていた。子供が大きな病院で手術を受けるためである。

ザフェルの住むクルド人ばかりの小さな村は、村全体が丸ごと村落防衛隊（コルジュ）としてトルコ政府から給料を受け取り、PKKゲリラを攻撃したり、その疑いのある者を通報する役目を担っていた。彼が付き添っていた女性の夫もその例外ではなかった。子供が産まれて間もない頃、彼女の夫はPKKに狙撃され、家族を残してこの世を去ったのだった。

PKKの村からやって来たオメルと、コルジュの村からやって来たザフェル。決してお互いが心を許すことはない。だが、その二人は口を揃えてこう言った。

「あんたの行きたがっているその町はいい所だよ」

ワン湖を臨むクルド人の町タットワンを訪れた時のこと、人気のない真夏の真っ昼間、私はトルコ最大の湖のほとりで、輝く青い水面を眺めていた。

一九三〇年、蜂起したクルド人のグループが、この一帯を支配下に収めたことがある。しかし、翌年にはトルコ政府に包囲され、その結果、指揮者の多くが処刑されるとともに、何百人もの知識人たちが袋に詰められてこのワン湖に投げ込まれたという。私は本で知ったそんな悲しい歴史に思いを馳せながら、ぼんやりとしていた。

そこへ子供の集団が不意に現われた。彼らは私を取り囲み、私の腕やカメラバッグを掴んで放さない。子供の集団は、時としてとても恐ろしいことがある。「パラ（金）！」以外、何を言っているのかわからなかったが、彼らは明らかに私を脅迫していた。もし金を払わずにいたら、力ずくで奪われるか、ワン湖に突き落とされるのではないかと思ったほど、彼らの攻勢は生半可なものではなかった。ちょうどその時、大人の男性が一人、こちらに向かって歩いてくるのが見えた。大声を出し、助けを求めると、あっという間に子供たちは走り去って行った。

それから、私は震える足で彼について行き、湖畔にあるチャイガーデン（茶屋のある広場）で彼の友人たちと合流することになった。クルド人である彼らは、私のことをはなから普通の旅行者とは見ておらず、ジャーナリストだと決めてかかった。話はすぐに、降り注ぐまぶしい陽射しとは裏腹な、苦悩に満ちた痛みや怒りへと移り、私が何か問いかければ、彼らはいくらでも答えた。私があの町へ行きたがっていることについては、「トルコで最悪の場所だ。行ったらただではすまされないと思った方がいい」などと口々に反対した。だが、絶対に行きたいと言い張る私に、アンカラから里帰りしていたテレビカメラマンが最後に言った。

「行って見てきたらいい。そしてそれを日本できちんと伝えるんだ」

その翌日、カメラバッグ一つを持って出発した私は、荒れた道路を突き進むミニバスの中にいた。容赦なく照りつける太陽の光にすっかり打ちのめされ、首はあまりの激しい揺れに耐えられなくなっていた。窓ガラスに寄り掛かれば頭を断続的に強打し、揺れに任せてみれば、奇妙な首振り人形のように頭がぐわんぐわんと揺れた。同乗者の中には、ひどく車に酔った人もいる。私たちは到着まで、ただひたすら耐えるしかなかった。

ほぼ八時間が過ぎ、過酷な道中に気がおかしくなりそうになりながらも、町まであと一歩という所まで来た時、警察の検問で私一人がバスを降ろされた。そこで一時間待たされた後、ついに私はその町へと足を踏み入れることができたが、パトカーに乗せられ、警官に伴われてのことだった。

町に入ると真っすぐ警察署へ向かい、通されたのは署長室だった。

「ようこそいらっしゃいました。あなたはこの町に来た初めての日本人です」

思いもよらぬソフトな応対で、署長は私を客のように迎え入れた。彼が部下に一言声を掛けると、すぐに飲み物やフルーツが私の前に運ばれてきた。

「こんなに長い道のりだとは知らずに、何の気なしにバスに乗ってしまいました。ですが、せっかくたどり着いたことですし、暗くならないうちに田舎風の町の写真を撮り、さっさとタットワンに戻ろうと思うのですが」と言う私を、警察署長は「まあまあ、そんなに慌てることはありませんよ。とても小さな町ですからすぐに見終わります」と制止し、流暢な英語で、自分がこれまでにしてきた海外旅行の思い出話を延々と語りだした。

日没も間近という頃、「それじゃあ、行ってみますか。私がご案内しますから」と署長は立ち上がり、私たちは彼の部下が運転する車で町を一周した。途中、パンを焼く女性の写真を撮るために車を降ろしてもらったが、砂ぼこりを巻き上げながら狭く曲がりくねった坂道をぐるりと回っただけの、ほんの一〇分か一五分の短いドライブであった。彼はこの町がいかに安全であるかを強調し、数日間滞在するようにと勧めた。だが、その言葉を鵜呑みにするわけにはいかない。私は、警察の権限で停止させられた通り掛かりの車に便乗し、未練をたっぷり残しながら、この町を後にしたのだった。

これが、初めてこの町に来た時のすべてである。この短い滞在中に見たことといったら、警察官の顔だけだったようなものである。彼らがカモフラージュとして見せた歓迎ぶりの裏で、「トルコで最悪」といわれるほどの厳しい現実は本当にあるのだろうか。残念ながら、何一つとして知ることができなかった。

それから七カ月後の二〇〇〇年四月、イランでノウルーズ（春に迎える新年）を過ごした後、私は再びこの町を目指した。トルコに入るとすぐ、この町への最短コースを行くバスに乗り込んだのだが、軍の検問所で私だけが通行を認められず、途中まで来て後戻りを強いられることとなった。

ＰＫＫの武装闘争の激化を受けて、トルコ政府は一九八七年以降、東部地域に非常事態令を発令してきた。そして公表されてはいないものの、クルディスタンの広い範囲で事実上、外国人旅行者の立ち入りが制限あるいは禁止されているのである。

「この先はゲリラが攻撃してくる恐れがあります。このまま引き返して下さい。あなたの安全のためです！」

「でも、ほかの人たちは……」

「彼らは別に構いません」

彼らがどうなろうと知ったことか、とでも言いたげに軍人が肩をすくめて見せた時、それまで一緒にバスに乗ってきた老人たちの横顔が、私の脳裏に浮かんできた。胸に棘が刺さったような痛みを覚えた。

やむを得ず、もと来た方向へと向かうバスを待ち、引き返すしかなかった。しかし、この町を諦めたわけではない。ルートを変え、大変な遠回りをするしかなかったが、ここまできたら意地だ。面倒な乗り継ぎや長い待ち時間にもめげずに、それから丸一日を移動に費やした。前回足止めされた警察の検問所ではいくぶん緊張したが、意外なことになんのチェックも行われず、なぜかすんなりと通り抜けることができた。

そして今度こそ、私は自分の足でこの町に降り立った。すぐに清潔で居心地のよいホテルも見つかり、幸先はいいと感じられた。

部屋に荷物を運んだ後、疲れを癒す甘いお茶の一杯でもいただこうと階段を降りてきた私に、話し掛けてくる人がいた。私が興味を示すと、その人は静かに語り始めた。この町で、初めて耳にした話とは、こういうことだった。

一九九二年八月、小さなこの町に爆弾の雨が降った。それがやむと、次々と現われたドイツ製の戦車は家々をなぎ倒し、兵隊は銃を乱射しては油をまき、火を放っていった。この町の人々はそんな状況の下で壁に囲まれた小さな部屋にこもり、恐怖に脅えながらただひたすら祈るしかなかった。攻撃は丸二日間続いた。三日目に入ってようやく銃声が静まり、恐る恐る小部屋から這い出てみると、家族が団らんを囲んでいた部屋には、木っ端微塵に破られた窓ガラス、散弾銃で穴だらけになったカーテンや壁に掛けてあった上着などが散乱していた。壊された窓から覗いた眺めは、見慣れた風景とはまったく別のものだった。黒焦げになった町のあちらこちらから煙が立ち上り、モスクも学校も何もかもが崩れ去っていた。そして外を歩きだした時、目に飛び込んできたのは、壁の下敷きになったり、戦車に轢かれて死んでいった人々の姿だった。

この政府軍の奇襲攻撃は、「町に潜んだPKKに対する措置」という名目だった。しかし住民の間では、本当はPKKなど来ていない、あれは国の力を誇示し恐れを抱かせるためにやったものだと考えられている。

もう一つの悲しい現実として、一般民衆に銃を向け、町を炎で包んだこの襲撃には、クルド人でありこの町の住民でもあるコルジュ（村落防衛隊）たちも数多く加わっていたという事実がある。そして、政府に協力して自ら破壊工作を働いたコルジュたちは、強大な後ろ盾を得ていたはずであった。だが結局、コルジュの家々も最後には政府軍兵士たちの手によって潰される羽目に陥った。

政府にとってみれば、コルジュは都合のよい時に利用するだけの存在にすぎず、最初から彼らを守ってやるつもりなど毛頭ない。用がなくなれば、さっさと排除されてしまう運命なのである。

それでも、この町には現在もたくさんのコルジュがいる。雇用機会の乏しいこの社会で、クルド人たちの経済状態は極めて深刻だ。コルジュとなり、わずかながらも給与を得ることは、彼らの暮らしを支えることになるのである。


ロビーの片隅でそれだけ話し終えると、その男性は言った。

「頼むからこの話は誰にも言わないでくれ。知れたら俺は拷問にかけられてしまうんだ」


それから私は町に出てみた。歩きだすと、最初に言葉を掛けてきたのは子供たちだった。

「あなたは新聞記者ですか」

どうやら、うんざりするほどに無邪気なほかの町の子供たちとは様子が違う。

「違うけど、どうして？」

「この町は、爆弾を落とされて一度滅茶苦茶になったんです。僕たちは、まだ小さかったけど、みんなあの時のことは覚えています」

礼儀正しい態度で一生懸命に訴えようとする彼らの真っすぐな眼差しが、とても印象的だった。

その後も、町に繰り出せば必ずたくさんの子供たちが集まってきたが、彼らは決まって私に「新聞記者？」と訊ねてくるのだった。

「あんたもここに上がっておいでよ」と、屋根の上から私を呼ぶ声がした。誘われるままに、はしごを上がっていくと、平らなコンクリートの屋根の上では、四人の子供たちとその母親が刈り取ったばかりの羊毛を広げて干しているところだった。作業が終わると、子供たちは「家でお茶を飲んでいきなよ」と私の手を引き、陽気な母親や屋根の下にいた父親も一緒になって「さあさあ、どうぞ」と部屋に迎え入れてくれた。お茶の用意ができると、奥にいた娘たちも周りに集まり、部屋中がほのぼのとした雰囲気に包まれた。

そこへ、近所に住む二十歳前後の女性が、何やら楽しそうだとやって来た。彼女はこれまでの穏やかな空気を打ち破るような甲高い声で言った。

「私はシャンル・ウルファから嫁に来たんだけどね、うちの旦那は制服の肩に線の入った偉い軍人なの。彼はこの近辺の山にいるたくさんのテロリストをやっつけるのよ。すごいでしょ」

その後も彼女一人が話し続け、この家の人はみんな黙っていた。私は「そうですか」などと相づちを打っていたが、お茶一杯をご馳走になると席を立った。すると彼女は金切り声を上げて、「まだいいじゃないの、もっとおしゃべりしましょうよ。ホテルなんかに泊まらないでここに泊まりなさいよ。行かないで！」と叫んだ。私はなんだか胸が悪くなった。

ぶらりぶらりと歩いていると、これまたゆったりと歩みを進める牛にしばしば出くわす。どの牛も誰かに飼われているものだが、彼らは単独で町の中を勝手気ままに歩いている。

私がそんな牛の写真を一枚撮った時だった。軍のジープが勢いよくバックしてくると、私の前にピタリと停まった。そこから飛び出してきた中堅クラスの兵士は、無線機に向かって「外国人が写真を撮った」と言うと、私に「パスポート！」と叫んだ。私が撮ったのはたかが牛の写真にすぎない。ぶしつけで威圧的な兵士の口のきき方に、腹立たしさを抑えられなくなった。

5-A

「牛の写真を撮って何が悪い！」

「……。別に問題はない……」

その兵士は、一瞬ぎょっとした表情を見せ、そのまま行ってしまった。だが、その時の不快感は後々まで引きずった。

私は気に入らなかったのだ。軍隊の上官に対しては従順に礼儀を尽くすくせに、この土地の住民に対してはあんな口のきき方や態度が当たり前になっているに違いないのである。この国では、誰もが平等に幸せになれるだなんてまったくの嘘っぱちだ。

だが、少し冷静になって考えてみると、あんなことが言えたのも、私が外国人だからだ。自分が悪いことをしていなければ恐れる必要はないだなんて、ここでは通用しない。この地に暮らすクルド人にとって、「国」とはとてつもなく脅威を感じる存在なのだ。自分の国の政府が家族を殺し、家を瓦礫に変える。これ以上痛い目に遭いたくなければ、虐げられることを受け入れるしかない。文句を言うことは、すなわち国家との全面戦争を意味するのだ。それも勝ち目のない、地獄行きの切符を手にした戦争を……。


銃弾を浴びせられた日から歳月は経ち、町は復興した。だが、黒焦げの廃虚は現在も所々に存在する。ＨＡＤＥＰの前身であるＤＥＰ（民主主義者党）の支部長が住んでいた館は、銃弾で穴だらけにされたまま幽霊屋敷のように佇んでいた。

誰も近寄らないその館の写真を撮っていた時、ふと気づくと、視界に入るすべての人たちが私の様子を見ながら物も言わずに凍りついていた。たくさんの驚愕した視線が集中するなかで、私の動きもぎこちなくなり、黙っているのもなんだか妙な気がしてきた。とりあえず無難なところで「こんにちは」と挨拶をしてみたが、ピクリと反応した彼らは、無理のある引きつった笑顔を作り、数回頷くことで私に応えるのみであった。

ホテルに戻ると、これまた色々な人に声を掛けられるのだった。二階のロビーは宿泊客や町の住民のたまり場になっていて、私は外から帰るとその前をこっそり通るようにしていたのだが、しばしば呼び止められ、話の輪に引きずり込まされることが多かった。

この町の病院に派遣されたレントゲン技師は、ユスフェリという町の出身だった。出身地から察すると、彼はおそらくラズ族の人だと思われる。グルジア国境に近い山岳地帯に生きる色白のラズ族は、切り立った山肌に伝統的な高床式の木造住宅を建てて暮らす少数民族である。普段の生活の中では、民族独自の言語が今も用いられている。だがラズ族には、クルド民族のようにトルコ政府から言語や伝統文化を暴力的な方法で否定されたり、迫害を受けたという経験はない。規模の小さいこの民族には、犠牲を払ってまでして独立を求める気運はなく、彼らの居住区域に戦いは起こらなかった。検問もないし、警察や軍隊に掌握されていない山道は、誰でも自由に歩くことができる。

彼がその町の出身だとは知らずに、「長い道のりであっても、行った甲斐があったと思えるのはユスフェリという所です」と言うと、彼は嬉しそうに顔を紅潮させ、そこは自分の故郷だと明かしてくれた。そしてそれ以来、私に対するこれまでのクールな態度は一変した。どこの出身であれ、どの民族であれ、人々の故郷に対する愛着や思い入れに変わりはないのだ。

「この町の人たちは本当に素晴らしい。まさにわが兄弟と呼ぶにふさわしい人々だ」と、大袈裟な身振りを交えながら話す中年男性がいた。彼の仕事は、ＰＫＫ対策にあたる人材、つまりＰＫＫと戦う兵士をリクルートすることだった。

大きな声を張り上げ、満面の笑顔で話し掛けてくるこの男性に、私は抜け目なさを感じて警戒していた。彼の機嫌のよさと、どこか胡散臭い褒めちぎり方から想像するに、この日は十分な収穫があったということなのかもしれない。シャンル・ウルファ出身の金切り声を上げる女性のことを思い出した。かつて彼女の夫も、この人たちの持ち出したうまい話に乗せられたのかもしれない。

なかでも、私がどの誰よりも苦手だったのは、ものすごい早口でしゃべる弁護士だった。この町の出身者で、イスタンブールにもオフィスを構えているというエリートのクルド人に、私は最初は興味を抱いていた。だが、弁護士としての地位を築き上げたこの男は、政府に取り入って甘い汁をたっぷり吸わせてもらった口のようだ。

ある時、「この町の人たちはとても親切にしてくれます」と挨拶代わりに彼に言ったことがある。すると、彼はこう返してきた。

「みんなクルド人ですよ。彼らはあなたのような外国人に対しては親切で、とてもいい人たちのように振る舞いますがね、自分たちの間ではお互いのことを嫌い合っているんです。いつも喧嘩ばかりしていますよ」

彼はこの町の人たちのことを「彼ら」と呼び、決して「私たち」と言うことはなかった。

そして、イスタンブールの自宅では、離婚した妻と一人娘が同居していること、七十歳を超えた父親が二十歳の新妻をもらったこと、二人の兄弟はアンカラとイスタンブールでそれぞれ検事を務めているということなど、私は彼の家族の自慢話につき合わされた。

また彼は、さりげなく私にさぐりを入れてくることがあった。

「あなたは学校の先生だと言ってましたよね。何か研究をしたり、写真や文章を売ったりというようなことはしないいんですか?」

私は、こんな人たちが集まるホテルを警戒するようになっていった。


勉強も先生も大好きだと言う子供たちに誘われて、放課後の学校に遊びに行った時のことだった。

「あなたにぜひ知ってもらいたいことがあるんです。話だけでも聞いてもらえませんか」と、学生風の三人組が声を掛けてきた。

彼らは私を近くにあるカフェへと連れて行き、「自分たちが話したということを絶対に言わないように」と何度も念を押しながら、爆撃の話やコルジュの話をしてくれた。時々顔を出す同じ年頃のカフェのオーナーや店員たちをちらりと見て、「彼らにもこの話はしてはいけない」と釘を刺し、最後に私の書きなぐったメモを確認することも怠らなかった。「これならトルコ人にはわからないな」と日本語のメモを見て安心すると、彼らはこう言い残して立ち去った。

「ここで生きていくには誰も信用してはいけないんだ。自分の父親でさえもね。もちろん、例えばの話だけど……」


その後、私は町歩きを終えるとカフェでお茶を飲み、一息ついてからホテルに帰るようになった。カフェはいつでもたくさんの若者でいっぱいだった。

ある時、店に入ってきた一人の客が声を潜めて言った。

「警察があなたを追い掛けている」

そして、間もなく二人組の警官が私の前に現われた。ありきたりの質問をしただけで警官はすぐに帰ったが、その口調は非常に乱暴だった。

カフェでよく顔を合わせる別の客は、私にこう打ち明けた。

「警察に呼び止められて何かと思ったら、あの日本人はアジャン（密告者）だから気をつけろ、何も言わない方が身のためだぞって言うんだ。俺は言ってやったよ、彼女はアジャンなんかじゃないってね」

警察はすでに、私が誰と顔見知りなのかを知っているようだ。この店の人や私の周りに集まってくる人たちのことが心配になった私は、もうこの町を発とうと思った。だが、彼らの方が私を引き留めた。

「僕たちは大丈夫だよ。だからもう少しこの町を見ていってくれないか」

彼らは、これまでは語らなかったようなことを、少しずつ私に話すようになっていった。

「イラクのドホークの人たちは、同じクルド人でもトルコのクルド人を嫌っているんだ。彼らの多くは、トルコを拠点とするＰＫＫとは昔から仲が悪いバルザーニが率いるＫＤＰ（クルディスタン民主党。北イラクのクルド自治区における二大政党の一つ）を支持しているからね。おかげで僕は、ドホークにいる叔父さんに会いに行った時、やたらと嫌な目で見られたり、時には喧嘩を売られることもあった。もう二度とドホークには行きたくないと思ったよ。そしてトルコに帰ろうとすれば、今度は国境でトルコの兵士がうるさいんだ。パスポートだってちゃんとあるし、何の問題もないはずなのに、イラクで何をしてきた、お前の名前はトルコ名ではないな、などといちゃもんをつけてなかなか通してくれないんだよ。クルド人であることは、決して悪いことではない。でも僕たちには、不自由だったり納得のいかないことが多すぎる」

「テレビの番組で、女の人がこの町を歩きながら言っていた。『ここはとても安全な場所です。警察はいつも親切にしてくれますし、女性一人でも安心して歩けます』なんてね。笑っちゃうよ。あのわざとらしい嘘は、政府の宣伝文句なんだ」

「僕は五年前の兵役中に、山でPKKに撃たれたんだ。それでも、相手もクルド人だと思ったら反撃できなかった。二カ所弾が当たって手術をしなければならなくなったから、途中で兵役は免除になったけど、軍隊の中では兵隊同士の喧嘩やいじめはひどかったな。特に緊張した南東部では、なおさらなんだ」

「ゲリラ活動をやっていた僕の父さんは、捕まってディヤルバクルの刑務所に入れられた後、消えてしまった。父さんはもうこの世にはいない。裁判も行われずに死んだ上、遺体がどこに行ってしまったのかすら、わかっていないんだ」


なかには、冗談なのか本当なのかわからないことを言う人もいる。

「俺はこの前まで刑務所にいたんだよ。イラクでヘロインを仕入れて、車でイスタンブールに運んでいる途中で捕まったんだ。拷問は至ってノーマルなものだったね。電気ショックを与えられたりとか、そんな程度だ」

私が真に受けて詳しいことを訊きたがると、周りの人たちは「冗談だから気にしないでくれ」と止めに入った。

「インターネットでチャット（パソコン画面上での対話）をしてるだろ。相手が『あなたはどこの出身ですか』って訊くもんだからこの町の名前を答えると、『バイバイ』って切られちまうんだ」

実は私もここで同じ経験をした。この店に置かれたパソコンを使って、生まれて初めてチャットというものをやってみたのだが、つながったトルコ人の相手へこの町に滞在していることを書いて送ると、「畜生、いまいましい！」という返事が送られてきた。ギクリとした私が、この町の人に見せるわけにはいかないと思った瞬間、そばに立って見ていたオーナーは笑いながら画面を閉じた。むしろ、彼の方が私を気遣っているように見えた。テーブルに移動すると、トランプで手品を披露しては私の気を紛らわせようとするのだった。

トルコのサッカー熱は大変なものだが、ある晩、このカフェでもサッカーの試合の話で持ちきりになったことがあった。アンタルヤをホームとするチーム対ディヤルバクルの試合が行われたのだが、その話題は、普段とはちょっと違っていた。

事件は、リーグ優勝のかかったこの大事な試合中に起こった。アンタルヤの選手の一人が、ディヤルバクルの選手に向かって「ＰＫＫの人殺し」と罵り、それが発端で喧嘩が始まったのである。喧嘩は次々とほかの選手にも飛び火し、そのもみ合いのなかで鼻を折る者まで現われた。その後、試合は続行され、ディヤルバクルの勝利に終わったが、何とも後味の悪い試合となってしまった。

この町に滞在している間、私の行動はすべて警察にチェックされているようだった。カフェにも度々監視人はやって来た。誰もがこんな状況には敏感だから、タイミングをうまく見計らって私に話し掛けてきたし、場合によっては知らんぷりをきめた。私は事情がわかっているからそれでまったく構わなかった。だが、カフェのオーナーだけは、どんな時でも私を最大限にもてなそうとしてくれていた。

オーナーの自宅に招かれ、彼のお姉さんの手料理をご馳走になった日のことだった。彼の家に警察からの電話が入った。彼に署への出頭命令が出たのである。その原因が私にあることは明らかだった。これが、この町における、客に示した親切心の結果だというのか……。私の頭の中は真っ白になった。彼は、同行していた友人に向かって、私をホテルまで送り届けるようにと告げると、直ちに警察署へ向かった。

ホテルに戻ると、鉢合わせになった弁護士がお茶でも飲みに行こうと言ってきた。これまで、顔を合わせれば社交辞令くらいは述べてきたが、正直なところうんざりしていた。

「すみませんが、疲れているので部屋に戻って休みたいんです」

それだけ言って私は階段を上がって行った。

それから数分後に部屋の電話が鳴った。カフェのオーナーかと思って急いで受話器を取ると、弁護士であった。

「若い者には悪い奴が多い。奴らとはつき合うな。さもなければここから出て行け」

相変わらずの早口だが、いつもと違って怒っていた。

「何のことなのかわかりませんけど」

「ロビーで待っているから、すぐに来なさい」

そう言うと彼は電話を切った。

弁護士は、私の行動にさぐりを入れているのだろうか。私は腹が立った上、気味が悪くなり、ロビーには行かなかった。

数時間の後、カフェのオーナーから電話があった。とりあえず無事に帰されたようだった。警察では、やはり私のことを質問されたらしい。カフェに行ってみると、彼は誰に対しても普通に振舞っていたが、内心穏やかではなかったはずである。

翌日、彼は弱々しく「恐い」と漏らした。前日、警察で何があったのか訊いても、私に関して知っていることを言わされただけだとしか答えなかった。だが、本当にそれだけならこんなに落ち込む彼ではなかったはずだ。何か隠しているのかもしれなかった。

そしてこの日、今度は私がカフェに張り込んでいた警察官に連れ出された。彼らの言うことには、「この町のご案内をする」ということだった。店にいた人たちには「おまわりさんと散歩してくる」と告げて出たのだが、振り返ると、店の入口に立って警察の車に乗り込む私を心配そうに見るオーナーの姿があった。私が警官に気づかれないように小さく手を振ると、彼は同じようにそれに応え、車が走り去るのをずっと見ていた。

「あなたの職業は何なのですか。こんな所で何をしているのです?」

「あなた方のお仲間に散々同じことを訊かれて答えてきましたからご存じでしょうけど、この前まで高校の教師をしていました。私はイランからの長旅の疲れで風邪気味で、ここで休養を取ってからよそへ行こうと思っているんです。だから、ホテルでゆっくり眠ったり、カフェに流れている音楽を聴きながらお茶を飲んだりしているだけです。ここでは、観光地のように変な人にしつこくつきまとわれることもなく、みなさん親切にしてくれますから、ご心配なく」

「トルコ語が話せるんですね。あなたはこの場所の人たちからこれまで何を聞いてきたのです? ここへ来て何か探ろうとしているのではありませんか。こんな面白くもない所に旅行で来るなんて、普通ではありませんよ」

「普通ではないとは失礼ですね。面白いかどうかは私が決めることでしょう。アンタルヤに行けとかなんとかよく言われますけど、私の国は海に囲まれているので、トルコに来てまで海を見る必要はないんですよ。遺跡もすでに飽きるほど見てきましたからもういいんです。それより、こういう町にこそ日本では決して見ることのできない人々の暮らしや家並みがあるんです。観光地やリゾート地とは違う、こういう生活風景が見られる土地に来ることがそんなに変ですか。ここではずいぶんとおまわりさんや兵隊さんが旅行者に注意を払うようですけど、何度も同じことを訊ねられるし、まるで犯罪者にでもなった気分ですよ。それからトルコ語は、日本で買った入門書でこの旅行のために勉強したんです。探るだなんて人聞きの悪いことを言わないで下さい」

「独学ですか、あなたは相当かしこいのでしょうねえ」

皮肉たっぷりの言葉に、「ええ、そうです。私はとても頭がいいんです！」と答えると、警官は黙ってしまった。

「あなた方は私のことをテロリストとでも思っているのですか。冗談じゃないですよ。トルコはいい国だと思っていましたけど、旅行に来て変な疑いを持たれるとは思ってもみませんでした。私のどこが怪しいというんですか。はっきりさせて下さい。ガイドブックにも記されていないようなひどい目に遭ったということを、日本に帰って抗議の投書をします。復職したら生徒にも話してやろうと思います」

もちろん、警察は私をテロリストだとは思っていない。ジャーナリストだと思って警戒しているのだ。しかし、私のことを単なる風変わりな旅行者だと信じてくれたのか、人がよいのか、警官はポツリポツリと話し始めた。

「トルコの警察官としてこんなことは言いたくないんですけど、あなたを怒らせてしまったようなので少しだけお話ししましょう。この地方では、クルド人がつくった武装集団ＰＫＫとトルコの国が戦争をしています。リーダーのオジャランが逮捕されても、山での戦闘はまだ終わっていません。ヨーロッパの人たちは、この戦争のことを持ち出してトルコを非難しますが、私だって戦争は恐いし、したくない。命令されれば戦いに出るしかありませんがね……。普通、警察官の赴任期間は一カ所につき五年ですが、南東部の場合は例外的に三年です。危険性が高く緊張が絶えないために短いんです。それでも、この地での三年間は長すぎるくらいだと感じています。早くイスタンブールに帰りたいと、いつもそればかり思っていますよ……」

車は市内を外れ、山に差し掛かろうとしていた。彼らは警官で、ピストルを持つ身である。何をされるかわからない。それに、もしゲリラが見ていて警察の車だとわかれば、襲撃されるかもしれないではないか。人里離れた夜道ほど危ないものはない。恐怖におののいた私は真剣に訴えた。

「私はただの旅行者ですから、あんまり危険なことに首を突っ込みたくないんです。ＰＫＫが出てきたら大変ですから、早く帰りましょう！」

「ＰＫＫが出てきたって私たちは警察官ですから大丈夫ですよ。せっかくだからこの道の突き当たりまで行きましょう」

この人たちは何をとぼけたことを言っているのだろう。警察官だから狙われるのではないか！私はますます恐ろしくなった。

「ここで通行止めです。ここから先は軍が抑えている地域ですから、警察も立ち入るわけにはいきません。引き返しましょう」

ようやく車はUターンをして市内へと戻って行った。

ホテルのレセプションでは、ホテルの従業員と一緒にカフェのオーナーや友人たちが私を待っていてくれた。オーナーは、警官と出て行く私を黙って見送ったことに、何か呵責のようなものを感じていたのかもしれない。遅い時間になって私が戻ると、彼らは一様に安心した表情を見せた。それから熱いお茶で一服すると、皆それぞれの家へと帰って行った。

最後にカフェに行ったのは、翌日の夕方であった。時間が早かったせいか、店内は珍しく空いていた。いつも通りに奥の席に着くと、琵琶を小さくしたような弦楽器「サズ」を持った人がやって来て、クルド音楽を演奏してくれた。

サズを弾きながら歌ってくれたのは、二十九歳になるマルディン出身の電気修理工だった。子供の頃から成績優秀で勉強も好きだったことから、弁護士を目指してアンカラの大学に入った。大学に入学するまではすべてが順調だった。ところが、それまではいつも完璧に近い成績を取っていた彼が、突然、落第点しかもらえなくなった。法律を教える教授たちが、彼がクルド人だとわかった途端、点数をまったくくれなくなったのだ。教室の中でも露骨ないじめや差別に遭うようになり、彼は学校にいられなくなった。

また彼は、二十一歳の時に逮捕されたことがある。友人の叩くダフ（太鼓）に合わせてサズの弾き語りをしていたところを取り押さえられたのだ。その曲がクルド音楽だったからである。警察に連行された彼らは、二度と演奏できなくなるように両手両足を激しく痛めつけられた。友人の指の骨は折れ、彼は手の甲のすじが切れてくねくねと曲がるゴムのようになった。それでも彼は音楽をやめなかった。工夫された独特のスタイルでサズのピックを指に挟み、彼は今も弾き続けている。だが、そんな彼がサズをペンに持ち替える時、見せる姿はあまりにも痛ましい。手首を大きく内側に曲げ、苦しそうな体勢で綴られるその文字は、どれもが大きく歪んでいた。

警察の監視が厳しくなった以上、この町にいつまでも滞在するわけにはいかなくなった。

「あなたまで警察に行くことになってしまってごめんなさいね。明日、ここを発ってメルシンへ向かいます」

カフェのオーナーも「その方がいい」と同意してくれた。

「警察からまた何か言ってくるようなことがあったら、私のことを悪者扱いして言い逃れて。私にはこの国の外に帰れる場所があるから、何を言われても大丈夫。でも、あなたの居場所はここなんだから、怪しまれずにすむように、少しでもあなたの信用を得られるようにうまく言ってね」

「絶対にそんなことはしないよ。僕のことならまったく心配はいらない」

彼の表情は穏やかだった。

午後七時、彼は「そろそろ警察が来る頃だ。ホテルに戻った方がいい」と立ち上がった。そして彼は「明日から寂しくなるよ」と言うと、「さようなら」ではなく「また会いましょう」のトルコ語の言い方を私に教えてくれた。

「僕たちにとって何より大切なことは和解なんだ」と彼は言っていた。幾度となく耳にした「和解」という言葉、「兄弟」という言葉。それは示し合わせたかのようにトルコでもイランでも、クルド人の口から発せられる。

一方で、「自分たちは人間扱いされていない、家畜以下だ。戦って自由と人間らしい暮らしを勝ち取るしかないんだ」と立ち上がる人々がいる。

そのまた一方で、クルド人でありながらクルド人を嫌い、ステイタスや欲に走る人々。わずかな金のために隣人を差し出すことを厭わないコルジュやアジャン……。

もし私がクルド人だったらどの生き方を選んでいただろう。自己中心的に楽で安全で裕福な道を求めているのだろうか……。

翌朝七時のバスで、私はこの町を去った。目に飛び込んでくる風景の色は、変わり始めていた。霧に煙る緑の山々に、黄色い花畑や真っ赤なケシの花が彩りを添えている。きれいだと思った。だが、その優しい色や静けさの下に横たわる大地は、無数の地雷にまみれている。銃弾を受けた建設途上のビルの壁は、蜂の巣状になって放置されたままだ。

遠ざかってゆくあの町。人々の記憶に刻まれた死の恐怖にさらされた日の出来事は、生涯消えることはないだろう。銃弾の雨はやんでも、彼らの苦しみはまだまだ続く。

途中休憩のバスターミナルで、バス会社の人が私の顔を覗き込むようにして話し掛けてきた。

「あの町に行ったんだって？　写真撮ったのかい？」

「たくさん撮ったよ」

「山には登ったのかい？」

「地雷だらけの山には行けないよ。知ってるくせに」

「おお！　そうだった、そうだった。おーい、お茶持って来い！」

彼はチャイハネ（茶屋）の店員を呼び、私のもとへお茶やお菓子を運ばせた。

「いつでも歓迎するぜ。また来てくれよ！」

クルド人たちは、自分たちに関心をもち、味方になってくれる人間を必要としている。だが、施しを求めているわけではない。訪問を心から喜んでくれる。そして、思いやりを感じさせてくれる。だからこそ、クルドという溝にすとんとはまった私は、どんどん彼らに引き寄せられていったのかもしれない。

私は、カフェのオーナーに教えられた通りに「また会いましょう」と言って、再びバスに乗り込んだ。

「最悪」と呼ばれるまちを離れて
——メルシン——


バスに乗り込んでから約十三時間後、私はメルシンに到着した。

「この日本人は、あの町に行ってきた！」

それだけの理由で、この地のバス会社の人たちは私を特別扱いした。安くていいホテルはないかと訊ねると、彼らはいくつものホテルに電話をかけて設備や値段を聞き出し、「外国から来た私たちの大切なお客さんなんだ」と値段の交渉までしてくれた。南東部にある町の名前がついたバス会社のことだから、従業員の多くがクルド人なのだろう。

「トルコの中で最悪」と囁かれる非常事態令下のあの町。轟音を立てて進む装甲車、兵士を満載したジープの列、偵察飛行する軍用ヘリコプター……、そんな土地での生活が穏やかであるはずはない。それでも、私はたくさんの笑顔に出会った。むしろ印象的だったのは、人々の屈託のなさやしなやかさだった。だからなおさらのこと、トルコの人たちに忌み嫌われ、軍用車や兵隊の姿を見慣れたはずのクルド人たちにまで「最悪」呼ばわりされるあの町のことを、私はもう少し知りたいと思った。もしかしたら、住民たち自身が憚って語ることのできない、隠された事実がまだまだあるのではないだろうか。メルシンにはたくさんのクルド人が暮らしている。彼らなら、何か話してくれるかもしれない。ともかく会いに行ってみよう。そう思って、私はメルシン行きを決めたのだった。

私の訪問は人を介して次々と伝えられ、南東部出身のある人が会ってくれることになった。

庶民的な雰囲気に包まれた、コンクリート色の二階建て住宅が並ぶ一角に、その人の家はあった。薄暗い階段を上がり玄関に入ると、窓際に置かれたソファーでくつろぐ男性と、その周りで編み物をする三人の女性の姿が見えた。私はその部屋に入るなり、東部にあるクルド人の町と変わらない暮らしの臭いを感じた。

約八年前、この一家は南東部の町からメルシンに移ってきた。たびたび里帰りをしたり、逆にあの町から親戚や友人が訪ねてくることも多いという。優しい顔立ちをした家の主《あるじ》は、髪は薄いが顔の色艶はよく、若々しく見えた。そばにいる三人の女性はいずれも彼の妻たち（トルコでは一夫一婦制が原則だが、地方の村には複数の妻を持つ家庭がある）で、それぞれがたくさんの子をもうけたから、子供の数は全部で二十一人にもなるという。隣の部屋から駆け込んできた栗色の長い髪を束ねた美しい少女は、八歳になる末娘だ。

子供の数を聞いて驚く私に、彼は笑いながら言った。

「どんどん殺されてしまうからね、どんどん子供をつくるんだ」

その言葉に反応した私の微妙な表情の変化を、彼は見逃さなかったのだと思う。

「まあまあ、お茶でも飲んでゆっくりしなさい、話はそれからだ」

人がよいだけではない何かが、この男性には漂っていた。

居間に置かれたテレビのチャンネルはＭＥＤＹＡ―ＴＶに合わせてあった。クルド語で「民衆のテレビ」という意味のＭＥＤＹＡ―ＴＶは、ベルギーに拠点を置くヨーロッパ発の衛星放送局で、主にトルコのクルド人を対象に、ニュースやドキュメンタリーなどの報道番組から音楽や踊りなどの娯楽ものに至るまで、クルドに関連する内容をクルド語とトルコ語で放送している。クルド人にとっては貴重な情報源となっており、民族意識を高める効果も絶大だ。

トルコ国内のクルド人の町では、このＭＥＤＹＡ―ＴＶを見るためにパラボラアンテナを買ったという家庭も少なくない。ＭＥＤＹＡ―ＴＶの前身であるＭＥＤ―ＴＶが一九九五年三月にテスト放送を始めると、パラボラアンテナの売り上げは急上昇し、ある店では一週間に一五〇個売れた時期もあったと聞く。トルコでは一般放送にも衛星を使用しているために、パラボラアンテナの普及率はかなり高いが、裕福とはいえない東部の小さな村でも、家々の屋根の上に平均月収一カ月分を上回る金額（およそ三万円）の白く丸いアンテナをよく目にするのは、それだけ人々のＭＥＤＹＡ―ＴＶに寄せる関心が高いせいなのかもしれない。

ＰＫＫの宣伝媒体とも目されたＭＥＤ―ＴＶは、テロ行為を煽動したという理由で一九九九年春に閉鎖へと追い込まれた。トルコ政府がヨーロッパ諸国に対し、放送免許取り消し措置を要請したためだ。しかしそのわずか四カ月後、新たな免許を取得し、ほぼ同じスタッフによってＭＥＤＹＡ―ＴＶが再び立ち上げられたということである。

なお、イランやフセイン政権下のイラクでは衛星放送の受信が全面的に禁止されてきたので、丸いアンテナが家々に林立する姿はクルディスタンの中でもトルコやシリアでしか見られない独特の光景であった。

「ストラスブルクの人権団体が、兵隊に殺されたクルド人の子供に寄付をするそうだ」

一家の主は、たった今、クルド語で伝えられたニュースの内容について説明をしてくれた。

ＭＥＤＹＡ—ＴＶの伝えたところによると、一九九二年、シュルナックの炭坑で働いていた男性が政府軍兵士に暴行を受け、ごみ箱に捨てられるという事件が起きた。虫の息だったところを発見された男性は、病院に急送され手当てを受けたものの、間もなく死亡。この男性が息を引き取る直前に「兵士にやられた」と語ったことから、人権団体によってこの事件に関する調査が行われたが、トルコ政府は兵士の関与を否定しただけで、まったく取り合おうとはしなかった。しかし人権団体側は、明らかに虐待事件であるとみて、男性の六人の子供たちへの寄付を決定し、この日発表したということである。

「この子供たちは少しだけでも救われただろうか……」

大家族の柱である彼はそうつぶやくと、次のニュースに耳を傾けた。

「メルシンには仕事なんてありゃしない。その点、シロピはイラクとの取引が盛んな町だし、シュルナックでは石炭も採れる。あの町の辺りは案外、仕事は多いんだ。だが炭坑ではこの事件のようなひどいことがたくさん起こる。例えば、兵士たちがやって来て、炭坑で働く人たちの服を剝ぎ取って燃やしてしまったり、四つん這いにさせた労働者の背中の上に巨大な石炭を乗せたり……。何が面白くて人間にそんなことをするんだろうねえ。いや、彼らは私たちクルド人のことを人間とは思っていないんだな。メルシンに住む、いや、メルシンと言ってもクルド人ばかりいるこの辺りのことだがね、ほとんどの人たちが一九九二年以降に南東部の村からやって来たんだ。お金がなくて、学校にも行けない子供たちがいっぱいいる。働かなきゃならないからだ。誰もがこの都会に目的や

KISMET

夢を持ってやって来たわけではない。みんな逃げてきたんだよ」

そして、「五日あっても話しきれないだろうが」と前置きをしてから、彼はクルド人の町で起きた出来事を話し始めたのだった。


「徴兵中の若い兵士がＰＫＫとの戦闘で怪我を負って担ぎ込まれると、将軍は彼に出身地を訊いたんだ。痛みで朦朧としていた兵士は『クルディスタン』と答えてしまった。お前はトルコ人ではないのかとの質問には、彼は『クルド人』と言ってしまった。その結果、その兵士はＰＫＫに弾丸を撃ち込まれた傷口にペンチを刺され、二日後にとうとう死んでしまったよ。

これは駐屯地で私が実際にこの目で見た出来事なんだ。その時、私も拘留されて拷問を受ける身だったんだよ。一九九二年一月のことだ。そこで繰り広げられる現実を私はまざまざと見せつけられた。クルド人が手のひらや足の裏をガラスの破片で切りつけられているところやなんかをね。

私がなぜその場にいたのかというと、私にはＰＫＫゲリラとなった息子が二人いたからだ。軍は『父親なら息子の居場所を知っているだろう、ＰＫＫの息子をここに連れて来い』と言うんだ。『知らない』と答えると、将軍は私の指の間にライフル銃の弾を挟んで強く握り締めた。あまりの痛さで脂汗は出るし、指の骨が完全に折れると思った。それでも知らないと言うと、逆さ吊りにされて、腫れあがるほど棒で殴られた。その拷問は毎日、将軍によって続けられたんだ。口髭をペンチで抜かれたりもしたな。連行から五日後、『息子を連れて来い！　そうすればお前のことは許してやるが、連れて来なければお前を殺す』と言われ、役目を果たすべく私は釈放された。ゲリラ活動をする息子の居場所など知らないし、知っていたって、自分の息子を軍に手渡すなんてできるわけないじゃないか。だが、このままでは残る家族も危ない。それで、私は家族を連れてメルシンに来たというわけだ。

私の二人の息子がＰＫＫゲリラだと知れてから、軍は親戚にも手を伸ばした。甥の十六歳のレーナスと十五歳のハッキーは、普通の高校生だった。それなのに、雪深い二月に突然兵士に連れて行かれてしまった。それから四カ月後の初夏が訪れる頃、彼らは山で変わり果てた姿となって発見された。目隠しをされ手足を縛られたままの状態で、ヘリコプターから突き落とされたらしいんだ。見つかった時には身体中にウジが湧いていた。こんな目に遭わされたのも、彼ら自身がＰＫＫに関わっていたからではなく、ただ親戚にゲリラがいたという理由からなんだ。ＰＫＫゲリラが一人いれば、何の関与もしていない家族や親戚もテロリストの一味だと見なされて、ゲリラ同様のむごい仕打ちを受けることになるんだよ。

男の子だけじゃない、女の子だってそうだ。その年の三月には、やはり高校生のビシェンクがピストルで頭を撃ち抜かれて死んだ。遺体の乳房はナイフで切り取られ、そこには塩が塗り込まれていた。

こっちの妻の産んだ娘は、あの当時、初めての出産を間近に控えていた。そんな折、彼女は腹を割かれて死んだんだ……。コルジュの仕業だった。コルジュはお腹の中にいた子供までも一人として数え、二人分の報奨をもらおうとした。コルジュはやり口が残忍で、だんだんエスカレートしてきている」

三人の妻たちはトルコ語が話せない。だが、話の内容を察した妻は、私に何かを伝えたかったのだろう。自分の胸に手を当てて、「私の娘の話です」と訴えるように、私に向かって深く頷いた。

「私たちには、火の上を飛び跳ねたり踊ったりしながら春の訪れを祝う習慣がある。三月に行われる『ネブロス』の祭りはクルド民族の象徴といわれているが、この国では厳しく規制されてきた。けれどもある年、私たちの町でネブロスを無許可のまま強行したことがあった。私も、もちろんその踊りの輪に参加していたよ。

それで、祭りはどうなったかと言うと……、軍隊が駆けつけ、集まった人々に向けて発砲し始めたんだ。六十人から七十人の人が死に、百八十人くらいが怪我を負い、私たちは虫けらのように蹴散らされ、祭りは血に染められてそれまでとなった。同じ日、やはりネブロスをやった別の町でも、祭りに向かおうとして橋を渡っていた人々が警察の車になぎ倒されたり突き落とされたりして、二十人ほどが死亡した。警察の車に結びつけられたひもに縛られ、引き回されたクルド人の男が、しまいには手足を失って死亡したなどという話もある。トルコでクルド人がネブロスをやるということは、まさに命懸けなんだ」

「禁止されていることをやった時に限らず、これまでに南東部の民衆はいろいろないじめや虐待にさらされてきた。今はだいぶましになったが、一九九一年から九五年くらいの間は実にひどかったよ。

イラクに向かう予定だった私の親類の一人が、国境付近の井戸の中で死んでいるのを発見された。彼の妻によると、そのとき彼は商売のために結構な金を持って出掛けたそうなんだ。警察に金を奪われたあげくに始末されるというのはよくある話だ。もちろん彼の死が警察の仕業だとは言い切れないが、何の問題もなかったはずなのに、彼が警察に言いがかりをつけられ、連れて行かれるところを見たという人もいる。多くの人が、彼は奴らに殺られたんだと思っているよ。そんな不幸な目に遭った人は、私が知っているだけでも二十人以上いる」

「ある村の男たちは、太陽が東から西へ移動するのを一日中見つめさせられたという。銃を向けた見張りの兵士のもとで、彼らは下を向くことも目を閉じることも許されなかった。人糞の上を四つん這いになって歩かされたなんてこともあったそうだ。PKKに食料や寝床を提供したために、テロリストを援助したと見なされて、そういう目に遭わされたんだ。そうでなくても、理由もわからないまま連行され拷問を受けたなんて話はざらにある。

私たちクルド人が、よく『人間らしく生きたい』と言うのには、こういう訳があるんだよ。わかってもらえただろうかね」

「あそこにいたら殺される。だからみんな逃げるしかなかったんだ。私たちも取るものも取らずメルシンまで逃げてきた。だが、ここに来ても家があるわけではない。私たちには三日間寝床がなく、野宿をした。その後、一年分の賃貸料を前払いして家を借り、今に至っている。私たちがここに来た一九九二年には、あの辺りからだけでも百家族くらいがメルシンに移ってきたのではないだろうか。これまでに戻って行った人もたくさんいるがね。住み慣れた所に誰もが帰りたいと願うようになっていったし、ここにいても仕事がないからだよ。しかし、向こうも厳しいことに変わりはない。政府は天然資源の採掘場を閉鎖したり、仕事を与えないようにして、クルド人たちを貧しいままにしておきたがる。その方が、金にモノをいわせてクルド人を手なずけるという彼らの方法がやりやすくなるからだ。

それでも、故郷に帰ることができた人たちはまだましだ。たいていの場合、帰村許可は下りないし、それでも帰ったならば、見張られていつ取っ捕まるかと脅えながら暮らすのがオチだ。村を丸ごと焼き払われて帰る場所を失ったり、帰ったらどういう目に遭わされるかわからない私のような者は、こうして故郷から遠く離れた町にとどまっているしかない。

ただ、この国にいる限り、どこに住もうが出身地は一生背負わされることになる。建前では『この国に住む誰もがトルコ人であり、平等な権利を有する』ということになってはいるが、身分証明書に記された出身地から、その人間がクルド人だということは誰にでもわかってしまうんだ。そうやって、ちゃんと差別化が図られているんだよ。出身地を知られると、クルド人だという理由でイスタンブールでもアンカラでもいたぶられる。故郷には危険すぎて帰れない。このままメルシンにいれば子や孫の代には西側の出身ということで差別されなくなるかというと、そういうわけにもいかない。親の出身地を引き継ぐことになるからなんだ。この末娘はメルシンで生まれ、メルシンで育った。それでも見てごらん、この子の身分証明書の出身欄には、南東部の町の名前が書かれているだろう。おかしな話だと思わないかい？

メルシンでは、嫌な思いをすることもあるが、よそに比べればましな方だ。でも、メルシンには秘密警察みたいなのがそこらじゅうに潜んでいる。花屋のおやじに成りすましていたり、宝くじを売っていたりしながら、市民を見張っているんだ。自由な雰囲気に気が緩んで、道を歩きながらつい政府の悪口やPKKの話なんかをしようものなら、ただの店番だと思い込んでいた奴にわっと取り押さえられるなんてことになりかねない。だから、あんたも気をつけることだな。どこにいてもうかつに口をきいたりしてはならないよ」

話の途中、二人の来客があった。政治活動をしていたために命を狙われてヨーロッパに亡命した人の弟と、ヘリコプターから突き落とされた少年たちの父親だった。

二人の息子を失った父は、財布の中に忍ばせてあった小さな写真を私に見せた。それからしばらくの間、私は彼の顔をまともに見ることができなくなってしまった。彼は少年たちを襲った悲劇の記憶と、悲しみや無念を生涯背負って生きていくしかないのだ。時々こうして息子たちの写真を取り出してはそっと眺めているに違いない。そんな彼の姿を思い浮かべるたびに、私は耐えられなくなる。そして今も、写真の中の快活な顔をした二人の姿と、痛ましい心の傷を負った父親の寂しそうな表情が、目に焼きついて離れない。

今はディヤルバクルに住んでいるという彼らは、数日前に隣家で起きた出来事を話した。乱入してきた多数の覆面警察官たちが「お前らはＰＫＫを援助しているだろう！」と言って殴りかかり、泣き叫びながら否定する子供から老人までの家族すべてを連れ去ったという。

こんなことは珍しくはないと淡々と語る彼らだったが、目には深い憂いの色が表われていた。

正直なところ、私の心には限界がきていた。だが、目の前にいるのは背負わされた苦悩から解放されることのない悲劇の当事者たちなのだ。だからこそ訪ねてきた以上、彼らが話を続ける限り、私は決して逃げてはならない。

しかし、男性はまた私の心の内を読み取ったようだった。

「今日のところはこれぐらいにしよう」

丸い顔に笑顔を浮かべて、彼はそう言った。私は恥ずかしかった。

クルド語しか話せない妻の一人が立ち上がり、大きな太い身体を屈めて私の顔を覗き込むと、かすかにほほ笑みながら私の手を取り、別室まで引っ張って行った。彼女は、飾り棚の奥から取り出

した三十センチ四方の額縁を手渡すと、「ゲリラ」と一言だけ言って私に背を向けた。背中は小刻みに震え、スカーフで被われた頭ががっくりと落ちた。彼女はしゃくり上げながらも、決して声を発しないようにこらえているのだった。

ゲリラとして戦う道を選んだ二人の兄弟。額に入れられた写真は、弟ムスターファのものだった。彼は山に入って間もなく政府軍に撃たれて死亡した。兄バイラムの消息は、今のところ確かではない。だが家族は、彼が今も元気でいることを信じようとしている。

それから数日経ったある日、メルシンのクルド人たちが「私たちのラジオ」と呼ぶラジオ局を訪れることになった。「ラジオ・セス」は、音楽番組を中心にスポットニュースを一日五回放送している、メルシンのローカルラジオ局だ。ニュースの内容はクルド人に関連するものも多いし、クルド語の歌を流すこともある。

スタジオは、繁華街に面したビルの狭い階段を上がったところにあった。私が訪れた時、二十代から三十代前半の若い男女のスタッフが和気あいあいと仕事をしていた。意外だったのはトルコ人とクルド人とが半々だったことだ。平和的な番組構成とはいえ、クルド語の歌を放送することもあるというこの局に、まさかトルコ人がいるとは思わなかったのである。ところが彼らからすれば、ごく当たり前で驚くほどのことではないという。確かにそうかもしれない。私はトルコに来ると、クルド人ばかりの町でクルド人ばかりと接してきたから、私の意識は知らず知らずに思い込みが激しくなっていたらしい。トルコ人とクルド人が混じり合った都市では、民衆レベルでは互いに良好な関係が築かれてもいる。私は目から鱗が落ちたような気分になり、ちょっとした感動すら覚えたのだった。

ちょうどその時、国営テレビが山の中にずらりと横一列に並べられたPKKゲリラの死体を映し出していた。だいぶ前に撮影されたドキュメンタリー・フィルムだった。それを見たトルコ人のスタッフやスタジオに遊びに来ていた学生たちは言った。

「これは、政府に刃向かえばこういうことになるとクルド人に示すと同時に、何も知らない西側のトルコ人たちに対して、反政府活動の罪深さを宣伝しているのよ。トルコのメディアはいつだってクルド人の武装行動を厳しく批判するだけで、人権を無視した政府の卑劣なやり方を伝えることは決してないわ。政府の都合に合わせた報道しかないの。ニュースキャスターも解説者も新聞記者も皆、結局のところ政府の回し者、宣伝部隊のソルジャーといったところね。ただ、もしもクルド人問題を糾弾するような内容のものを発表すれば、これまでにも多くの出版物がそうだったように、発禁処分は免れない。今日も、新たに新聞や雑誌あわせて八誌が発売禁止になったことが伝えられたところよ。発禁だけならまだしも、クルド語の新聞社に勤めていた八十名もの記者が一斉に逮捕されたり、新聞社のビルが爆破されたなどということもあった。クルド人ジャーナリストのムサ・アンテルは、事実をあからさまにし政府を批判する記事を書いたために、一九九二年に命を奪われたのよ。そして、彼以外にもたくさんのジャーナリストたちが弾圧されてきた。この国には表現の自由なんてないに等しいの。それでいて、今週は『報道の自由週間』だっていうんだからまったく笑っちゃうでしょう。ラジオ局にしたって、ディヤルバクルやウルファの歴史ある放送局がクルド語のラブ・ソングをたった一曲流しただけで閉鎖されたまま、もう二年半も経つのよ。このラジオ局だっていつ潰されるかわかりゃしないわ」

その場にいた三人のトルコ人の学生たちは皆、この国で行われている間違ったクルド人政策や、コントロールされた報道に対して憤慨していた。だが、垂れ流される報道によってテロとクルド人とを混同し、クルド人だというだけで嫌い、敵対視する人々がまだまだ多いのも事実だ。西側で生まれ育ったクルド人ですら、南東部の現実を知らない人は多い。そういう人たちは、徴兵制度があるということをはじめ、好ましくない現実のすべてをＰＫＫのせいにし、東部の山岳地帯で暮らすクルド人のことを、テロリストを生み出した野蛮な人々と決めつけている。政府のプロパガンダに流されて、誤解を深める一方だ。知らないということも勘違いも、ここまでくると恐ろしい。

「単一民族国家」を自称してきたこの国では、少数民族が持つべき権利の改善への取り組みは表面的なものにすぎず、問題は根深く複雑だ。それでも、ここメルシンでは少しだけ明るい兆しが見られたような気がした。その一つが、スタジオでのなごやかなクルド人とトルコ人との交流だった。政治の力はとてつもなく大きい。しかし、こうして日常の中でお互いを認め合い、手を繋いでいくことができれば、また、誤解を解いてその輪を広げていくことができたらいいのにと、そして彼らの姿を見ていると、それが決して不可能ではないようにも思えてくるのだった。

私がメルシンに滞在している間に、もう一つ明るい出来事があった。クルド音楽のコンサートが開催されたのである。クルド語の曲を一曲放送しただけで閉鎖に追いやられたラジオ局の話があったように、これまでクルド音楽の演奏や放送は禁止されてきた。クルド民族意識に通じるもの、それを駆り立てるものはすべて排除すべきだとされていたからである。しかし人々は、自分たちの文化を捨てることも、忘れ去ることもなく守り続け、新しいものもどんどん生み出してきた。そんなクルド音楽の公の場での演奏が、メルシンでは初めて許可されたのである。一九九九年のＰＫＫ党首オジャランの逮捕以来、徐々に取り締まりが緩み、クルド人たちに少しずつ自由が与えられつつあるのは確かなようだ。

　ラジオ局のスタッフの計らいで、コンサートの切符を運よく手にすることができた私は、その日、海岸沿いの野外会場へと駆けつけた。始まるのは夜になってからというのに、会場は早い時間からたくさんの人で埋め尽くされていた。そして日がすっかり暮れた頃、ライトアップされたステージに上がった主催者のスピーチで、コンサートはスタートした。

「この日を迎えることができた幸運に感謝し、音楽の喜びをともに味わいましょう。そして、心を落ち着け、決して乱暴な発言や行動のないようにして下さい。平和を踏みにじるようなことはやめましょう。そんなことをするべき時ではありません」

　それから、クルドの民族衣装に身を包んだ男女による踊りが披露され、続いて特色のあるバンドが次々と登場し、それぞれが二、三十分ずつの演奏をしていった。トルコ語もあればクルド語の歌詞もあり、自然や恋愛の歌のほかに、平和や戦争について歌ったメッセージ性の強い曲も多かった。家族に宛てて書かれたという歌には、「父さんは山に行ってしまった。そして死んだ。もう二度と会えない」「母さん、僕は行く。どうか泣かないで」などと戦いにまつわる物悲しい詞が綴られていた。聴衆はそのような歌が演奏されると立ち上がり、ピースサインをして拳を高くかざした。また、楽しい曲が演奏されれば、ステージ前の空間や階段状の座席で誰彼構わず腕を組み、もみくちゃになりながら踊り続けた。満月の晩のことだった。


　私の所持金は底をついた。メルシンを去る前に、話を聞かせてくれた家族のところへ挨拶をしに出掛けた。そして玄関の扉を開けた時、みんなの笑顔の歓迎ぶりが、私は本当に嬉しかった。いや、むしろ慰められたという感じかもしれない。彼らは先日、心の底にしまっておきたい辛い記憶を引っ張り出し、それを言葉にするという苦しい作業をしなければならなかったのである。私が訪ねて行かなければ、少なくとも一回分の涙は流さずにすんだはずだ。彼らにあのような辛い思いをさせたからといって、私に何ができるというのだろう。彼らの古傷に触れ、痛みをぶり返させるだけのことではないだろうかと、私は罪の意識に苛まれていた。

だが、彼らは言ってくれた。「私たちのことを知ろうとしてくれてありがとう。話を聞きに来てくれてありがとう」と。絶対に彼らのことを忘れてはならない、彼らと共有した時間の記憶を薄れさせてはならないと、私は改めて思ったのだった。

二十歳になる息子が兵役を終えたばかりの友人を伴い、私をホテルまで送ってくれた。彼は仕事に就いておらず、いつも手持ちぶさただ。「煙草を吸うばかりで、何も手伝ってもくれないし、話も聞いてくれない」と彼の母親はこぼしていた。だが、私にはいつも礼儀正しい親切な青年だった。私がこの一家を訪問することになった時、ホテルまで迎えに来てくれたのも彼だった。別れ際、もう一度感謝の気持ちを述べると、彼は伏し目がちに「礼はいらないよ。だけど、その代わりに五百ドルほどくれないかな」と言ってきた。五百ドルといったらトルコの公務員の月収を上回る金額だ。それに私の財布にはホテル代や空港までの交通費などを差し引くと、残るのはせいぜい数日分の食事代くらいなものだった。そのことを話し、何か困ったことでもあるのかと訊ねると、彼は「お父さんは苦労して一家を支えてくれているから、小遣いをくれだなんて言えないんだ。僕には仕事がないから、自由にできる金がなくてね」という答えが返ってきた。私はどうしたものかと思ったが、心ばかりのお金を渡そうとした。だが、彼は私の財布の中身を知ってしまった以上、受け取れなくなったらしい。彼は「いいんだ」と言って財布をしまうよう促した。

それからしばらくの間、私はすっきりしない気持ちを引きずっていた。彼はそれほど窮していたのだろうか。小遣いは欲しいものの親には気が咎めて頼めない、でも外国人は金持ちに違いないから要求しても構わないとでも思ったのだろうか。それとも、彼はそれだけのことはしてやったはずだと、私に対して思っていたのだろうか。私は彼にどう応えるべきだったのだろう……。

誇り高い人間でありたいと言いつつ、高額のお金を要求してきた若者の心にアンバランスさを感じながら、私はその翌日メルシンを去った。

II

時をかけて

クルド人であること、トルコ国民であること
――イスタンブール――

かつてコンスタンチノープルと呼ばれ、「東西文明の架け橋」と称されてきた、いにしえの都イスタンブール。一つの都市の中に、アジア大陸の西端とヨーロッパの東端を抱え込んだ、世界でも類を見ない街である。

イスタンブールは、大きく分けて三つの部分から成っている。東西の分岐点ともいえるボスポラス海峡を境としてアジア側とヨーロッパ側に、そしてさらにヨーロッパ側は金角湾によって旧市街と新市街とに隔てられる。住宅地が広範囲を占めるアジア側からは、多くの住民がフェリーでヨーロッパ側に働きに出る。都市機能を果たしているのはこのヨーロッパ側で、ビジネスの中心は金角湾の北に位置する新市街地に置かれている。タキシム広場周辺には、外国資本の高級ホテルや一流企業が軒を連ね、ブティックや小奇麗なカフェが並ぶイスティクラール通りは西欧の街を思わせる。そして、ボスポラス海峡の岸辺で水面に張り出すように建っているのはドルマバフチェ宮殿だ。オスマン帝国後期の王（スルタン）たちが使用し、帝国崩壊ののち、「トルコ共和国の父」と呼ばれるアタチュルクが執務していたその絢爛豪華な宮殿は、今もなお、かつての権力者の存在を誇示しているがごとく鎮座する。そこから南に進み、金角湾に架かるガラタ橋を渡ると、歴史的見どころが

盛りだくさんの旧市街に入る。なかでもスルタンアフメット地区には、五百年あまり続いたオスマン帝国時代にスルタンの居城として使われていた「トプカプ宮殿」をはじめ、内壁を飾る青タイルの美しさから別名ブルーモスクとも呼ばれる「スルタンアフメット・ジャミィ」、東ローマ帝国時代にギリシア正教の大本山として建造され、ビザンチン教会の傑作とされながら、のちにイスラム教寺院として使われることになった「アヤ・ソフィア」、横たわるメドゥーサの顔が柱を支える古い地下貯水池「イエレバタン・サルヌジュ（地下宮殿）」などがあり、そのほかの地区にも「カパル・チャルシュ（グランド・バザール）」や「ヴァレンス水道橋」など、織りなす歴史を今に伝える貴重なスポットは、数え挙げればきりがない。

旧市街側の金角湾に面した地区エミノニュには、ヨーロッパから続く鉄道の終着点シルケジ駅、市内バスの大きなターミナル、そして新市街やアジア側に向かう船の発着場が集中している。つねに通勤客や買い物客でごった返すこの辺りには、さまざまな商売人たちも集まってくる。まず、多種多様なトルコ式ファーストフードの屋台は人々の目を惹き、鼻をくすぐる。薄切りにした肉を重ね串刺しにしたものを回転させて焼き、焦げ目のついた外側から削ってパンに挟むドネルケバブ・サンド、岸に着けた揺れる小船の上で焼き上げた鯖のサンドウイッチ、貝殻にピラフを詰めたミディエ（レモンをかけて食べる）、シミットというゴマのついたドーナツ状の固いパン、ゆでトウモロコシなどなど、値段は安いから気軽に食べられる。道行く人々の多くが、新聞紙で包んだそれらを頬張りながら歩いている。また、日用雑貨から衣類、中国製のおもちゃなど、何でも広げる露天商。そして、仕事に精を出す靴磨きや煙草屋の少年たち……。聞くところによると、彼らの多くは東部から移住してきたクルド人だという。

人口約六千万のうち、千二百万人以上をクルド人が占めているといわれるトルコ共和国。さまざまな事情を抱え、あるいは夢を持って住み慣れた故郷を去った多くのクルド人が、西側の都会へ移り住んでくる。当然、トルコ経済の中心地イスタンブールを新しいすみかに選ぶ人々は多い。

誰しも移住して間もないうちは、慣れない土地での暮らしに何かと不自由するものだ。仕事を得るにも、住む場所を見つけるにも大変な苦労がいる。東部の出身者は、その土地に生まれ落ちたというそれだけで、理由もなく因縁をつけられたり警察に連行されるということもある。「俺たちには運やチャンスなんてありはしない」と、クルドの血を受け継いだ自分の運命を嘆き、人生を諦めてしまったかのように、ぶらぶらしては昼間から酒を飲むような男を私は何人か知っている。しかしその一方、前向きな姿勢で努力と苦労を重ね、大成功を収めるクルド人もたくさんいる。

私はイスタンブールの観光地で、そんな一人の男性に出会った。仕事の合間を縫って話を聞かせてくれることになり、上等な絨毯が敷き詰められた瀟洒《しょうしゃ》な商談ルームに私は通された。

彼の名はジェミル。妻と二人の子供を持つ二十九歳だ。三歳の時、両親に連れられて、東部アナトリアの町マラテヤからイスタンブールに移り住んできたクルド人である。美しい絨毯を広げて見せて客を魅了し、巧みな話術を使って販売するのが彼の仕事だ。その対象となるのは、外国から訪れる観光客、特に旅の記念となれば大量のドルを置いていくことを厭わない金持ちたちである。英語はもちろんのこと、日本語も達者である彼は、商談のために日本を訪れることもあるという。彼の一族は、このスルタンアフメットに大きな絨毯屋を三軒所有しており、さらにもう一軒を建築中であった。彼は紛れもなく、成功と富を手にすることのできたクルド人ファミリーの一員であった。

KUÇUKKOY
EMINONU

「たまたまそんな話になれば、自分はクルド人だと言いますが、普段、自分がクルド人であると意識することはほとんどないんです。僕にとってはどうでもいいことだから。だってトルコの国民ということに変わりはないでしょう。そんな僕でよければ、何を訊いてくれても構いませんよ。写真も遠慮なく撮って下さい」

少なからず気兼ねしていた私の予想に反して、彼は意外と乗り気のように見えた。

「何年か前に、マラテヤの小学校で子供たちに混じって授業を受けたことがあるんです。それでマラテヤはとても印象深いんですよ。ジェミルさんも、たまにはマラテヤに里帰りするのでしょう？故郷で暮らしたいと思ったりはしないのですか」

「実はこの前、マラテヤに行ってきたばかりなんですよ。それも、イスタンブールに越してきてから初めてのことです。僕はヤロヴァの別荘に行くことはあっても、田舎に帰ることはほとんどないんです。僕が生まれたのは、市の中心から車で約二時間の距離にある小さな村で、ネムルト山からも近く、とてもきれいな所なんですけど、子供時代の思い出はイスタンブールにあるし、向こうに帰って暮らしたいと思ったことはありませんね」

そんな彼は、母言語「クルド語」にどんな思いを持っているのだろうか。

「マラテヤにいた頃は、僕もクルド語を使っていたのかもしれないけど、もうまったく話せない。聞けば少しはわかるかな……。今でも、東部に行けばクルド語を話す人はたくさんいますよ。でも、僕はいっそのことクルド語なんてなくなってしまえばいいと思っているんです。言葉なんてものは、一つの国に一つでいい。むしろその方がうまくいくんですよ」

彼の一家が故郷を去り、この地に根を下ろしたのは、ＰＫＫの活動が活発化する以前のことである。クルド人というだけで、テロリスト呼ばわりされるようなことはなかったにせよ、身分証明書に記された出身地から「山岳トルコ人」（クルド人など存在しないものとされ、代わりにこういう呼び方が用いられていた）という蛮族のようなレッテルを貼られていじめや差別を受けたり、仕事に悪影響が及ぶようなことはなかったのだろうか。

「トルコでは、クルド人でもアルメニア人でも平等に教育を受けられ、自由に仕事を選ぶことができるんです。もちろん、うまくいけば金持ちにもなれる。努力は必要だし、困難にぶつかることもある。僕たちもたくさんの失敗をしたし、大損害を被ったこともあった。それでも懸命に働き、学び、チャンスが訪れればそれを必死でつかもうと頑張った。そのおかげで、ビジネスをここまで広げることができたんです。トルコ人ならば簡単にうまくいくとか、クルド人だから苦労するとか、そんなことはないはずです。僕たちが商売をやってきて、クルド人であるがゆえにハンディを背負わされたことなど、これまでに一度もありません。この店を見て下さいよ。もし、政府がクルド人の商売を妨害するようなことがあるとしたら、世界中から観光客の集まってくるブルーモスクやアヤソフィアのすぐ近くに、われわれがこんな店を持つことはできないでしょう」

彼の言うことは確かに事実である。彼でなくとも、トルコに住む人たちは皆そのことがよくわかっている。共和国建国以来、「ケマル主義」（政教分離と近代化、西欧化を目指したケマル・アタチュルクの建国理念）のもとで民族的にも文化的にも統一した国家を掲げてきたトルコでは、いかなる人間であっても同等の権利を与えられることになっている。ただし、それは「クルド人たることを主張しない限りにおいて」であることが絶対条件だ。もし主張しようものなら、その途端にあらゆる可能性は奪われ、それればかりか弾圧を受けて生命を危険に曝すことにもなりかねない。

「クルド人であっても政治家になれるし、大統領にだってなれる。うそじゃありませんよ、実際になった人がいるんですから。トゥルグット・オザルです。彼がクルド人の血を引いていたということはよく知られた話です。オザルは首相時代、トルコに政治の安定と経済発展をもたらしました。ＥＣ（欧州共同体）へ正式加盟申請を行ったのもその頃でした。その後、大統領となった彼ですが、亡くなった今でも高い評価と人気を得ています」

トルコの指導者として初めて、クルド人の存在を認め、自らにもクルドの血が流れていることを公言したオザル元大統領。湾岸戦争後の一九九一年には、中東再編構想の議論が高まるなかで、これまで全面的に禁止されていたクルド語の使用やクルド音楽の演奏を、私的な場においてという限定つきではあるが認めた。クルド人居住地域の発展を図り、東西の経済格差を是正することで、泥沼化したクルド紛争を解決へと導こうとしたのもこの人であった。さらに彼は、タブーとされていたＰＫＫとの歩み寄りを模索し、ゲリラの恩赦やＰＫＫの合法政党としての承認を提唱し、和平交渉のテーブルにつくことを推し進めようとしていた。だが、健康状態に何の問題もなかったはずの彼が突然の死を迎えたのは、その矢先の一九九三年のことであった。発表によれば、オザル元大統領は心臓発作により死亡したということになっている。だが、あまりに急だった死は、彼の対クルド政策に反対した政治勢力による暗殺ではないかとの憶測を呼んだ。そしてその噂は、今もなお根強く囁かれている。

彼の本心はわからないけれど、ジェミルは自分がクルド人であるということを、普段気に留めることはないと言う。では、そんなジェミルは、ＰＫＫの党首アブドゥラ・オジャランが逮捕されたことについてどう感じているのだろうか。一九九九年のこの当時、トルコ国内のマスメディアは、「国を揺るがすテロリストの逮捕によって、トルコのクルド人問題はほぼ解決した」と伝えていた。

しかしその一方で、実際にはオジャラン逮捕に抗議する大規模なデモ行進、大使館などの占拠暴動や爆弾テロ、そして政治犯として収監されている者たちによる刑務所内でのハンガーストライキや焼身自殺などが、世界二十カ国以上でほとんど同時に発生していた。私は、トルコ南東部はもとより、このイスタンブールやアンカラで、そしてイランやシリアに暮らすクルド人たちからも、「オジャランの逮捕をテレビで知って、悔しくて涙が止まらなかった」という生の声を何度も聞いたことがある。だが、ジェミルの意見はこうだった。

「トルコ東部の町でクルド人に会い、あなたがいったい何を聞いてきたのかは知りませんが、彼らの言うことはあまり信用しない方がいい。あの人たちは不平不満があれば、すべて国が悪いと決めつけ、クルド人を救うためにクルドの国を創るなんて言いだしたオジャランをまるで自分たちの救世主のように崇め、彼に従えばすべてがうまくいくと思い込んでいるんだ。冗談じゃない。どうかしてますよ。オジャランはクルド人の代表なんかではないし、クルド人の誰もがPKKを支持しているわけでもない。トルコから独立して自分たちの政府を樹立したいといった突飛な考えをもつクルド人はほんのわずかです。PKKのテロ行為や武装闘争を、平和を乱す許されない行為であるとして批判する人々がほとんどです。それどころか、PKKに家族を殺されて恨みを抱くクルド人は非常に多い。私を含め、誰もがオジャランの逮捕には大喜びしました。そろそろ裁判の結果が出る頃ですが、私たちは皆、彼の死刑を望んでいます」

ジェミルから見たオジャランとは、「サダム・フセインと同じような独裁者になりたがっているテロリスト」ということだった。そして彼は、そのテロリストを信奉する東部のクルド人と自分とを一緒にされることだけは、やめてもらいたいと強く思っている。

「オジャランが『クルディスタンの国』を創りたがったのは、あの地域が麻薬の商売をするには打ってつけの土地だからですよ。なにしろ、庭だろうがどこだろうが、種さえ蒔けば放っておいてもケシの花はいくらでも咲く。さらに、アフガニスタンからイラン、イラクへ、そしてヨーロッパへと続く麻薬ルートの中継地点でもあるんです。オジャランは、そんな地の利のあるクルディスタンを欲しいがために、クルド人の民族自決を大義名分にして、何もわからない人々を丸め込んで戦争を始めたんです。そのために奪われた命は三万人以上……。ひどい話です」

ＰＫＫが麻薬ビジネスで得た収益を活動資金に充てているというのは、しばしば取り沙汰される話だ。ただしその背景には、トルコ・マフィアのみならず、代議士や政府高官、幹部クラスの警察官が密接に関わっているともいわれていることを忘れてはならない。

話は国際政治にも及んだ。その話題の一つは、トルコ国家にとって長年の悲願であるＥＵ（欧州連合）への加盟についてだった。トルコはＮＡＴＯ（北大西洋条約機構）には加盟しているが、ＥＵへの参入は認められていない。ＥＵ側は、トルコの加盟を認めない主な理由として、対クルド人政策における人権問題のほか、経済水準の低さや高いインフレ率などの経済の問題を挙げている。しかし実際には、宗教の違いをはじめ、大量の移民の流出、軍部の政治的影響力などを懸念しているというところが本音のようだ。

だが、ジェミルが語るにはこういうことだった。

「ヨーロッパは、トルコの繁栄によるオスマン帝国の復活を恐れているから、ＥＵの扉を開けようとしないのだと思う。トルコ政府が汎トルコ計画を打ち立て、中央アジアにあるトルコ系の国々を併合しようという狙いを掲げたこともありましたからね。トルコを拒否する理由を問われたら、テロリスト集団であるＰＫＫの肩を持って、『トルコ政府は悪い政治を行っているから駄目』ということにしておこうと考えているのでしょう」

その言葉に、彼はあくまでもトルコの側に、それも「強いトルコ」の立場に立っているのだと、私は改めて感じたのであった。


ひとしきり話した後、ジェミルの自宅を見せてもらうことになった。彼が従業員に車のキーを預けると、間もなく店の玄関前には新品のシルバーの大型ベンツが横づけされ、私たちはその車に乗って、一路彼の自宅のある郊外へと向かった。

着いた所は、五階建てほどのマンションが建ち並ぶ高級住宅地だった。大理石の階段を上がり、彼が扉を開けると、家では夏休み中の高校生の弟が一人で留守番をしていた。彼の母親も、妻や子供たちも外出中だったことを、私は少し残念に思った。彼の母親には二十六年前にイスタンブールに越してきた当時の苦労話の一つも聞いてみたいと思っていたし、金持ちのクルド人に嫁いだ若い女性にも興味を惹かれていたからだ。

しかし、ここは東部の町とは違い、イスタンブールなのだ。彼らには十分な金も、気ままに外出を楽しめる自由もふんだんにある。どの部屋にも上等な絨毯が敷き詰められ、天井には大きなシャンデリアがぶら下がっていた。ジェミルと弟のムラトは、私を豪華な調度品の置かれた各部屋に案内しながら、暖炉や大きな油絵の前に立ったり、ヨーロッパ風のソファーに腰掛けたりして、進んで私の写真に納まった。

一段落ついて居間に戻ると、テレビ好きのトルコ人らしく、弟のムラトは早速リモコンを手に取りスイッチを入れた。その時、すべてのチャンネルは一斉に、国家治安裁判所の特別法廷の模様を映し出していた。そこに見たのは、防弾ガラスに囲まれた被告席で裁きを受けるＰＫＫ党首オジャランの姿だった。そして下された判決は、国家反逆罪による「死刑」。予想通りの結果であった。

厳重な警備のもとでイムラル島の刑務所に収容されているオジャラン。イムラル島内で開かれた特別法廷にはテレビカメラが持ち込まれ、五月末に始まった裁判は、一カ月という異例のスピードで結審した。一九九九年六月二十九日のことである。

私は、その死刑判決の模様をジェミルの家のテレビで見たのだった。それぞれの番組は、ガラス張りのブースに閉じ込められた彼の姿とともに、市井の人々の発する声をも交えて放送していた。イムラル島をはるか向こうに臨む海岸沿いの公園で、若い青年の写真を手に「オジャランに死を！ＰＫＫに死を！　トルコ万歳！」と大合唱する女たちのグループが映った。マイクを手にしたレポーターに向かって、女たちは同じスローガンを何度も繰り返し叫んでいる。

「息子はＰＫＫに殺された。オジャランはテロリストだ！」

そして、軍服姿の息子の写真をテレビカメラに向けて見せる。彼女たちの動作のぎこちなさから、私にはその映像がどうにもヤラセであるとしか思えなかったのだが、ジェミルはこう言った。

「この人たちもきっとクルド人ですよ。むしろクルド人の方が、オジャランをより憎んでいる」

クルド人の首都とも、ＰＫＫのホーム・グラウンドともいわれるディヤルバクルの街頭でのインタヴューの模様も報じられた。道行く人々にオジャランの死刑判決について意見を求めると、誰もが「それは当然のことでしょう」とか「これでトルコは平和になります」などと答えていた。クルド人の町でも、オジャランはテロリスト以外の何者でもない、誰もがオジャランを憎んでいる、ＰＫＫを支持する者などいない、そんな印象を色濃く与えるものばかりだった。ある男性は、「オジャランが死刑だって？　そんなことに構っている場合じゃないんだよ。うちの水が止まっちゃって困っているんだ！」そう言うと足早に去って行った。それを見たジェミルは大笑いだ。

放送は真実を伝えてはいない。メディアは厳しく規制されているのだ。テレビでオジャランやＰＫＫを支持するコメントが流されるようなことがあれば、そのコメントを述べた当人は即刻、刑務所へと送られ、テレビ局は閉鎖に追い込まれるだろう。ジェミルにだってそんなことはわかっているはずだ。でも彼は、私の前ではそんなことはまったく知らないというような顔をしていた。

「友人のところでこれからパーティーがあるので、気分を変えて行ってみませんか。その人もクルド人ですよ」

ジェミルにそう誘われて、スルタンアフメット地区に戻り、彼の店の近くにある小さなアパートへと出掛けていった。彼の友人であるユルマズも、同じくマラテヤの出身で、絨毯を販売することを仕事にしていた。ただ、彼は雇われの身であったから、暮らしは小さなアパートでのつつましやかなものだった。ユルマズにはクミコさんという名の日本人の婚約者がいて、玄関のベルを鳴らした時、ドアを開けて出てきたのは彼女だった。

持ち寄った飲み物や食べ物を囲んで話しているうちに、ジェミルは「ノリコさんは、これからドウバヤズットに行くらしいよ」と言った。

「あんな所へ行ったってしょうがないじゃないの。何にもないから、やめておきなさいよ」

そう真っ先に反応したのはクミコさんだった。私は無意識のうちに、クルド人の話題を避けるようになっていたから、「何にもないっていうところを見るのも面白いかな、と思って」と無気力に答えた。

「ノリコさんはクルド人の写真が撮りたいんだよ」

ジェミルがそう言うと、クミコさんはたたみ掛けるように即座に反応してきた。

「何が面白くてドウバヤズットの人の写真なんか撮りたいの？　クルド人って言うけど、トルコ人と何も変わらないわよ。どうしても撮りたいなら、イスタンブールにだってたくさんいるじゃない。下手に東の方にいるクルド人と関わったら、ろくなことにはならないし、やめておいた方が身のためだわよ」

イギリスに留学中で、ボーイフレンドに会うためにロンドンとイスタンブールを頻繁に往復しているクミコさんだが、彼女の発言を聞いているうちに、私は重苦しい気持ちになってきた。彼女に限らず、多くの人々が抱いているクルド人とクルド問題に対する誤解や偏見、そして遠い場所に暮らす人々への無関心は、なんとかならないものだろうかと……。


私はたくさんのクルド人の町で、さまざまな暮らしぶりや生きざまと出会ってきた。先祖から受け継いだ南東部の山岳地帯で、自然に囲まれながら伝統的な暮らしを守る人々、住む村を焼かれて西側の街に逃れてきた国内避難民、都会に暮らしながらも民族の権利を勝ち取ろうと政治に関わる人々、民族の自治を求めて命懸けで闘うゲリラたち……。

その一方、西側の都会で育ち、南東部で本当は何が起きているのかも知らず、クルド語もわからないジェミルのようなクルド人は実はとても多い。決して、彼はクルド人の中でも特別な例ではない。クルド人であることを隠し、忘れようとしている人たちもいる。「クルド人」と一言でいっても、その内情は人それぞれでまったく異なるのである。

私は別れ際、ジェミルに丁重にお礼を述べた。私の質問にすらすらと答えていた時の彼の姿には、成してきた実績からくる自信というものがはっきりと見てとれた。ところが、そんな彼が不意にこう言った。

「これだけはわかったんだ。人はお金では幸せになれないということが……」

「いつからそんなふうに思うようになったんですか」との問いに、彼は「二十三歳の頃」と答えた。

「その頃、何かあったんだ……」とつぶやいた私に、彼は「ええ、まあいろいろとね……」とだけ応じた。

素顔のクルディスタン
——ドウバヤズット——

絨毯の村を訪れるつもりが装甲車に乗り、食中毒を起こして旅を終えたドウバヤズットの町。あれから二年あまりの歳月が経った時、私はこの町を再び訪れるために、まずはイスタンブールから陸路を伝ってシワスへと向かい、そしてシワスから夜行バスへと乗り込んだ。

この二年あまりの間、マラテヤ、ワン、ビトリスなど各地のクルド人の町を訪ねてはいたが、クルド人問題のデリケートな部分に触れていくことを考えると、やはりドウバヤズットの地を再び訪れなければならないと思ったのだ。前回の恥さらしな行動を思うと逡巡はあったが、ホテルの仕事を手伝っていた青年アリフに宛てて、「美しい村で暮らす人々の写真を撮りに、またドウバヤズットへ行きます」とだけ手紙に書いて送った。そして、まぶしい陽光の射し込む初夏の訪れとともに、私は旅立ったのである。

満席の夜行バスは窮屈な上、古くなった座席は硬い。車体が大きく揺れるたびに、腰や背中に痛みが走る。バスは十時間ばかり走り続け、一睡もできないまま朝を迎えると、ようやく目的地ドウバヤズットに到着した。

くらくらする頭を抱え、足をガクガクいわせながら、重い荷物をやっとの思いで担ぎ、クルド人たちの辛さを知らされたあの安宿に、私はとうとう帰ってきた。前と同じままの古い受付台には、ホテルを経営する一家の息子アイドゥンが座っていた。

「ああ、あなたのことは覚えていますよ」

「私がここに来るということを、ホテルの手伝いをしていたアリフに知らせてあるのですが、いらっしゃいますか?」

「アリフはワンの大学へ行っています。いずれ帰ってくるとは思いますが、いつになるかはわかりません」

「アリフの友人のイスメットは元気ですか?」

「ええ、元気です。今では彼は僕の親友です。もうそろそろここにやって来ますよ」

イスメットは、間もなくやって来た。前回訪れた折、アリフと一緒に警察の不正などについて話してくれた彼だが、最近は仕事もせずにホテルに毎日入り浸っている様子だった。私はイスメットとアイドゥンに、クルド人の日常を写真に撮りたくてドウバヤズットに来たのだと話すと、彼らはボランティアで私のガイド役を買って出てくれた。そして早速、翌日から一週間分の撮影プランを立てた。

一日目、アイドゥンの実家に行く。二日目、イスメットの親戚をできるだけたくさん訪ねる。三日目、イサクパシャ宮殿でバーベキュー。四日目、アイドゥンの親戚の住む村に泊まる。

撮影プランといってもこんな具合で、彼らにしてみればもちろん遊び半分である。訪問するにあたって事前に連絡を取るわけでもないから、その日の思いつきで行動するのと大差はない。それでも、一日を終えると「えーと、明日の予定は」とおもむろに計画表を確認し、私たちは広告チラシの裏に書きなぐったプランを日々律義にこなしていった。二人の親戚や知り合いの家に出掛けて行けば、お茶や食事をご馳走されることになる。私はまったく申し訳なく恐縮するばかりであったが、クルド人の普段の暮らしぶりや表情に触れる絶好の機会を得て、出来上がりの良し悪しはともかく、思う存分に写真を撮ることができた。求めていた被写体が、その日々の中にはあふれていた。

なかでも、アイドゥンの親戚が暮らす村への訪問はいい思い出になった。村への玄関口となるのは、ドウバヤズットのメインストリートを入った路地裏にある停車場だ。そこからミニバスに乗り、イラン国境方面へまっすぐ進む。十数分走ったかと思われる頃、車は村の名が書かれた看板の所で脇道にそれる。その細い砂利道に入った途端、道の両側を彩っていたのは一面のあんずの樹木だ。私の訪れた頃はちょうど収穫の時期で、その木の下では女たちが色づいたあんずの実をシートの上に干しているところだった。あんずの林を通り過ぎると、間もなく道は上り坂となり、車は乾いた砂利道を、エンジンを唸らせながら登って行く。その坂を登りきった所に、アイドゥンの親戚が暮らす小さな村はあった。ミニバスには決まった停留所がない。頼めばどこでも停まってくれる。私たちがミニバスを降りたのは、木の柵で囲まれた大きな庭のある家の前だった。

日本人の訪問に驚きながらも暖かく出迎えてくれたアイドゥンの叔母さんや従兄弟たちと挨拶を交わした後、結婚を控えた娘のゾザンは、早速私を連れて村の案内に出た。彼女の友達の家や、共同井戸、羊小屋の中などを見て回っているうちに、たくさんの女性や子供が私たちの周りに集まってきた。最初、私は自由に写真を撮らせてもらっていたが、次第にゾザンは「ノリコ！　こっちを撮って！」と仕切るようになり、いつしか私は、代わる代わるカメラの前に立つ女たちを撮る写真屋と化していた。数人組の女たちが肩を組んでニッと笑ったところを「チェック！（＝撮れ）」というゾザンの合図にあわせてシャッターを切る。すると今度は「ゲル！（＝来い）」という声のする方へ進み、また次の人を撮るのである。私は言われるままに延々と写真を撮り続けたが、数本のフィルムを使い切ったところで、これ幸いとばかりに撤収したのだった。喉をカラカラにして家に戻ってみると、ちょうどお茶の準備が整っていた。

夕方になり、農作業から戻ったお父さんの周りで、七歳になるムスターファ少年と五歳の妹ナディレが張りつくようにじゃれていた。子供たちは毎日、こうして大好きなお父さんに遊んでもらうのだ。

この家のお母さんは、夕飯の下ごしらえをすませてから、少し遠慮がちに私たちに加わった。敬謙なイスラム教徒だから、化粧っ気がまったくない。長いワンピースを着て、頭には白いスカーフを被っている。ふと、そのスカーフの下から三つ編みされた黒髪がちらりと見えた。編み残った先端は、天然のカールがかかっている。「三つ編みがかわいいね」と私が言うと、彼女は顔をくしゃくしゃにして笑った。村で暮らす中年のクルド人女性には長い髪を三つ編みにしている人が多い。少しだけスカーフの下から覗かせるというところが、彼女たちにとってのおしゃれ心なのかもしれない。

私の撮影を仕切るほどのゾザンであったが、家に戻り父親やお客を前にすると、働き者のおとなしい娘に変身した。空になった私のコップにも、黙ってお茶のお代わりを注ぐ彼女であった。

トルコ語、クルド語とも、お茶のことを「チャイ」と言う。クルド人の飲んでいるお茶の葉は色も味も紅茶と変わらないが、入れ方が英国風とは異なっている。二段構造のお茶専用のやかんが使われるのだが、まずは下の段の大きなポットでお湯を沸かし、次に小さなポットに沸騰したお湯とお茶の葉を入れ、二段に重ねて火にかける。色も味も十分に出たところでポットを火から降ろし、小さなガラスのコップに注いでゆく。その時、はじめに上段で煮出した濃いお茶を三分の一ほど注ぎ、その後で下の段のお湯で割るのである。小さなお皿に乗せられたお茶のグラスがそれぞれに配られると、誰もがたくさんの砂糖を使い、甘くして飲む。砂糖は、お茶の中に溶かして飲む方法と、角砂糖を口に含んでおき、口の中でお茶と砂糖を混ぜ合わせる方法の二通りがある。クルド人の間では後者が多く、「これがクルド式なのだ」とこだわる人もいる。いずれにしても、小さなグラス一杯につき二、三個の角砂糖が使われることに変わりはない。何度もお代わりをするたびにそれだけの砂糖を摂るのだから、歳をとるにつれて太ってしまうのも無理はない。小さなグラスを大きな丸い手で包み、熱いお茶を吹いて冷ましながら飲む人々の姿は、ほのぼのとしたいい光景だ。だが、グラスが小さいゆえに何杯もお代わりを注がなければならない女たちは大変だ。のんびりしてはいられない。ゾザンも目を光らせて周囲に気を配り、空になった私たちの小さなグラスをつねに熱いお茶で満たしてくれていた。お代わりを断わる時は、クルド語で「べサ」と言う。お腹がいっぱいです、という意味だ。もしくはチャイグラスをお皿の上に寝かせてもいい。そうすれば、わんこそばのように次々と注がれるお茶は終了するのである。

お茶を囲むひとときを終えて、皆で庭に出た。手作りの大きなテーブルに着き、夕暮れ前の涼しい風に吹かれながら、私は頭を空っぽにして、ただ子供たちの素早い動きを目で追っていた。

柵で囲まれた敷地内には、広い庭を前に平屋の家が二軒建っている。これらの家の主《あるじ》は同じ人物で、二人いる妻のそれぞれが一軒ずつ居を構えているのだ。主は、どちらか一方に偏ることのないように、双方の家を行ったり来たりして暮らしているという。トルコでは一夫一婦制が原則だが、現在でもクルディスタンの小さな町や村では、法律上は認められていない複数の妻を持つ男性が結構いるのである。この家族では、二軒の家をつなぐ部分は羊小屋になっており、羊の世話や乳搾り、ヨーグルトやチーズ作りは、二人の妻が共同で行っている。家畜は互いの共通財産なのであった。

暗くなりかけた頃、夕食の用意ができると私たちは家の中に呼び戻された。部屋に入ると、敷き詰められた絨毯の上には、テーブルを使わない代わりに、食べ物を乗せるための布（ビニールシートの場合もある）がすでに敷かれていた。私たちが席に着くと、大皿に盛られた肉と野菜の煮込み料理や、生野菜のサラダ、ピラフ、パン、数種類のチーズ、バター、ジャム、蜂蜜、オリーブの漬物などが所狭しと並んだ。メインは、トマトのスープをベースに羊肉とジャガイモやにんじんなどの野菜をじっくりと煮込んだもので、食欲をそそるいい香りがするし、とても美味しい。パンにはいくつもの種類があるが、大きいクレープのような薄いパンは自家製だ。これでチーズや野菜、ピラフなど、何でも包み込んでしまう。スープやヨーグルトにも浸して食べる。小麦粉を練って発酵させずに焼いたこのパンは、焼きたてのうちは、パリパリとしていて香ばしい。少し時間が経ち、しんなりしてきても一味違った風味が生きてくる。私は皆から勧められて、人一倍食べ、最後にチャイを一杯だけ飲んで、食事を終えた。

七月の終わりとはいうものの、高地にあるドウバヤズットは、夜になると寒いくらいに気温が下がる。その晩、私はゾザンに厚い蒲団を掛けてもらい、婚約者の写真を見せてもらったりしながら、彼女の部屋で枕を並べて眠ったのだった。

翌朝目覚めると、広い庭は丸々とした羊たちでいっぱいだった。水を与えた後、羊たちを一列に並ばせると、二人の妻たちは順番にミルクを絞っていく。私も羊の乳搾りを教えてもらい、試しにやってみたのだがちっとも乳は出なかった。それが終わると、羊たちはお弁当を背負った十二歳の少女アイシェと大きな犬に連れられて、群れながら広い草原へと出て行った。

この家では、羊のほかに馬が二頭、農耕用として飼われている。その馬に乗って、私たちはクルディスタンの野山を散歩に出掛けることになった。それは私のかねてからの念願だったのだ。自分の手で手綱を握り、馬の高い背からクルディスタンの広々とした大地を見渡し、雪を被った青白いアララット山を眺めた。山で芝を刈る村の人々や羊の群れに出会っては、互いに手を振り合った。私はこれまでにない最高の気分を味わっていた。

そして、すっかりクルドの村を満喫したところで、私たちは一家に見送られ、村を後にしたのだった。この村で見たもの、出会ったもののすべてが、私にとっての「クルディスタンの原風景」として、強く記憶に残った。

ドウバヤズットの町に戻ると、アリフがワンにある大学から帰ってくるという連絡がホテルに入っていた。それを知らされた途端、アイドゥンは暗い目をしてつぶやいた。

「アリフが帰ってくるとは問題だ……」

私がその言葉の意味を呑み込めずにいると、彼は言うのだった。

「アリフは変わってしまったんだ。もう以前のアリフではないんだ……」

間もなくして、アリフがホテルに現われた。極端にやせ細り、二年前の彼とはまるで別人であるかのような姿に豹変していた。そして変わったのは、外見だけではなかったのである。

イスラム教徒だからと喫煙も飲酒も否定していたはずの彼は、トルコ製のキャメルを絶え間なく吸い、夜になればビリビリするような強い酒ラクを飲んだ。マルクス・レーニン主義を基本理念として掲げるPKKを素晴らしいと褒め讃え、その党首であるアブドゥラ・オジャランをチェ・ゲバラと並ぶ偉大な英雄と称して信奉するようになっていた。

「いくら神に祈ったところで、僕たちクルド人に何の恵みも与えられることはなかった。差別や迫害は変わることなく続き、この世は不平等と暴力で満ちあふれている。もう神なんて信用できなくなった。信じられるのは自分だけさ」

アリフは、人の神経を逆なでするかのようにテーブルの上に足を放り投げ、人を蔑むような冷淡な目つきでそう語った。かつての彼は、愛想のいい方ではなかったにせよ、誠実な印象があった。警察の悪口を言っていても、PKKを支持しているわけではなかった。「いつか一緒にいろいろな国を旅行するんだ」と話し合っていた親友のイスメットとは、今や言葉を交わさないばかりか、目を合わせることすらなかった。さらには、「あんたは僕に宛てて葉書を書いたんだろう。イスメットとはつき合うな」と、私までが責められた。後になって、アリフの恋人だった女性がイスメットに気持ちが移ってしまったことが原因だとわかったのだが、八つ当たりされ、何のことやらわからず一方的に文句を言われた私は、アリフの不機嫌で傲慢な態度に腹立たしさを覚えたのだった。

急に居心地の悪くなったドウバヤズットに私はうんざりしたが、友人が間もなく日本からここにやって来ることになっていたので、この町を去るわけにはいかなかった。一緒に装甲車に乗り、クルド人の事情を知ることとなった彼女もまた、クルド民族についてもっと知ろうと、再び乗り出していた。その彼女に、私はたびたび国際電話をかけては泣き言を言ったが、なだめすかされてなんとか踏みとどまっていたのだった。

そんな矢先、ホテル前の路上で喧嘩騒ぎが起きた。ちょっとしたいたずらをしたために文句を言われた若者たちが、その腹いせにホテルに向かって集団で石を投げ込んだのである。入口のガラスは割れ、怒り狂ったアイドゥンとその兄弟、そしてちょうど居合わせた従兄弟や近所に住む親戚縁者も飛び出し、その集団と殴り合い、蹴り合いの大騒動になった。太い棒を振り回す者までいる。野次馬が大勢詰めかけ、騒ぎが拡大していくなか、アイドゥンが血相を変えてホテルに駆け込んできた。着ていたTシャツをビリビリに破かれた彼は、奥に収納してあった金属パイプを鷲掴みにすると再び外に出て行こうとしている。「そんな物を使ったら死人が出る！」と叫んで私は必死に彼を押さえつけた。闇雲に抵抗するアイドゥンから、私は顔面に肘鉄をくらったが、彼はそんなことにもまったく気づかないまま、鉄パイプを取り上げられると、手ぶらのまま再び外へと飛び出して行った。

警察には、騒ぎが起きてからすぐに連絡をしたはずだった。警察署は徒歩でも一〇分あれば着くほどの距離にある。それなのに、警官が到着したのは乱闘が収まってずいぶん経ってからのことであった。やっと現われた警官は煮え切らない態度で、野次馬に向かって家に帰るよう促すばかりだ。要するに、クルド人同士の喧嘩など警察にとってはどうでもいいことなのだ。そんな警官の態度に対し、アイドゥンの父親は厳しい口調で抗議をした。そして、喧嘩を売られたアイドゥンら経営者家族の兄弟は、被害状況を説明するために警察に出向いて行った。その後、ようやく静けさを取り戻してから、ホテルには洗面所で身体を清め、長い時間一人静かに祈りを捧げるアイドゥンの父親の姿があった。

この一件は、翌朝早く決着をみせた。相手方の父親が、騒ぎを起こした数人の若者を引き連れてホテルに謝りに来たのである。互いの家長同士が話し合い、割れたガラスは弁償するということで、話は簡単にまとまった。騒ぎが終わったことに誰もがほっと胸をなで下ろしていた。だが、アリフの友人の話によれば、一つの小さなもめごとが起きると、その情報はあっという間に親戚中に知れわたり、いったん収まったかのように見えた争いが、結集した一族によって大規模な抗争に発展することもあるという。実際、ホテルにはその朝早くの時間に、近隣の町や村から駆けつけた親戚の男たちの姿があった。遠くイスタンブールからも電話がかかってきていた。アイドゥンの父親は、相手が謝りに来るまでは、向こうの家を下見に行くつもりで、その手はずを整えていたのだった。

その友人はこうも言った。

「あんたはクルド人のことが知りたいんだってね。よく見ておくがいいよ。喧嘩とくれば寄ってたかって大騒ぎし、つまらないことのために大勢が殴り合うところをね。アイドゥンの一族はそれはそれは大きい家系だから、こんな時はすごい連帯を見せるだろう。ただしそれも喧嘩の時だけだ。親戚の誰かが金に困っていたり、病気になったとしても、みんな知らんぷりを決め込む。まさに、それがクルド人ってものなのさ」


アイドゥンの父親は、すべてを片づけ、何事もなかったかのように落ち着き払っていた。

「お前さん、昨夜は誰に殴られたんだって?」

「アイドゥン」

「そうか、アイドゥンは悪い奴だな」

そう言って笑った。めっきり顔を出さなくなっていたイスメットだが、その時はたまたま居合わせ、追い討ちをかけた。

「アイドゥンはやっぱりクレイジーだ。みんな喧嘩相手を殴っているのに、アイドゥンだけはノリコを殴っていた」

アイドゥンは面目なさそうに顔を赤らめて小さくなった。もうみんなが笑っていた。そんな笑いが起こるのは、決まってアリフのいない時だった。

それから数日経ったある日、アリフは突然、ひとまわり以上も年上の私を「初めて会った時からずっと好きだった」と言いだした。そんなことは信じられるはずもない。なぜなら、彼は私の名前をよく間違えたし、私の金が目当てであることが見え見えだったからだ。私の喜びそうな話をちらつかせては食事に誘い、決まって支払いの時になって「自分はお金を持っていない」と言う。彼の友人たちの集まる居酒屋に、嫌がる私を無理矢理連れ出して、何の料理も口にしていない私に全員分の支払いをさせるようなことさえあった。しかも、あたかも自分のポケットマネーであるかのように、私の財布から彼が金を抜き取るのだ。

彼の仕打ちに対し、怒りをぶつけることもあったし、きっぱり断わることもしばしばだった。内心、彼への憤りは日に日に高まっていった。だが私は、少しずつ彼の話を聞いているうちに、この二年間の彼の変貌ぶりの背景にあるものに興味を抱くようになっていた。ＰＫＫを賛美し、「ＰＫＫゲリラと戦うことを避けるために徴兵には行かない」と宣言する彼の身には、いったい何が降りかかっていたのだろうか。それを知ることは、若いクルド人の内面をうかがい知る鍵になるかもしれないと思った。それゆえ、彼の傲慢な振る舞いをある程度は我慢することにした。慣れない気遣いもしたし、彼がクルド人の抱える問題について話してくれた時には、お礼に食事をご馳走したりもした。だが、そんな私を利用できると思ったのか、彼の要求はますますエスカレートしていった。そして私が要求を呑まないと、アリフは腹を立てて口を閉ざした。

その後、やっと日本から友人がやって来た頃には、私は写真を撮ることすら食傷気味になっていた。これでやっとこの町とおさらばできる。それしか考えられなくなっていた。

げっそりやつれた私とは対照的に、元気いっぱいの友人は、カルスの空港からバスでドウバヤズットに来る途中、ヤイラと呼ばれる高原の平地でたくさんのテントを見掛け、その光景に興奮していた。半遊牧民たちは、寒い冬の間は村や町にある家で暮らし、夏の間だけテントを張ってキャンプ生活を送りながら家畜の放牧をするのである。そこで私たちは、ヤイラで夏を過ごす人々に会うために、その場所を訪れることにした。アリフには車の手配をしてもらい、通訳として同行してくれるよう頼んだ。彼は快く応じてくれたが、「たくさんのテントが張られるヤイラなら、もっと近くで見られる」と言うので、ならばそこに行ってみようということになった。

山間にある岩だらけのその場所に着いた私たちは、道路に車を停め、路肩から崖のような斜面を降りて行った。だが、そこで目にしたのは、二つのテントと数人の女性と子供だけだった。

アリフは言った。

「ここには毎年たくさんのテントが張られるのに、今年はどうしたというんだろう」

だが、ひねくれていた私は、またしてもアリフにやられたか、たくさんのテントが張られているだなんて嘘じゃないか、と思っていた。近づいていき、乳飲み子を抱えた女性と十歳くらいの子供たちに話し掛け、写真を撮らせてもらったが、彼らのどこか重苦しい翳りのある表情が気になった。しかし、クルド語しか話さない彼らとの通訳をアリフに頼んでみても、彼は何も語ろうとしなかったため、結局、そのとき出会った彼らのことは何一つわからないままになってしまった。

アリフはがっかりしている私たちに向かって言った。

「山の上で兵士が見ている。カメラをすぐにしまって。さあ、行こう」

納得のいかない私たちは運転手を説得し、カルスに近い峠まで行くことにした。ほんの数日前に、友人はそこでたくさんのテントを見たのだ。そこなら間違いはない。ただし、早くしないと日が暮れてしまう。空を覆うような黒い雨雲もだんだん近づいて来ていた。どうしても写真が撮りたい。私は気が急いた。

ところが、その地点まで到達したものの、道路の両脇に一面に張られていたはずのテントは、忽然と姿を消していた。たった一つのテントも見当たらなかったのである。愕然とする私たちの頭上に、とうとう大粒の雨がパラパラと降ってきた。ないものはない、私たちはあきらめるしかなかった。車はUターンをして、来た道を戻り始めた。

「さっき、政府高官の乗った車の列が通って行ったから、きっとそのせいだな。政府の役人や政治家が通行する際に、ゲリラがテントに潜んで攻撃を仕掛けるなんてことが起きないよう、事前にテントは撤去させられてしまうんだ。最初に行ったヤイラもきっとそうに違いない。あの道は役人の通り道になっているからね」

ようやく疑問が解けたアリフは、私たちにそう教えてくれた。

実は、ドウバヤズットよりも南に位置し、PKKが武装闘争を繰り広げるトルコ南東部の山岳地域の各所では、広い範囲でヤイラにテントを張ること自体が禁止されている。柔らかな色の花々に被われた美しいハッカリの山々では、もはやテントを見ることはない。シュルナックの町の外に至っては、道路を歩くことすら禁じられている。テントどころの話ではない。

あっという間に跡形もなく消えてしまったテントや家畜の群れ、そしてそこで夏を過ごすはずだった人々の吹けば飛ぶようなはかない生活に、私たちは思いを馳せた。彼らの生活は、権力によっていとも簡単にはじき飛ばされてしまうのだという現実を、目の当たりにしたのであった。

私たち二人は、別の日にもう一度遠出をした。道路沿いには相変わらず草原が広がっていた。垂れ下がった電線にぶら下がって遊ぶ子供たちと、その周りで飛び跳ねる子犬。小川に沿った並木道を行く馬に乗った老人。川で食器を洗う娘たち。畑でお弁当を広げる家族……。

ここに爆弾が降ってくるわけではない。危険な雰囲気はまったく感じられない。クルド人の苦悩など見えてはこない。だが、私は二年前のような気持ちにはとうていなれなくなっていた。この土地が平和だとは言い切れない……。静けさを強調するような鳥のさえずりを聴きながらも、私はそう思うようになっていた。

途中で出会った女性に、こんな話を打ち明けられた。

「夫は一年前に警察に連行されました。ＰＫＫを援助しているという疑いをかけられたんです。私にはわかっています。夫はゲリラと関わるような人じゃありません。それなのに彼は二年の服役を命じられ、エルズルムにある刑務所に入れられました。あれから十カ月が経ちました。でもあと一年以上、私はこうして待たなければならないのです」

一見のどかな環境の中にも、至るところにクルド人ならではの悲哀が散りばめられている。

進むにつれて、道はどんどん狭くなった。古いタクシーはスリップしながら、腰の高さほどの草をかき分け、高台へと登って行く。「この先にヤイラがある」と運転手が私たちを連れて行ったのは、バルックギョル（魚の湖）の湖畔だった。深く美しい瑠璃色の水を湛える湖のほとりには、一組の大家族がいた。丸いテントと、たくさんの蒲団が積まれたトラックがあっても、家畜も、家畜を囲う柵もない。女たちは石を積んで作ったかまどで、湖で獲れた魚を調理中だ。子供たちは、ビデオやカメラを持った私たちに大はしゃぎであったが、どの子もすれっからしで、不良っぽく目を細めては煙草を吸い、人を舐めるような話し方をした。いつしか頭の中で、いまだ見ることのできない幻のヤイラを美化しつつあった私は落胆し、「牛や羊もいないし、これはヤイラなんかじゃない……」と心の中で一人つぶやいた。

黄昏時が来ていた。ふと、ハンドルを握っていた運転手が、ある方向を指差した。見ると、その先には一つの大きな黒いテントがあった。車を降り、風にそよそよと音を立てる草を踏みしめながら、テントに向かって歩いた。私たちに気づき、出迎えてくれた家族の翳りのない明るい表情が、胸に染みた。無性にありがたかった。彼らが私たちを山羊の毛で織った黒い天幕の下に座らせてくれた時、私の脳裏にはヤイラ探しの小さな旅が感傷的に浮かんできた。最後に会えたのがこの人たちでよかった、そう思わせてくれる家族だった。

彼らの眼はきらきらとしていた。夜が来たら彼らは天幕の下に布団を並べて、空いっぱいに輝く星を眺めながら眠るのだろう。ここで見る星はさぞかしきれいなことだろう。彼らの幸せと平穏な暮らしがずっと続くことを祈るような思いで、私たちは何度も振り返りながら、手を振って別れを惜しみつつヤイラを後にした。

黒い天幕のあるヤイラを訪れた後、私たち二人はドウバヤズットを去った。数日間行動をともにした友人とは別れ、私は一人で南東部の非常事態令発令地域に入って旅を続けていたが、八月十五日に再びドウバヤズットに戻ってきた。

一九八四年のこの日、ＰＫＫは南東部の山岳地帯で武装闘争を開始した。それ以来、この日はＰＫＫを支持するクルド人にとって記念すべき日となったのである。南東部の町では警察の監視が厳しく、人々がこの日の記念に何らかの行動を起こすことは不可能だ。だが、ドウバヤズットの町では、夜になるとあちらこちらで火が焚かれ、集まった人々が踊る姿が見られると聞いていたため、前日のうちに南東部の町を出て、この日の早朝ドウバヤズットに入ったのだ。

だが、私は到着するなり吐き気と下痢で完全に衰弱してしまった。それでも、夕方になるとホテルで車を呼んでもらい、町の隅々まで焚き火を捜しに出掛けた。ＰＫＫにエールを送る焚き火が警察に見つかれば、当然逮捕は免れないが、人々は必ずそれを行うと聞いていた。しかし、いくら捜しても一つも見つけることができなかった。ホテルに戻ると、アリフは平気な顔をして「明日にでも友達を集めて真似事をやってやる」と言った。そして、法外な額の車代を私に請求した。私は心の中で「馬鹿にするな」と思いつつも、支払わないわけにはいかず、もう病院に行く金さえなくなってしまった。するとアリフは、「日本でうんと働いて、たくさんの金を持ってもう一度ここに来るといい。その時には専属のガイドになってやろう」と言い放った。

アリフは、あと四年のうちに果たさなければならない徴兵義務を先延ばしにしており、二度とトルコに戻れないことを承知の上で、外国に逃避するチャンスを狙っていた。そうすれば、PKKと戦火を交えなくてすむし、ヨーロッパで活動するPKKなどのクルド人組織に参加することもできるからだ。そしてもし、それが叶わないのならば、その時は山へ行ってPKKに入る覚悟だと言う。そのような考えを抱くのはアリフだけではない。この一年の間に、ドウバヤズットのような小さな町でも、五十人くらいの若者がゲリラ活動のために山へ入って行ったと見られている。

アリフが大学で学んだ英語で、言葉巧みによく語っていたのは「いかに自分が目覚めたか」ということだった。

「以前の僕は、平和に暮らせればそれで十分だと思っていた。人間としての誇りだとか思想なんて持ちあわせていなかった。そりゃあ、いろいろ差別を受けたり虐げられたりはするよ。でもそんなことは我慢するしかないと思っていた。僕の父さんがそう考えていたからね。でも、大学で学び、いろいろな学生と語り合い、自分の考えを持つようになるうちに、それじゃいけないと思うようになった。僕は『独立国家クルディスタン』を必ずしも望んでいるわけではない。トルコ国民であることを捨てようとしているわけでもない。ただ、この国の政治を変えなければならないと強く思っているだけなんだ。この国に民主主義はない。一握りの帝国主義者たちがすべてを操り、貧乏人は搾取されている。その上、クルド人は迫害を受け、明日の命さえままならない。将来の平和を願うなら、犠牲を払うことを厭わずに、今こそ行動を起こさなければならないんだ。ワンの大学では、左翼系の学生が全体の八割から九割を占め、優秀な学生たちが約束された将来を捨ててでも闘う決意を固めている。その中にはPKKやHADEPに共鳴し、参加する者も多いんだ」

アリフ自身、自分からみても私たちが初めて出会った頃と変わったことは明らかだと言っていた。新しい環境で学び、考え方が大きく変わることもあるだろう。しかし、アリフは私にとって「嫌な人間」になってしまっていた。それは、PKKに傾倒したり政治を批判したりするのとはまったく別の問題だ。私はもはや、この人とは一切関わりたくないとさえ思うようになっていた。

一方、アイドゥンはいっそう暗い顔をしていた。

「イスメットが山に行くと言っているんだ」

山に行くということは、つまりPKKゲリラになるという意味だ。かつてのイスメットは「PKKは何の罪もない人を三千人も殺したんだ」と言って、新聞に載った党首オジャランの顔写真を黒く塗りつぶしてしまうほどにPKKを嫌っていた。その彼がPKKに入る決意を固めてしまったとは……。とにかく、私はアイドゥンと一緒にイスメットの家に行ってみることにした。

「今でもPKKなんか嫌いだよ。だけど僕を呼ぶ声が聞こえるんだ……。いつかノリコが、声に誘われて三途の川を渡った時、人は死ぬんだって言ってただろう。三年前に山へ入り、トルコ軍兵士に撃たれて死んだ二人の友達が、僕を呼んでいるんだ。こっちに来ないかって。なんだか僕もそっちに行きたくなってね……」

血の気のない顔でそう話すイスメットは、本当に消えていなくなってしまいそうだった。私はアイドゥンと一緒に、衰弱した身体を引きずりながら、翌日と翌々日、彼にほんの一言声を掛けるために出掛けて行った。最後に、イスタンブールから国際線に乗る前に電話をかけると、彼は「もう山に行くのはやめた。来年兵役に就くよ」と言って恥ずかしそうに笑った。

「オジャランがクルド人の国を創れば、俺たちは豊かになって、妻も子供もみんなにこにこさ。自分たちが貧乏なのはトルコ人のせいなんだから」と言って、すべての責任を他人になすりつけ、いつか力を発揮するであろうヒーローに自分たちの将来を託す人がいた。仕事やお金のない貧しい現実からの逃避を求める人、あるいは正義感あふれるイデオロギーに目覚めた一方で、人を見下し、人を利用するようになってしまった人……。同じ町に住む同じクルド人がＰＫＫのことを口にする時、その思いは決して一つではなかった。

私のクルディスタンへの旅の幕開けは、ドウバヤズットの町であった。人々の優しさや懐の深さを写真にしたいと思うようになったのも、笑顔の裏側には知られざる事情があったりするものだということを初めて知ったのも、このドウバヤズットだった。

だが、私はこれ以来、ドウバヤズットには行っていない。私をクルド人の世界へと導いたと言えるであろう二人の若者、アリフとイスメットが、その後どうなったのかもわからないままだ。イランとトルコを行き来する間、この町を通過することはあっても、どうしてもいまだ立ち寄る気にはなれないでいる。

はた迷惑な訪問者

――軍の検問――

ネブロスの翌朝、ディヤルバクル旧市街のホテルに珍しく西欧人らしき男女の姿があった。二人はソファーに座り、ホテルの従業員が呼び寄せたタクシーの運転手と交渉中のようである。彼らは要望を伝え、事情を知った地元の人間ならではの意見を運転手に求めていた。近隣の村を訪ね、村人の、とりわけ子供たちの暮らしを見てみたいのだが如何なものだろう、警察や軍とのトラブルが起きたりはしないだろうか、と。そんな彼らの心配をよそに、大口の仕事をものにしたい運転手は何度も同じ言葉を繰り返すだけだ。

「大丈夫、全然問題ない。いい所がある。いい案内役もいる。さあ私の車で行きましょう」

二人はどうも納得がいかないといった表情をしながらも、こそこそと話し合った後、運転手とともに静かにホテルを出て行った。彼らもまた、ネブロスの日を狙ってディヤルバクルを訪れ、その足でクルドの村の様子をうかがい、人々の声を聞こうとしているのだろう。ホテルの人の話では、フランスの人権団体の職員だという。ネブロスの前日にやって来て、今日の晩には国に帰るらしい。彼らもこの安ホテルに泊まり、経費を節約しながら頑張っている。

軍部の力が非常に強いこの国では、言論・出版をはじめ、クルド問題に関するあらゆる活動への弾圧は熾烈極まりない。これまでに、トルコ内外の人権活動家やジャーナリストが、クルド問題に関わった後、行方がわからなくなったり遺体で発見されるといった事件が数多く発生している。彼らは変わり果てた姿となって山の中やごみ箱の中に捨てられていたりする。ディヤルバクルの城壁の外を流れるチグリス川に遺体が浮かんでいたということもあった。また、クルド人向けの新聞を発行していた新聞社は、「クルディスタン」という言葉を使っただけで襲撃に遭い、多数の記者や配達人が殺害された。

それらの事件にトルコ政府軍や警察が黒幕として関与しているということは、周知の事実となっている。クルド人たちを迫害する一方で、その事実を浮き彫りにしようとするジャーナリストや人権団体を彼らは放ってはおかない。目を光らせて監視するだけでなく、政府が飼い慣らしたクルド人を操り、彼らの動きを探らせ通報させている。時には、知りすぎてしまった者の口を塞ぐために「抹殺すること」さえやってのける。あらゆる手を尽くし、国家の恥部を覆い隠そうと努めているわけだ。

そして、現地の現実問題を語ってしまったクルド人は、国家の不利益となる情報を外部に垂れ流したという国家反逆の罪を着せられ、精神的にも肉体的にも致命的な痛みを伴う厳しい処罰を受けることとなる。彼らは「見せしめ」として血祭りに上げられる。そうして、人々は支配する者たちの力に脅え、いっそう堅く口を閉ざすようになるのである。

クルド人の町を歩いていれば、のんびりとした私のような者でも警察に追い掛け回されることになる。町によって対応の具合や追及の程度はさまざまであるが、彼らに対応する時間と労力は計り知れないものがある。ちょっと大袈裟に言えば、トルコにおけるクルディスタンの旅とは、警察や軍との闘いの旅でもあるのだ。

各所に設けられた検問所ではもちろんのこと、嬉々として寄ってくる子供たちの写真を撮っていても、ただぶらりと町を歩いているだけでも、外国人の私はすぐに目をつけられる。執拗な尋問を受け、乗って行くはずのバスを見送ることになったり、飛んでやって来たパトカーで連行されるということもしばしばある。私の存在はすぐさま上層部へ報告され、パスポートと荷物を調べられながら質問攻めに遭う。職業は？　ここで何をしているのだ、誰に会った、これからどこへ行くつもりか、（パスポートの出入国スタンプを見て）なぜこんなに何度もトルコに来るのだ、なぜ美しい西側の観光地に行かないでこんな所に来る、なぜ女一人で旅をしている、等々……。

警察官や軍人のすべてが悪者だというわけではないが、彼らが好意的に振る舞ったとしても、それは表面的なものと思った方がよい。彼らは立場上こう言ってくる。

「ＰＫＫはオジャランが逮捕された後に崩壊し、彼らとの戦争は終わりました。イランやイラクに程近い南東部の山岳地帯では、国境を越えてやって来る侵入者を防ぐために、これだけの警察と軍隊が警備にあたり、この国を守っています。だからトルコの国内はどこも安全です。ただし、この地域にはよからぬ策動を企てている輩もいますので、私たちがあなたの身をお守りいたします」

トルコ国家の体裁を取り繕い、そうそぶいては私の自由を奪い、住民と接触させないようにする。さらには、何も知らない旅行者を装う私の行動を細かに質問しておきながら、こう言ってきたりするのである。

「まあ、今さら訊くまでもありませんがね。あなたの行動はすべて把握していますから」

彼らは、私が通りすがりの旅行者ではないことをお見通しなのだ。そんな時には、背中に冷や水を浴びせられたような心地になりながら、「さすが警察の力はたいしたものですね。この国なら私も安心して旅ができますよ」などと、とぼけた事を言うしかない。

宿泊先のホテルには、チェックインと同時に警察官はやって来る。その後、私が町を出て行くまで彼らは何度でも現われる。

制服を着て「ここであなたを監視していますよ」といった雰囲気の警察官はさほど問題ない。実に不気味で恐ろしいのは、私に気づかれないようにそっと見張っていたり、後をつけてくる私服の警官である。彼らは朝、出掛けようとする時間には、すでに私の動きを観察している。私が頻繁に足を運ぶレストランなどがあれば、客と見せかけて私のいつも座る席の近くで待ち伏せている。不自然に私の言葉に耳をそばだてる人がいると感じたら、それは間違いなく警官だ。彼らのポケットには、ボリュームを下げた警察の無線機が入っている。こんな状態では、下手に人と話をするわけにはいかないのである。

ホテルに戻れば、待ち構えていた、あるいは連絡を受けて駆けつけた警官に、その日どこへ行き、何をし、どこの誰と会って何を話したのかを逐一訊ねられ、それに答えなければならない。場合によっては「そんなに観光したいのなら私たちが連れて行きますから」と言われ、警察の車で町を回ることもある。

こんな具合に、私はクルド人の町を訪れるたびに町を掌握する警察に否応なしにつき合わされてきたから、主に山で前線を見張る軍隊よりも、警察の方がよっぽど厄介な存在だと思っていたのである。

これまでは、警察に長い時間拘束されたり監視の下に置かれたにしても、しまいには無事に解放され、なんとかやりすごしてきた。しかし、ただでさえ倹約しながら重たい荷物を抱えて異文化の土地を歩き回るのは、正直言ってかなりきつい。ましてやクルディスタンにおいては、民衆の理不尽な現実に直面しながら、いつも警察や軍隊に行く手を阻まれて、連行され、尋問され、最後には「こんな所に来るな。観光客はアンタルヤにでも行け」と吐き捨てるように言われる。旅暮らしも長くなってくると、いくら気負ってみても私の元気は日を追うごとに少しずつ削ぎ落とされてゆく。

観光名所のある都市ディヤルバクルでは、警察も外国からの訪問者に対してそれほど過敏に反応することはない。だが、クルド人の町にあるホテルは、全宿泊客のリストを毎日警察に提出することが義務づけられている。客が外国人なら、パスポートのコピーも添付される。いつまでも泊まっていれば、警察の注目を引くことになってしまう。

ディヤルバクルのネブロスでかつて感じたことのない興奮を経験し、その反動からか、翌日になって私は異常な疲れを感じていた。体調もすぐれなかった。この時、私は誰かを必要としていた。そしてその日の朝、次の行き先をあれこれ考えるまでもなく、山に囲まれた南東部の小さなクルド人の町へと旅立つことに決めた。そこには「友達」と呼び合える人たちがいるからである。

心を開いてくれたクルド人たちは、誰もが私に同じ忠告をする。

「相手がクルド人でも決して信用してはならない。何も言ってはいけないし聞いてもいけない」と。クルディスタンをうろつく私は、いつ何時、警察や軍の槍玉に挙げられるかわからない。長いものに巻かれ、政府に肩入れすることで安泰を得ようとするクルド人、つまり密告者に注意しろという意味だ。人懐っこい笑顔を見せる老人や無邪気に駆け寄る子供、そして親切にしてくれる友人たちにも、私は小さな嘘を繰り返しながら旅を続けていかなければならない。「私は旅行中の教師です」と。もてなしの心を何よりも大切にし、私を歓迎してくれる彼らだからこそ、「あなた方を信用するわけにはいかない」と言っているに等しいちっぽけな嘘が、心に重くのしかかる。

その町に行こうと思い立ったのは、そんな重苦しい日々から少しだけ解放されたかったのかもしれない。偽ったり顔色をうかがったりする必要のない場所へ行きたかったのかもしれない。

その町に住むエルカンに電話をすると、彼はすぐに警察署へ赴き、外国人である私の滞在許可を願い出た。それから数時間後にもう一度電話をすると、彼の家族を訪問するという名目で許可が下りたという。こんなふうにして私はいつも彼の行動力に助けられてきた。これで、とりわけ監視の厳しいあの町に堂々と入ることができる。

最終バスがディヤルバクルを発つのは夕方の五時。バスに四時間ほど揺られれば、たどり着けるはずだ。私は少々手荒に荷物をまとめ、馴染みのホテルを後にしたのだった。

ディヤルバクルを出てから約一時間半、マルディンの町に入ると、バスは休憩のため、暗い電灯が灯るだけの路肩に停車した。運転手や乗客たちは外へ出て、一斉に煙草に火をつける。すでに日は沈み、山の斜面には町の灯りが見える。アラブ人のひしめく家並み、モスクの輪郭やキリスト教会の十字架、そして町の雑踏や汚れは、暗闇に包まれていた。

寂しい夜道は誰もが先を急ぎたいとみえる。煙草一本吸い終わる頃、すぐさま休憩を終えて私たちのバスは出発したのだった。

トルコの南を走る国道に突き当たった所で左折し進路を東にとると、ライトに照らされた標識にはあの町の名前が現われるようになる。進むにつれ、到達までの距離を示す数字はだんだん小さくなってゆく。私は、まっすぐに伸びる暗い道路の先を見つめ、到着の時を心待ちにした。

二年前はかなり手強かったジズレの検問所も、近頃では気が抜けるほどあっさりと通れるようになった。厳戒体制はこの南東部においても徐々に緩和されてきているのだろうか。だとしたら、嬉しいことである。

ジズレに到着すると、静かに座席に納まっていた乗客の多くがバスを降りた。乗客の少なくなったバスが、チグリス川に架かる大きな橋を渡り、かつて連行された警察署の前を通り過ぎると、私はほっと胸をなで下ろした。

道路は次第に狭くなり、山道へと入ってゆく。ここからは回り道のない一本道だ。ジズレを抜けて間もなく、土色をした小さな村の前でバスは停められた。軍による検問である。月のない暗い夜、装甲車のライトがまぶしいほどの光を当てていた。明るく照らされた中で、銃を背負った兵士が通行人の身分証明書を順番に確認していく。そんな物々しい空気は気分のよいものではないが、すでに滞在許可を得ていた私は楽観的に構えていた。

ところが、私のパスポートを見た兵士が「日本人？　トルコ語は話せるのか」と訊ね、どこかへ電話連絡をしたかと思うと、私は荷物もろとも、村の奥へと連れて行かれることになってしまった。警察から滞在許可が出ていても、軍が相手となると話はまた別なのだった。

村の中央にある四角い建物の中に私は通された。灰色に塗られたどっしりと重い鉄の扉を開けると、壁には真っ赤なトルコの国旗、そしてその前には金ピカのアタチュルク像が置かれていた。急に表情を引き締めた兵士が、先に像の向かいにある部屋へと敬礼をして入り、私はその後に続いた。

私は部屋の中にいた軍人を見た途端、「まずいことになる」と直感した。国防色の軍服に身を包んだその男は、こちらに向いた大きな机に陣取り、私の挨拶にも応じないまま「トルコ語は話せるのか」と言った。その瞬間から、私はこの男に不快感を覚えた。

「トルコ語は少しならわかります。あなたは英語がわかりますか？」

彼が無言のまま指し示した椅子に腰掛けながら、私はトルコ語で応じた。これから繰り広げられることになる、トルコ語辞典片手の決死のやりとりの始まりだった。

「私は英語を話さない。ここはトルコだ。トルコ語でしゃべれ」

「それもそうですね、あなたの言う通り。だけど、誤解が生じないよう注意を払って下さい。外国人という理由だけで拘束し、取り調べをするのならば、せめて英語がわかる人間くらい準備する配慮があっていいでしょう。今それができないのなら、私の友人がトルコ語に通じていますから、彼に通訳を頼みます。イズミールにいる日本人です。そうすれば話も早いし、間違いもない。彼には、あの町に着いたら電話をする約束になっていますから、彼はもうそろそろ私の電話がかかってくる頃だと思っているはずです。彼は心配して待っていますから、電話をかけさせて下さい」

電話をかけるかけないは、それほど重要なことではなかった。こんなことを言ったのは、私がこの土地に来ていることを知る人が存在するのだとアピールしたかったのである。万一、私をこの山の中に葬り去れば、必ず問題になるということを思い知らせたかったのだ。

「電話はない。その人間はイズミールで何をしているのだ。観光客か？」

「いいえ。日本企業の駐在員です。電話番号ならここにあります」

彼は冷静な性格ではないらしい。感情や思っていることが顔の表情にすぐ現われる。その時、私という厄介者に対する憎悪をむき出しにして、彼の顔が醜く歪むのを見た。

私は、これほどまでに冷酷で醜悪な顔をかつて見たことがなかった。まるで血を吸った刃のようだ。その手は何をし、その目や耳は何を見聞きしてきたというのだろうか。彼の生きざまが心の底に澱《おり》となって沈んではたまり、彼の顔をこう作り上げてしまったに違いない。顔に刻まれてしまった醜悪な経験の結果は、彼にはもはや隠すことができないようだ。

「これからすぐ、ディヤルバクルに戻れ。われわれはこの先でテロリストと戦争をしているんだ。通行は認められない」

「私は少し前にあの町へ行きましたが、そのとき出会った警察署長は、テロも戦争も終わったからいつでも安心して来るように、と言っていました」

そう言いながら、私は警察署長の名刺を取り出した。警察署長の言葉も欺瞞でしかないことはよくわかっていたが、名刺は本物だったし、言われた通りを述べたまでのことだ。

「それに外交上の取り決めでは、旅行者が通行を妨げられることはないはずです。私は旅行者であって犯罪者でもテロリストでもない。取り決めに従って下さい。それと、もう一つ。この状況について説明をしていただきたい。理由もなくこんなことをされては納得がいきません。トルコの警察官はいつでも私に対して親切に対応してくれます。あの町でもそうでした。だから安心してまた来たというのに、あなた方はずいぶん失礼じゃありませんか」

その室内には数人の私服姿の男たちが同席していたが、一人の男が隣の男に向かって「警察が親切だってよ」と言ってくすくす笑った。私は気づかぬ振りをしていたが、「笑いたくもなるでしょうね」と心の中で思っていた。

軍曹は苛立ちの表情を浮かべ、椅子を揺さぶり、ギシギシと音をたてながら私に尋問を行った。それから、私の持ち物をすべて持ってこさせて、中身を一つ一つ調べ始めた。

彼はまず、カメラバッグを開け、何から何まで机の上に並べて「これはジャーナリストのものだ。旅行者のものではない」と言い始めた。

「私は教師だと言ったはずです。あなたたちトルコ人は、ジャーナリストではなくとも日本のカメラやビデオが欲しいとよく言ってくるくせに、日本人がカメラを持ち歩いていたらジャーナリストになってしまうんですか。日本人の教師がカメラを持っていることがそんなに不思議なんですか。旅行者である私の職業が何であれ、そんな大した問題ではないじゃないですか。適当なことを言わないで下さい！」

私の必死の反論にはまったく耳を貸さず、次に彼は大きなバックパックに手を掛けた。ファスナーにつけた鍵はかかっていなかったので、私は彼に向かって「どうぞ」と言った。よく見ていなかった彼は「鍵を開けろ！」と怒鳴った。私は「開いている！」と言い返した。

大きなポケットの中には、ディヤルバクルで買った新聞が四紙入れてあった。軍曹はそれを見るなり鷲掴みし、壁に思い切り投げつけた。どの新聞も一面はネブロスの写真で飾られていたのだ。彼は「お前はアジャンだな」と低い声で言った。

ちょっと待て！　アジャンとは、仲間を裏切り密告する役割を担って報酬を得る人間のことではないか。人間の欲と醜さを利用しアジャンを育て、隣人同士で猜疑心を抱かせ憎しみ合わせることで、クルド人社会の分裂を図る。そんな汚い制度を作り上げたのは、あなたたちトルコ政府ではなかったのか。そして、大量の武器を投入するだけでなく、人間の心まで破壊するという最低のやり方で、クルド人たちを陥れてきたではないか。あんたたちは彼らを利用しながら嘲笑っている。そして今度は、私が見たもの聞いたことを日本に帰って言いふらし、トルコを告発するという意味で私をアジャンと呼ぶのか！　私の心は煮えくり返った。

バックパックの中には、冬物のコートから半袖のシャツ、洗面用具など一切合切の荷物が詰まっている。日本から持ってきた土産物、女ゆえのこまごまとした物だってたくさんある。すぐそばで関係者が覗き込む中、軍曹は小さなものからじれったいやり方で調べていった。シャンプー、化粧水、コンタクトレンズの保存液など、洗面用具のすべてのふたを開けては臭いを嗅ぐ。小袋に入れた塩は舐めて確かめ、見ればわかる物も「これは何だ」と訊ねてきた。次第に私の持ち物が部屋中にばらまかれ、最初は見ていただけの周りの男たちも珍しそうに手に取り、面白がるようになった。

大いなるプライバシーの侵害に、私は腹立たしさを通り越し、怒りをあらわにした。彼が下着入れにも手を掛けた時、「女の下着だ。見たいのなら見ろ！」とわめくと、彼は「いや、これはいい……」と言って手を放した。

あまりのチェックの細かさに私の苛立ちは募る一方だった。

「夜はテロリストがやって来ると言ったじゃないか。もう時間は遅い、早くしてくれないか！」

「テロリストはいない。戦争は終わったんだ。だから大丈夫だ」

彼はそう言いながら、足元に置かれた私のカメラバッグを無造作に蹴った。

それを見た私の怒りの炎は一気に燃え上がった。

「さっきと話が違うじゃないか！　テロリストがいると言ったり、いないと言ったり、戦争をやっていると言ったり、終わったと言ったり、あんたの言うことの何が信用できるものか！　だいたいどういう理由でこんな失礼なことをされなければならないのだ。あげくの果てに、大切なカメラを足で蹴った！　新聞も放り投げたではないか。すべて私の持ち物だ。勝手に触るな！」

彼を含め、その場に居合わせた男たちが一斉に、私をなだめすかして静止させようとした。普段、こんなふうに逆上されることはないのだろう。少々驚いた様子だった。そして全員が口々に「まあまあ、怒るんじゃない。検問だから仕方がないんだ」と言ってきた。

次に彼は、私が前回お世話になった人たちにあげるつもりで持ってきていた写真の束をめくっていった。彼は数枚の写真を指差して、ＰＫＫだと言い張った。イランの女の子がおばあさんの隣でピースサインをしているものや、ピクニックでお弁当を広げる学生たちのスナップだった。

さらに、紙の切れ端に書き留めたいくつもの小さなメモの中から、七、八枚の名前が書かれたものを拾い上げ、「テロリストの名前だ」と言った。そこにあったのは、シリアで一緒に過ごした赤ん坊や子供たち、そして私の世話役をしてくれた少女の名前である。

「失礼なことを言うな。シリアで出会った赤ん坊と子供たちの名前だ。疑うならシリアまで一緒について来い。彼らに会わせてやる！」

「ああ、行こうじゃないか。シリアはテロリストの国だ。もし赤ん坊でなければお前はこれだ！」

そう言って彼は、親指を立てて首を横一文字に掻き切る真似をした。

「赤ん坊だったら、お前がこれだ！」

私も彼に向けて同じ動作を取った。

私は、エルカンから届いた電子メールの文章もわざわざ印刷して持ってきていた。そして、それにもすべて目を通されることになってしまった。友人からの手紙を読まれることに私は憤慨したが、そこにはクルド問題についての政治的な発言が一切なかったため、私の訪問は友人に会うのが目的だということ、そしてその相手にも問題点はないのだということの裏づけとして、若干だが役立った。手紙は問題となる内容ではないにもかかわらず、居合わせた軍人たちに好奇心から回し読みされ、返された時にはしわだらけになっていた。

カラーと白黒あわせて約二百本のフィルムを私は持っていた。旅行者はこんなにたくさんのフィルムを持たないはずだ、やっぱりお前はジャーナリストに違いないと蒸し返される。確かに普通の旅行者には見えないだろうが、「日本人旅行者にとっては、これくらいは普通だ」ととりあえずやり返すしかない。さらに彼は「ネブロスに行ったんだろ。ネブロスで撮ったフィルムは、どれとどれだ」としつこく訊いてくる。もちろん、ネブロスに行って写真もたくさん撮ったが、行って咎められるものではない。だが、彼はネブロスの写真が載った新聞を、憎しみを込めて放り投げている。否定しておいた方が身のためだ。

「だから、ネブロスには行ってないと言うのにわからないのか！」

こうして、この後も何度も同じやりとりが繰り返された。

私の書いたものは、ゴミのようなどんなに小さなメモでも綿密に調べ上げられた。手帳サイズのメモ帳やＢ５判の日記帳に関しては、読めもしない日本語を一行ずつたどるほどの念の入れようである。このような時のために、私は意識的に「ＨＡＤＥＰ」「ＰＫＫ」「クルド」「クルディスタン」などはもちろんのこと、人の名前もすべて記号を使ったり日本の文字で書くことにしていた。そのためノートは取り上げられずにすんだ。

しかし、ＨＡＤＥＰ幹部や弁護士の名刺、ネブロスで会ったジャーナリストたちの連絡先などが次々とあらわにされてゆく。しかも不用心なことに、私はクルディスタンの位置を示す地図や雑誌記事を持っていたのである。そして極めつけだったのは、ディヤルバクルでＨＡＤＥＰの幹部に書いてもらったコメントが見つかってしまったことである。その内容は、一政党として目指すことや現在のトルコが抱えている問題点とその解決案などで、別段危険性のあるものではなかったが、政党にインタヴューするなどという普通の旅行者がしないような行動を、私がやっているということ自体が大問題なのだ。そんなことをしているとなれば、私はジャーナリストと見なされ、クルド人の住む町へは二度と立ち入れなくなってしまう。それどころか、トルコにも来られなくなってしまうかもしれない。

それらの物は別にされ、一つに束ねられた。軍曹は携帯電話で上官に連絡を取ると、私に「これは没収だ」と言った。

「私の物だ。返せ！」

語学力の不足も手伝って、かなり乱暴な言い方になっていた。すると、彼はみるみるうちに苦虫を潰したような顔になり、数秒間言葉が出ないほど怒りに打ち震えていた。

「これは証拠品だ。返すわけにはいかない」

そう言って立ち上がり、「私たちは獰猛《どうもう》なのだ！　覚えておけ！」と怒鳴った。

そして、彼は腰に提げていたピストルを手に取り、両手の中で転がしながら早口で何か言うと、それを私のこめかみに押しつけた。

しばらくして司令官が到着すると、その場に居合わせた男たち全員が立ち上がり、彼を迎え入れた。そして、それまで務めた軍曹は、二言三言彼に話し掛けると部屋を出て行った。

私は司令官が口を開く前に言った。

「ここで訳のわからないこんな目に遭わされていることに、私はものすごく腹を立てている。あの軍人は大切にしているカメラのバッグを蹴飛ばし、荷物の中にあった持ち物を放り投げた！」

ピストルを突きつけられたことは言わなかった。

「どの人物だ？」

「さっきあんたに話し掛けた人だ」

「わかった、注意しておこう。だが、お前をあの町へ行かせるわけにはいかない。ジズレへ戻り、ジズレのホテルに泊まれ。それから、もう二度とここには来るな」

「私はジズレには絶対に戻らない。さっきもあの男に言ったはずだが、私がトルコのどこへ行こうと自由は守られることになっている。何の問題もないはずだ！」

私の目をじっと見ている司令官の顔は、ぞっとするほど冷たかった。そのするどい目つきは、まるで感情をもたない鉄の機械を思わせた。

夜も更け、日付は変わっていた。この場に連れて来られてから、すでに四時間以上は経っている。その日は昼に簡単なドネルケバブのサンドウイッチを一つ食べただけだった。

「ああ疲れた！　私は移動の途中で何も食べていないのだから、もういい加減にしてくれないか。こんな所で足止めされて、もう夜中ではないか！」

うんざりしていた私は、ここまできたらもうごねるしかなかった。

司令官の指示によって、間もなくお茶が運ばれてきた。砂糖を入れずにお茶を飲む私を、男たちは不思議がった。

そこへ、「ハトゥンでしょ」と言って部屋に入って来た人があった。見覚えのない顔だ。でも、なぜ私がハトゥンだと……？

ハトゥンとは、あの町の友人たちが私につけてくれた名前である。豆鉄砲を食らったような私から目を離さずに、髪の薄い小柄な男は部屋に入ってきて言った。

「エルカンを迎えにやった。彼はもう少ししたらここに来る」

エルカンを巻き込んでしまった！　電子メールの名前から、小さな町に住む彼のことは簡単に割り出されてしまったのである。

「こんな時間にエルカンを呼び出すとはどういうことだ！　彼は、私が以前訪問した時に、とても親切にしてくれただけだ。咎められるような点は一切ない。私のことで、あんな真面目な人を引っ張り出して迷惑を掛けるなんてやめてくれ！」

「そうだ。エルカンを知っているが、彼はすごくいい人だ。心配するな」

しばらく経って、エルカンは三人の青年を連れてやって来た。部屋に入って来た時、背の高い彼がとても小さく見えた。背中を丸め、顔はこわばり、まるで別人のようであった。私のせいだ。私さえいなければ、彼には何の問題も起きることはなかった。異国からの訪問者に手を差し伸べ、交流を断ち切らなかったばかりに、彼はとんでもない目に遭わされている……。

彼に対する尋問が始まった。「もういい、座れ」と言われるまで彼は立ったままだった。

身分証明書、運転免許証、職業証明書などを提示させられ、仕事の内容、家族について、私との関わりから電子メールのやりとりの内容に関することまで、静かに質問は続けられた。そして彼は友人である私を客として迎えるために、警察から許可を得ているということも伝えた。

エルカンが質問に答えているさなか、ハンバーガーが私のもとに届けられた。「あんたの分だ。食べろ」と言う司令官に、「いらない」と私は断った。遠慮ではない。子供じみた反抗をしただけだ。エルカンは「何も食べないと身体に悪いよ」と大人の気遣いを見せる。司令官は私の持っていたトルコ語の辞書を引き、「毒」という言葉を指差しながら「入ってないから食べろ」と言った。彼は冗談半分のつもりかもしれないが、この状況にあって笑える話ではない。そんな冗談が思い浮かぶこと自体、気味が悪い。だが疲労困ぱいしていた私は、どういう訳だか彼の言葉がおかしくて笑っていた。

私が最後まで手をつけずにいたハンバーガーは、結局その場にいた太った男の胃袋に収まった。

ちょうどその時、自分では始末したはずだと思っていた物が、なぜか荷物の中から出てきた。ネブロスの会場で女性教師から手渡された、紙の切れ端に記された走り書きだった。

「アポは私たちのリーダーだ」

アポとはPKK党首オジャランのことである。クルド語で書かれたその言葉を、私は声を上げて三回読まされた。意味は知らないと言ったら、代わりにエルカンが言わされる羽目になった。

そして再び、私への質問攻めが繰り返される。最後の最後まで一番問題視されたのは、一枚の紙にまとめられた、私の質問に対するHADEPからの回答だった。私はどんなに無理があろうとも最後までしらを切り通さなければならなかった。

「いや、お前はジャーナリストだ。日本のテレビに写真を売ったり、新聞に書いたりするんだろう。そうやってお前らは世界のあちこちから来てはトルコを侮辱するんだ。ヨーロッパもアメリカもみんなトルコを悪者扱いしてきた。そして今度は日本からお前がやって来た。お前は写真を売って金が入れば嬉しいだろうが、こっちにしてみれば最悪だ！　お前の持っていたクルディスタンの地図、ディヤルバクルの絵葉書、ネブロスの記事、そしてお前のやっていること、どれもこれもがトルコに対する侮辱なんだ！」

そう言って、司令官は私の辞書を机に叩きつけた。

しかし、私がトルコを侮辱していると言うのならば、トルコ歴代政府がクルド民族に対してやってきた行いは侮辱ではないというのか。トルコ共和国建国以来、クルド人たちは独自の言語や文化生活を奪われ、「山岳トルコ人」と呼ばれて存在すら否定されてきた。トルコ政府は、クルド人たちが民族意識を持とうものなら弾圧を加え、彼らが自己を捨て頭を垂れてトルコ民族に同化することを強要し、命令し、鞭打ち、脅しさえすれば何事も可能になる社会をこの地に築き上げようとしてきた。それは侮辱どころの話ではない。迫害だ。その事実は、あなたたち自身が一番よく知っているはずではないか。世界中から非難されるのを恐れてジャーナリストを憎む前に、もっと考え直すべきことがあるではないか。

心の中でそうつぶやきながら、無言のまま彼の顔をじっと見据えていた私に向かって、彼はゆっくりとこう言った。

「お前を送り込んでやる。送り込んでやる。送り込んでやる！」

絶対に聞き漏らすなという口ぶりの強烈さに、半端ではない威圧感を感じた。私には、彼の言わんとしていることがわかっていた。拷問室へと、そして監獄へと送り込んでやる、ということが。

その言葉が脅しであろうと本気であろうと気にはならなかった。その言葉を私はしっかりと聞いた。やるならやれ！　お前たちのやってきたことをこの目で見てやる、そう思っただけだった。私は完全に麻痺していたのだと思う。

ただ、いつかこんな日が来るかもしれないと、ずいぶん前から思っていたのは確かである。クルド人たちが受けてきた拷問やレイプの話を私はたくさん聞いてきた。もしかしたら無意識のうちに少しずつ覚悟を固めてきたのかもしれない。不思議なくらい恐れを感じなかったし、冷静だった。

「どこへ送り込むというのか」と訊ねると、彼は私にではなくエルカンに早口で語り掛けた。エルカンは困惑した表情を浮かべ、「この女性は私の友達なんです。彼女にそれをどう説明しろというのですか……」と言った。

司令官はエルカンを無視し、「裁判だ」と言って顔を背けた。「望むところだ」と応じる私に、今度は突然、別のことを言いだした。

「明日の朝、ディヤルバクルに行き、そこから日本へ即刻帰れ！　トルコにはもう二度と足を踏み入れるな！」

そして、急に話題を変えた。

「私は日本に行ったことがある。私の見てきた日本人はいつも団体行動を取っていた。特に女が一人歩きするということは決してなかった。日本では親の言うことは絶対だ。お前の親はこんなことをしているお前に何も言わないのか」

「あなたは認識を変えた方がよさそうだ。日本に行ったことがあるくせに、イスタンブールへは行ったことがないのか。一人で旅をしている日本人女性はそこらじゅうにいるじゃないか。日本人には、男の一人旅よりも女の一人旅の方が多いくらいだ。それから、私の両親が自分の娘のことを心配してくれているのは当然だ。だが、私は自分の働きで得た収入で自分の人生を生きているまでだ。私の人生は私のものだ、親のものではない。私のやることは私自身が決める」

「……。日本人はそんなんじゃない……」

彼は、ぼそりと言った。

私とエルカンは部屋を出るようにと言われた。謝罪する私に、彼は「何でもないことだよ」とうつむき加減に言った。それから私は、もう何も言えなくなった。

私たちがまた部屋に呼び戻された時、司令官はもうそこにはおらず、代わりに悪魔の顔を持つ軍曹がこの一件の報告書を作成していた。そして、その周りで七、八人の私服軍人たちが手持ちぶさたに煙草を吸っていた。

報告書がようやく仕上がると、その手書きの文書の下に、エルカンと彼が連れてきた兵役中の三人の友人たちがサインをさせられた。エルカンは「これは解放されるためのものだから、もうこれであの町に行けるよ」と私に説明したが、それはつまり、彼らが私の保証人になるためのものだったのだろうか。

こうして四人を巻き込んだ末に、私は解放されることとなったのである。

時計の針は、午前四時を指していた。私たちは勢揃いした軍人たちに見送られ、用意されたワゴン車に乗ってエルカンの友人たちと一緒に暗い山道を登って行った。車内では、誰もが嫌な顔一つせず接してくれた。しかし、もう朝だ。相当疲れもしただろう、走りだして間もなく眠りこける人もいた。

三十分ほどして、私はエルカンと一緒に彼の家の前で降ろされた。蒲団を敷いてもらい、そのますぐに横になったが、私はなかなか寝つけなかった。ぼんやりと明るくなる頃、何台もの装甲車が轟音を立てて走り抜けるのを聞き、あぁ非常事態令下の町にたどり着いたのだなと、ため息をついた。隣の部屋でエルカンは眠れているのだろうか。彼とはまだほとんど話をしていない。私は、弱冠二十歳のこの誠実な青年を、抜き差しならない事態へと引きずり込んでしまった。彼には何の罪もない。それなのに、私がこの地を去った後々までも、彼は不安から逃れられない日々を過ごさなければならなくなるかもしれない。

何のために、私はクルド人の写真を撮っているのだろう。それがいったい何になるというのだ。ただ、親切なクルド人たちに災難を振りまいているだけではないか……。

うとうとしかかった頃、起きだした家人のたてる物音ですっかり目が覚めた。この一家の人々は、私が朝方になってから到着していたことを知るはずもない。扉を開けて居間へ入って行くと、驚いた彼らは大騒ぎになった。やっと果たせたこの家族との再会だった。

エルカンは無理矢理母親に起こされ、ずいぶん眠そうな顔をして部屋から出てきた。それでも私を指差して大騒ぎする家族に、何事もなかったかのように笑って応えるのだった。

朝食をすませてから、エルカンと私は散歩に行くと言って外へ出た。そして借りた車で、前日とは別の大規模な軍事施設の中に入って行った。この日、再度の出頭を命ぜられていたのである。

堅く警備された門の近くにある管理棟で、しばらくの間待たされた。落ち着かない様子のエルカンに、私は掛ける言葉が見つからなかった。

その後、私たちは別の小さな建物に通され、お茶を勧められた。そこでソファーに座ったのは私だけで、エルカンは立ったままだった。恰幅のいい軍人たちが忙しく出入りし、彼らの多くは私に気軽に声を掛けて握手を求めてきた。昨日のことでお詫びの一言でもあるのかと思ったほど、非常に愛想がよい。私の方も、彼らに対して昨日と同じような強気の態度に出ても仕方がないと思ったので、友好的に振る舞うことにした。

　しかし、ここには一時いただけで、すぐに軍のジープで移動することになった。私の横には銃を抱えた兵士がつき、車はどんどん基地の奥へと進んで行った。小さな町に配備された軍事施設が、これほど広いものだとは思わなかった。奥へ進むにつれ、任務に駆け回る兵士たちの姿も見えなくなり、しばらくしてアスファルトの道から外れた狭い上り坂は、ぬかるんだ悪路に変わっていた。もう逃げることのできない、黒いベールに包まれた基地の最果てへと連れて行かれるのだな……、そう思った私には、どこまでも続くその道のりが、とてつもなく長く感じられた。


　施設のはずれにたどり着いたようであった。そこには談話室として使われている小屋が、その向かい側にはこぢんまりとした二階建ての建物があった。外から二階を見上げると、きっちりと閉ざされた五つ六つの窓には頑丈な鉄格子がはめられている。私はその部屋でこれから行われるであろう事態を想像した。拷問部屋だろうか……？　エルカンをその目に遭わせることだけは、絶対に避けなければならない。でもどうしたらよいのか、考えてみたところで私にはわからなかった。

　私たちが通されたのは談話室の方だった。そこに、前日の取り調べに立ち会った私服の軍人が、私から没収した物を持って現われ、同じ質問がまた繰り返された。私は昨日とまったく同じ内容をていねいに答え、ＨＡＤＥＰの回答に関しては完全にしらを切った。

　一連の質問が終わったところで私だけが軍用車に乗せられた。向かった先は町の病院だった。まさか自供を促す変な薬を打つのなら、病院なんかに連れて行きはしないだろう。はたまた、薬物使用の検査でもするのだろうか？　しかしそれも、ありそうにないことだ……。

病院に入ると、女医が私を奥のベッドへと連れて行き、服を脱ぐようにと言った。彼女は全身を数秒眺めると「もういいですよ」と言って、軍人の差し出した書類にサインをした。

基地の奥にある談話室に引き返すと誰もいなくなっていた。訊くと、向かいの建物の中で書類を作成中だと言う。頭が真っ白になり、血の気が引いてまともに座っていられなくなった。そこは拷問部屋だとしか思えなくなっていたからである。

エルカンにはＰＫＫやＨＡＤＥＰとの関わりはないし、国家に反旗を翻すような行動や政府批判の言動もまったくしていない。だから、どんなに搾り出してみたところで、彼からは何一つ出てこないはずだ。だが「トルコを中傷する」と疑われている人物の友人である彼は、問題発言をしているると思われ、「ジャーナリストに、お前は何をしゃべったのだ」と迫られることになるかもしれない。

間もなく、私のパスポートを持って現われた調査員が「大丈夫か、具合でも悪いのか？」と言って入ってきた。そして彼は私の見ている前で、パスポートに押された出入国スタンプの日付を一つ残らずノートに書き出していった。私はそれをぼんやりと眺めながら、確かに普通の旅行者には見えないだろうなと思った。

そこへ、エルカンが軍人たちと一緒に戻ってきた。私はとっさに彼の顔を、首を、袖の下に見える手を、傷はないかあざはないかと見回したが、それらしいものは見当たらなかった。

本当に調書を作成していただけだった。私も後からその建物に連れて行かれたのだが、中はパソコンが置かれた事務室と応接間に分かれており、拷問部屋ではまったくなかった。

そこで、私の身分や所在と今回の経緯などが確認されて文章が作られると、没収された所持品のコピーと合わせてファイルにまとめられた。七、八部同じものが用意され、そのすべてに私、関わった友人や兵士たち、そして最後に冷酷な顔の軍曹がサインをした。私は指紋の押捺も要求された。それから私は再びジープで町へ行き、別の病院でまた同じチェックを受け、医師はやはり同じようにサインをした。二度にわたるこの検査は、私に拷問は行われていないという証明のためのものだった。

基地に戻る途中で、皮ジャンを着た軍人はジープを運転しながら自分はクルド人なのだと言い、まるで子供に言い聞かせるかのようにこう話してきた。

「この国ではクルド人とトルコ人は兄弟、どちらもアタチュルクの子としてともに肩を組んで生きているんだ。あんたはアタチュルクを知っているだろう。すべてのトルコ国民の父とされる人だ。クルド人にはエルカンや俺みたいないない奴も多いよ。だがＰＫＫは違う、テロリストだ。あいつらは血も涙もない獣だ。ＨＡＤＥＰにしても、合法政党ということになってはいるが、ＰＫＫを援助しているということをあんたは知ってるか。ＨＡＤＥＰは街の中で活動するＰＫＫの一味なんだ。だからあんたはＨＡＤＥＰとつき合わないほうがいい。それからＰＫＫやＨＡＤＥＰのことを日本では話すんじゃないぞ」

私はこの二日間、軍の中で長い時間を過ごした。この頃になると、関わった軍人の多くが私に対して打ち解けたような気安い態度を取るようになっていた。自分がクルド人だと言った軍人は、周囲の山々の話や、「給料は四百ドルしかもらっていないんだ、こんな危ない仕事をしているというのに割に合わないよ」などということまで私に話した。そして彼は、「今度この町に来る時には俺に日本の美人を一人頼むよ」と言って笑った。

クルド人が、ＰＫＫを取り締まる軍人として政府側からリクルートされるのはよくある話だ。その彼らが、同じクルド人であるＰＫＫ寄りの人間を拷問にかける任務に就き、そういう者ほど惨忍であると言われることがある。彼もまた、その一人なのだろうか……。

私とその軍人は、書類を作成した部屋へと戻って行った。先を譲られた私が前を歩き、階段を上がって廊下の突き当たりにある部屋の前まで来た時、私はそこで凍りついた。開け放されたドアのすぐ向こうには、椅子に座る二人のサムライの姿があった。

白いさらしで目隠しをされ、後ろ手に縛られた状態で、身動き一つせず静かに佇む初老のＰＫＫゲリラであった。二人とも似たような赤いチェックのシャツとチョッキ、そしてだぶついた黒いズボンを身につけていた。町や周辺の村で暮らす一般民衆ではないということは、一目瞭然だった。肌は赤黒く日に焼け、灰色になった頭髪と髭は二人ともそっくりにずいぶん長く伸びていた。ほかには誰もいない部屋の中で、二人だけが口を結び背筋を伸ばし、ただ来るべき時を静かに待っているのだった。

私は思わず息を呑んだ。私の後ろから来た軍人は「ゲリラ」と囁くように言うと、苦笑いを浮かべながらドアを軽く閉めた。私にまずいものを見られたと思ったに違いない。だが、ほかに言いようはなかっただろうし、どうすることもできなかったのだろう。それから彼は、ばつの悪さを隠すかのように鼻歌を歌いながら階段を駆け降りて行った。私は慌てて追い掛けた。

痛みを感じずにはいられなかった。目隠しをされた彼らが憐れに映ったわけではない。彼らの姿は、揺るぎない確信と問題意識をもった闘士そのものであった。だからこそ余計に私は苦しかった。

トルコ国家は膨大な予算を軍事に投じ、広大な軍事施設を南東部の至るところに築き上げ、大量の兵器を導入し続けてきた。空には軍用ヘリコプターが旋回し、陸では装甲車が列を成して押し寄せる。そして、軍隊が大挙して最新兵器の照準を合わせるのは、あの二人の老兵のような、無防備な普段着のままで抵抗している生身の人間たちなのだ。

クルド人国家の樹立を目標に武装蜂起し、時に政府軍のみならず市民や子供までも標的とする反政府組織ＰＫＫを、私は全面的に擁護するつもりはない。だが、統一国家を創ったことのない民族が独立を求めるようになったのは、多大の犠牲を払ってでも自らの国を持たない限り決して幸福は訪れないと判断したからだ。クルド人の一部が武器を取って立ち上がったのは、投獄体験を重ね、拷問を受け、肉親を国家の手で殺され、絶体絶命の窮地に追いつめられたあげくの、窮鼠猫をかむ最後の手段だったといえる。そしてゲリラたちは、現実の不条理を訴える代償として、自らの命を差し出したのである。

一方、悪魔の顔の軍曹はなぜか機嫌がよさそうだった。「新しいテレビを買うんだ、ソニーの大きいやつがいいな」などと言っている。しかし、そんな時ですら彼の顔はやはり硬く、人間味はまったく感じられなかった。国家体制が彼にそう生きることを強いた結果なのか、それとも彼自身が選び取った結果なのか、いずれにせよ彼の表情から笑みは完全に失われていた。

この男もまた、戦いの犠牲者の一人に違いない。政府の悪行を司る歯車とされ、自由な思考など入るすき間は一寸もなく、身も心も完全に支配されてしまった体制の奴隷なのだ。任務に忠実で熱心であるほどに、彼は罪悪を重ねていくことになる。彼こそ不幸な人間なのかもしれない。それでも私は思うのだ、これから先も彼を決して許すことはできないだろうと。

あとは迎えの車を待つだけだった。

「あんたは、エルカンと結婚したいとでも思ってるの？」

髪の薄い軍人が茶化して言った。日本でもトルコでも、旅の動機や純粋な友情を、すぐに恋愛や結婚と結びつけたがる人たちに、私はいつも憤りを感じている。だが、ここまでしてこの町に来ようとしたのも、私が密かに彼を慕っているからだとした方が都合がいい。私はこの軍人の前では、そういうことにしておいた。

車が来たので外に出ると、日はもう傾きかけていた。この期に及んでもなお、「本当は新聞に書くんでしょ」と愛想笑いを浮かべて最後の駄目押しをしてくる者もいた。

私たちを乗せたジープは基地を出て町の中を走り始めた。もうあそこに戻る必要はないのかと思うと、少しだけ楽になれた。だが、それもつかの間、私たちが車を降ろされたのは、町の中心にある裁判所であった。付き添いの兵士から裁判官へと調書などを綴じたファイルが渡されると、エルカンと私は個別に部屋へ呼ばれて質問に答えさせられた。

これで最後だった。

「われわれの間違いであったことを認めます。だから、あなたは自由です。この町に滞在したいのならばしていいでしょう。もしも何かトラブルがあった場合は、すぐに連絡して下さい。力になりましょう」

そう言って、裁判官は私にパスポートを手渡した。

兵士は車で家まで送ろうと言ったが、私たちは遠慮することにした。そして裁判所を出て、ようやく銃を持った兵士からも見張りからも完全に解放されたのであった。もうすでに、山に囲まれた町は暗くなっていた。少し肌寒かったが、いい風が吹いていた。彼の家へ向かって歩きだしたところで、エルカンは「これでおしまい」と私に笑いかけた。いつもの彼に戻っていた。

そこへ、見栄えのするスーツ姿の男性が追い掛けてきた。裁判所に勤める彼の叔父さんだった。私を見て、いったい何事が起こったのだと案じる叔父さんに、エルカンは笑いながら「彼女は『あたしの金とあたしの人生だ！　口出しするな！』って言ってきたんだよ」と応じた。

その後、このような事態になってしまったことを一度だけ彼に詫びたことがあった。だが「何で謝る必要があるんだ。謝るな」と言われてしまい、お互いにそれっきりもう二度とこの件に触れることはなかった。

風邪をひいた私は、医者やエルカン一家に静養が必要だと言われ、そのまま彼の家で世話になった。そして熱も下がり、しわがれた声が少し出るようになった頃、私はこの町に別れを告げた。出発の前の晩、この先また何が起こるかわからないと思い、トラブルになりそうな物はすべて燃やすことにした。持っていたネブロスの新聞記事やアドレス帳をはじめ、ピクニックや山登りをした時の写真もすべて、ストーブの火の中へと悔し紛れに放り込んだのだった。

ディヤルバクルへ向かって、来た時とは逆向きに走るバスは再び例の検問所で停められ、私だけが降りるように命じられた。そこで検問にあたっていた若い兵士は「あなた、あの町へ行く前にかなり怒っていたでしょう？」と、いきなり言いだした。「ええ、本気で怒っていました。あの人はひどい人です」と答え、「殴ってやった？」「殴りたかったけど、それはやめておいた」というやりとりをしただけで、質問は一切なかった。そして彼は満面の笑顔を浮かべ、「気をつけていい旅を続けて下さい」と言うと強く握手をした。

普通、検問で兵士と握手をするなんてことはあり得ないことだ。彼の目が輝いて見えたのも単なる気のせいではないだろう。仕方なく兵役を務めている彼らにしたって、決して何も言えないけれど、大きな態度で威張り散らす上官たちのことが、癪《しゃく》にさわって仕方がないのだろう。私は、彼らの意識は「軍人」ではない、と少し安堵しながらバスに乗り込んだ。

その後、私はディヤルバクル、ワンを経由して、イランのコルデスタン（クルディスタン）へと向かった。そして再びトルコに戻り、旅の終着点であるアンカラにたどり着いたのは、それから一カ月ほど経ってからのことだった。旅の最後は一人になって、旅のごたごたを整理し、頭を冷やしてから日本に帰ることを恒例としている。そのためにはイスタンブールでは駄目で、アンカラがよいのだ。今回は、帰国の時期が日本のゴールデンウィークと重なってしまったために、飛行機の予約がなかなか取れず、少々長めのアンカラ滞在となった。その間に、私はたびたびインターネットカフェに出向き、エルカンにメールを送っていた。

だが、送ってから一週間以上経っても彼の返事はなかった。これまでにはあり得なかったことである。私は無性に心配になった。彼の身に何か起きたのではないだろうか……。

彼は携帯電話を手放してしまっていたし、自宅や友人たちの電話番号は、また調べられて再び迷惑を掛けることがないようにと、すべて灰にしてしまった。こちらから連絡を取る方法は、メールを送る以外、ほかになかった。

「はた迷惑な客」が町を去った後、彼は何か大変な責め苦を背負わされてはいないだろうか。あるいは、連れ去られてしまってはいないだろうか。そう思い始めたら、私はいてもたってもいられなくなった。何しろ私がまいた種なのだ。彼の無事を確認せずに、このまま日本に帰るわけにはいかない。だがそのためには、メールの返事をひたすら待つか、さもなければ長距離バスに乗って十六時間をかけて確かめに行くしか方法はない。もしも行ったとしたら、さらに問題は大きくなるだろうか……。

一晩中、私は考えた。彼の名前は、何冊ものファイルの中に私と関わりのある人物として記録に残された。行こうが行くまいが、それはもう変わらないことだ。

翌朝、私はカメラも持たず、最小限の手荷物だけであの町へ向けて出発することにした。残りの荷物は知り合いに預け、もしも私に何か起きた場合、荷物を調べられてもいいように、これまでの日記やメモ、テヘランで仕入れた資料や文書などは、別にしておいてもらった。

バス発着所で出発の時間を調べ、知り合いに電話をかけてバス会社名と到着予定時間を知らせた。そして着いた時点で電話を入れることにした。「もし、電話がいつまで経ってもなかったら、私の身に何かあったと思って下さい。何かあるとしたら、途中の村の検問所です」とだけ言い残して、私はアンカラを発った。

翌朝ジズレに到着し、そこからは乗合タクシーで向かった。同乗者の中にはエルカンの遠い親戚にあたる人がいた。彼はいろいろと話し掛けてきたが、その時の私は言葉少なげに、か細く応じるのがやっとだった。

検問所に着いた。ほかの乗客は何の問題もなく、すぐに用は済んだ。しかし案の定、私だけは問題とされて車を降ろされた。

「日本へ帰る前に、お世話になった友人に一言お礼を言いたいんです。一カ月ほど前に、私はここですべてをお話しし、すべての持ち物を見せました。私のことはよくわかっているはずです」

私の噂は、そこにいた何人かの兵士に伝わっていたようだった。

「上の者に電話をするからしばらく待っているように。許可が出れば通行できるが、出なければ駄目だ」

そして結局、私の通行は許可されなかった。タクシーを降りて様子をうかがっていたエルカンの親戚筋の人が、見るに見かねて「この人の友達というのは、うちの親戚だ。電話をかけてやってくれ」と言ってエルカンの自宅の電話番号をメモに書いて兵士に渡した。

私はその人に、アンカラで買ってきたチョコレートの箱をエルカンの家族に渡してほしいと頼むと、彼は快く引き受けてくれた。するとその後すぐ、私も乗っていくはずだったタクシーは、私だけをその場に残し、走り去ってしまった。

車が走り去るのを見届けるのは、何とも無念だった。気丈に努めてきた二カ月間の旅、そしてその終わりに頭をよぎった言い表わせないほどの心配……。張り詰めていたものがすべてぷつりと切れ、私はがっくりと落ち込み、口もきけなくなった。

兵隊は検問所の電話でエルカンの家に電話をかけ、彼の家族に事の成り行きを説明した。その後、受話器は私に回ってきた。エルカンの姉のフィルデスは「エルカンが今日バトマンから帰ってくるから、彼がそこを通るのを待ってなさい。そしてエルカンと一緒にこちらにいらっしゃい。彼がちゃんとあなたをここに連れて来てくれるから大丈夫よ。心配しないでそこで待ってるのよ」と、私がちゃんとわかるようにゆっくりと、そして力強く励ますように、言って聞かせてくれた。辛い時よりも、優しくされた時の方がもっと泣けてくる。

ひょんなことでクルド人の写真を撮り歩くようになり、偶然に出会うことになったたくさんの人々。彼らには迷惑を掛け通しで、それなのに彼らに守られて、私の旅は成り立っている。

一人の若い兵士が「またきっとあの町の友達に会えるよ」と私を慰めた。そして彼は「これあげる」と言って小さなお守り袋を私に手渡し、「この中身を見たら御利益がなくなっちゃうから開けたらだめだよ」とつけ加えた。

「大切な物なんだから、ちゃんと自分で持っていなきゃ駄目だよ。私の旅はもうこれで終わったんだし、あなたの方が大変なんだから」と遠慮したが、彼は「もう一つあるからいいんだ」と言って聞かなかった。

徴兵されてこの地に送り込まれた彼が無事に兵役を終え、今の優しい気持ちのまま家族のもとへと帰れることを、私は心から願う。クルド人の友人に会いに来た私を気遣い、思いやってくれたトルコ人の若者に出会えたことで、私の今回の旅は決着がついた。

エルカンの無事は確認できた。完全な私の取り越し苦労だったわけだが、それで本当によかった。目的は果たせたから、もうアンカラに戻ろう。そう思った時だった。エルカンの従兄弟のメストとメフメットが、ひょっこりと現われた。私のことを聞き、駆けつけてくれたのだ。メストはすぐに仕事でバトマンに行っているエルカンに電話をかけ、私と会えたことを伝えた。その後、私も電話に出て話をした。彼はよく笑い、とても元気そうだった。そしてメールをチェックしていなかったことを詫びた。

III

彼らの居場所

国境線の向こうへ
――ハッサケ――

トルコの南端、シリアとの国境線に沿って敷かれた国道Ｄ四〇〇を、私はヌサイビンへと向かっていた。視界を遮るもののない広々とした平野。時折、小さな村が道路から少し離れた所に見えては過ぎてゆく。春になると、この一帯の大地は赤や黄色の花でいっぱいになる。だが、冷たい風が吹きすさぶこの季節には、緑の草も枯れ果てて、見渡す景色はまったく寂しい限りだ。そして、いつ来ても変わらないのは、ぽつりぽつりと佇む銃弾で穴だらけにされた土煉瓦の廃屋である。

トルコ―シリア間の国境を陸路でつなぐ道は全部で七つ。私の目的地ハッサケへの最短コースはトルコのヌサイビンとシリアのカミシリを結ぶルートだ。あるガイドブックには、「この付近一帯はクルド地域で、トルコ側では戦闘も珍しくなく、時には旅行者が誘拐されることもあるので、この検問所は避けた方がいい」とある。けれども私は、ヌサイビンの下見をすでに済ませてあった。人々の情報では、状況はそれ以降さほど変化していない。問題なく通過できるはずだ。

ヌサイビンに到着すれば、お隣の国シリアはもう目と鼻の先だ。私はほっと一息ついて、再び降り立ったこの町を簡単に見学した。

国境の町は、商いの町でもある。ヌサイビンは、トルコで物が一番安く買える町だと聞いたこともある。なるほど国境ゲートの近くには、貴金属や衣類、食料品や生活雑貨などを扱う店が軒を連ね、そこから通じる細く入り組んだ迷路に入り込めば、山積みされた輸入品や、すき間なく天井や壁にぶら下げられた商品の洪水に呑まれてしまいそうになる。観光客相手の商売ではないから、接客は実にクールだ。

さて、私はヌサイビンの銀座通りを抜けて、国境へと向かう表玄関までやって来た。パスポートのチェックを受け、校門のようなスライド式のゲートに入る。このすぐ先はシリアだ。

二〇〇メートルほどあろうかというアスファルトの道を、私は荷物を引きずりながらゆっくりと歩いた。有刺鉄線越しに見渡す大地は、起伏のない殺伐とした土漠《どばく》である。

私は橋を渡っている気分であった。国と国とを結ぶ橋ではない。地雷の河に架けられた橋をである。この道は、国家を隔てるために地雷で埋め尽くされた分離帯を横断するためのものなのだ。

国の領土を分ける線の上に立ち、左右に広がる地雷原を目にした時、私は国境というものに肌寒い薄気味悪さを感じた。

もともと、クルディスタンに国境なんていうものは存在しなかったのだ。時の流れとともに、世界は揺れ動く。第一次世界大戦後、西欧列強諸国は中東を分割支配するために、現地の実情にかかわりなく国境線を確定していった。

そして、たまたまこの一帯に暮らしていた人々は、少しだけ離れたところに住んでいた家族や仲間と完全に引き裂かれることになってしまったのである。

一九九九年に公開されたクルド映画『スヌール（国境）』。その中に、二つの国の隔たりがほんの少しだけ小さくなった部分に集まった群衆が、有刺鉄線越しにお互いを捜し、向こうとこちらで顔を合わせ、声を掛け合い、プレゼントを思い切り投げて渡すシーンがある。彼らは、やにわに引かれた国境線のせいで、二つの国に別々に組み込まれることになってしまった家族や親戚たちだ。満足なお金がなかったり、パスポートを取得できずにいて国境を越えて行き来することが不可能な人々は、年二回の祭りの日になると国境線沿いに集い、引き裂かれたままの状態で再会と互いの無事を祝福し合う。

かつては実際に行われていたという有刺鉄線越しの再会も、今ではもう見られなくなった。その代わりに、現在では人々はヌサイビンやジェイランプナルの国境ゲートに集まるようになった。

私は、集まる人が最も多いとされるジェイランプナルの国境へ、最も人の数が多い犠牲祭の二日目に行ってみたことがある。国境ゲート付近にはロープが張られ、その後ろでは詰め掛けた大勢の人々が、今か今かと再会を待ちわびていた。決められた時間になると呼び出しの放送がかかる。呼ばれた人は前に進みロープの前に出て、控えている警察官に身分証明書を見せ、ボディーチェックを受けてから、国境ゲートへ向かって歩いて行く。そして、シリア側から入ってきた家族たちと抱き合って再会を果たすのだ。このように、現在では両国の同意の下、砂糖祭と犠牲祭の年二回、パスポートがなくても国境線を越えてお互いと対面することができるようになった。ジェイランプナルでは、犠牲祭の日にシリアの人がトルコに渡り、砂糖祭の日には反対にトルコの人がシリアに渡ることになっているのだという。

地雷原を横目に見ながら進んで行くと、行き着いた場所はトルコ側の国境検問所である。出国手続きを済ませ、目の前に見える高い鉄のフェンスに向かう。そして、人一人やっと通れるほどの狭

いトルコの出口兼シリアへの入口をくぐり抜け、今度はシリアの入国手続きを取る。深緑色の制服を着た警察官がぎょろ目をむき、太鼓腹を突き出して、アラビア語なまりの英語で私に話し掛ける。

「ようこそシリアへ。これからどちらへ？」

「パルミラの遺跡を見てから、ダマスカスへ行きます」

決して、「ハッサケ」とか「クルド人の町まで」と言ってはならない。

入国手続きを済ませたところでトルコ帰りの若い女性に声を掛けられた。私たちは行き先が同じだったので、一緒にタクシーに乗ろうということになった。この国では、一人旅をする女は奇異な目で見られがちである。私はいい人と出会えて助かったと思った。

ところがその直後、私は国境付近に群がるタクシー運転手の集団に三十ドルを巻き上げられた。同行することになった女性は、男たちに言われるままに私の財布からドル札を抜き、私たちを取り囲んだ一人の髭面の男に渡したのである。途端に私は不愉快になった。彼女に対しても、シリアに入るなり、いきなりか……。金を払う必要などまったくないにもかかわらず、いったいどういうつもりなのだと腹が立った。しかし、一人でタクシーに乗れば、また外国人向けの高い料金を請求されることは目に見えている。私は不機嫌なまま、一台の車に彼女と一緒に乗り込んだのだった。

国境から一キロほど走った所に位置するカミシリの町を抜け、その先のハッサケへと向かう。距離にして約七十キロ、時間にして一時間少々である。

晴れた冬の日の午後、フロントガラスから真正面に射し込む陽の光に顔をしかめ、しきりにまばたいていた私は、ひどい頭痛に苦しめられていた。また、古い車のラジオから流れてくる音の割れた大音量のアラブ音楽と、脇見運転しながら話し掛けてくる運転手の息の臭さとで、私の胸の内は不機嫌どころではなくなっていた。そして、悪路を猛烈に突っ走る軋《きし》む車の中で揺さぶられながら、私は憎々しげに無言でボリュームのつまみを回し、口をハンカチで押さえたのであった。

彼女の名前はファトマという。よく見れば、小さくまとまったきれいな顔立ちをしていた。トルコで兵役中の夫に面会し、ハッサケの自宅に帰るところだった。夫はトルコのマルディン生まれのトルコ国籍で、今トルコで兵役を果たしておいて、将来はシリアよりも豊かなトルコに一家揃って移住することを希望しているのだという。

ファトマは、般若の形相をした私に気を遣っているのか、さっきのお金の件を気にしているのか、精一杯の笑顔を見せながら、英単語を並べてはしきりに語り掛けてきた。それでも私の機嫌が芳しくならなかったせいか、彼女はハンドバッグの中からおもちゃの指輪を取り出し、「あなたにあげる」と言って私の指につけた。指輪は私のどの指にも大きすぎた。そこで彼女は何とかして大きさを調整し、指輪が私の手からすべり落ちないようにしたのだった。

もうすぐハッサケの町に着く。そしたら、彼女ともこのタクシー運転手ともお別れだ。どうせなら最後くらい気持ちよく別れよう。気を取り直し気分を変えることにした。

道路の両脇に望むのは、どこまでも続く土色をした真っ平らな大地と、そこに点在する土壁の小屋――。そこを車はひたすらまっすぐ進んで行った。

窓の外が突然、町らしい風景に変わった。

「ほら、ハッサケに着いたわよ！」

笑顔を輝かせながらそう言ったファトマはとても嬉しそうだ。だが彼女の表情に反し、私の目に映ったハッサケの町は、とうてい喜ばしいものとは言えなかった。見渡す限り泥だらけの光景……。

車が彼女の家の前に着くと、どうやら「さあ、あなたも早く降りて」と言っているようだ。タクシーの運転手も後ろに積んであった私の荷物を降ろそうとしている。「私はホテルに行く」と言っても、にこにこしながら「こっち、こっち」とお構いなしである。とうとう私は、背中を押されて家の中に入れられてしまった。

果たして、この家で出会うことになった人々は、もちろんファトマも含め、みんながみんなクルド人なのであった。

シリアには、百万人を超えるクルド人がいるとされている。その数はシリア全人口の八~九パーセントに値し、その多くはハッサケを含むトルコ国境に沿った北の地域に住んでいる。ダマスカスやアレッポなどの主要都市に移り住んだ者も少なくないが、いずれにせよ彼らは自分たちの言葉を守り、文化や習慣を絶やすことなく伝え続けている。

ファトマは、トルコで撮ってきた兵役中の夫の写真を、留守を預かっていた義理の母にすぐさま見せた。そして、太い声を張り上げ、トルコでの出来事をひっきりなしにしゃべった。時折、母は仕方なさそうに、写真に落とした視線をゆっくりと上げ、話し続けるファトマを弱々しく見た。が、すぐにまた一人息子の写真に見入り、写真を抱き締め、何度も何度も涙を拭うのであった。

ファトマがトルコから帰ってきたと聞きつけた親戚たちは、続々と集まってきた。やって来るとまず、彼らは一様にファトマの持ち帰った写真を一枚一枚じっくりと眺め、そして、老いも若きも男も女も喉をつまらせ泣いた。魔女のような風貌をした厳しい顔つきの老婆とて然りである。新たに後から来たお客が、写真を見ながら涙をこぼしていれば、すでに写真を見てひとしきり泣いた人たちも、一緒になってまた泣き始め、さらにはファトマの持ち帰った彼のセーターを抱き締めては、また泣いた。これは、もしかしたら兵役中の彼に何かよくないことでも起こったのだろうか？　それで、妻のファトマはこんなに興奮気味なのか？　彼らの会話に耳をそばだててみても、私には彼らの話すクルド語がさっぱりわからない。事情はつかめないままだ。一人蚊屋の外にいた私は、なるべく彼らを刺激しないよう、壁に張りつき膝を抱え、くしゃみや咳も我慢していた。

そういえば、言葉が通じようが通じまいが、いつもならクルディスタンのどこに行っても、私は彼らの中心に置かれてしまうのがつねだった。それはある意味、苦痛でもあるのだが、とにかく放っておかれることはない。ところが、この現場の人たちは見ず知らずの日本人が一人混じっていたところで、そんなことに構っていられる場合ではないらしい。私は、初めて出会ったシリアのクルド人たちを、ただ静かに見つめていた。早く一人になって誰の目も気にせず休みたいと思っていた私であったが、とりあえず私の姿など誰の目にも入っていない。ともかくその場でじっと黙っていることにした。

それでも、そろそろ落ち着いてきたのだろうか、こぼした涙を拭いながら、一人の女性が私に話し掛けてきた。

「愛しい弟のことを思うと涙が出ちゃうのよ。今は会えないから寂しくて仕方がないの。だから、代わりにあの子の匂いの染みついたこのセーターを、彼だと思ってこうして抱き締めるのよ」

彼女は私に気を遣い、話し掛けてくれたのだろう。

「弟さんは、お元気なんですか？」

「ええ、とても元気らしいのよ。心配してくれてありがとう」

確かに写真を見る限り、彼の表情は元気そのものだ。

「いつ、トルコの兵役に行ったのですか?」

「二カ月前よ。まだ行ったばかりなの」

「……」

気まずい思いで息を殺し、硬くなっていた私であったが、とたんに緊張がほぐれた。そうか、大丈夫なのか。それはよかった。でも、それにしては、ずいぶん大げさに泣くものだなあ……。ちょっとだけそう思った。


トルコの石鹸、タオル、衣類や靴、おもちゃ、紙おむつ……。ファトマは行商人のように、たくさんのずた袋やボストンバッグの口を広げ、相変わらず早口でしゃべりながら、出てきた土産物を群がる親戚たちにポンポンと放り投げて配った。彼女は嫁といえども強そうだ。

ぐるりと見回すと、十五畳ほどの部屋の中には、赤ん坊から老人までざっと三十人くらいがひしめき合っている。ここでも太った女が多い。彼女たちのだぶついた脂肪がやけに目についてしょうがない。くつろぐ彼女たちは、絨毯の上で群れを成し、あぐらをかいたり、足を投げ出して座っている。巨体を横たえてひじ枕をしている者もいる。失礼ながら、まるでトドのように見える。あぐらをかいた片膝の上に小さな赤ん坊を乗せて、巨大なボールのような乳房を出し、くわえ煙草で授乳している者もいる。これはすごい迫力だ。彼女たちは、とにかくよくしゃべり、そしてコーヒー占いに興じ、ビズル(炒ったスイカやヒマワリの種)をかじる。

今やこの部屋は、まるで鶏小屋かと言いたくなるようなありさまに変わっていた。ついさっきまで湿っぽかったのが、まるで嘘のようである。あの涙は儀礼的なものだったのではないかとすら私は思い始めていた。新顔が加わるたびに、ちょっとの間、また雲行きは怪しくなるが、すぐにこの騒ぎは復活するほどの勢いだ。子供たちは子供たちで、トルコ土産のピーピーとやかましいおもちゃで別の子供の頭を小突いては、たくさんの人があふれ返っているこの部屋を駆けずり回る。あっちでもこっちでもすぐに喧嘩が始まり、張り裂けんばかりの声を上げて泣き叫ぶ子供が後を絶たない。続いて親たちは、さらに大きな声でそんな子供たちを怒鳴りつける。

絶えず誰かが泣くか叫ぶかしているこの部屋の中では、もはや、兵役中の彼の影は完全に薄くなっていた。そして、私はいつものように、みんなの興味の対象として彼らの中心に引きずり込まれてしまっていた。あちらこちらからの素朴な問いかけに私の首はフル回転し、大騒乱の中で一言発するにも、腹の底から思いっきり大きな声を出さねばならなかった。

そして夜更けには、異常なまでの疲労を感じつつ眠りについたのであった。

翌日は、絶対にホテルへ行こうと心に決めていたのだが、彼らは私を強く引き留めた。
「ホテルだなんて、あんな所泊まるもんじゃない。あそこは親戚も知り合いもない人か、ろくでもない人が行く所だ。この家にいればお金を払う必要もないわけだし、何の心配もしないで、ここにいればいいいよ。一カ月でも二カ月でも、好きなだけここに泊まっていきなよ」

つねに誰かの目に触れ、夜は大部屋で雑魚寝というのも、元気があるうちの数日間なら面白がっていられるが、赤の他人に囲まれたプライバシーのない生活は結構きついものがある。だが、彼らの歓迎ぶりを見ていると、せっかくの申し出をむげに断ることもできず、昨晩の騒ぎを思い出しては絶句しつつも「はい、わかりました。ありがとうございます……」と言うしかなかった。

午後になって、ハッサケ見物に行こうということになった。ファトマと親戚の叔父さん二人が私に伴った。昨日の晴れ空とはうって変わって、重々しい厚い雲が空を覆い、小雨がぱらついていた。この近所は、家々を結ぶ小道が舗装されておらず泥だらけで、下手をすると靴がすっぽり埋まってしまう。なんでも一週間ほど前、雨が降り続いたために近くを流れる川が氾濫したらしい。そのため、ファトマの家の周辺一帯には、腰の高さまで浸かってしまうくらいの水が来たそうだ。その水も、ようやく数日前に退いたばかりで、私がやって来た時というのは、ちょうど掃除を済ませたところだったのだ。

「それは、お気の毒でしたね」と言ったところ、意外な返事が返ってきた。

「いいや、雨はありがたいよ。雨が降れば畑が作れるから仕事はどんどん増える。この五年というもの、まったく雨が降らなかったために、たくさんの人が仕事を得られずに暮らしてゆけなくなって別の所へ行ってしまったんだ。でも今年はこれで大丈夫だ」

そう言った彼はトラック運転手の仕事もあるので、一家で移住する必要はなかったものの、この間の暮らしはやはり厳しかったという。

ハッサケ周辺は、チグリス川とユーフラテス川に挟まれた「肥沃な三日月地帯」と呼ばれるメソポタミアの一角である。この広大な平地はシリアでは指折りの農業地帯で、この地方に住むクルド人の多くは農業に従事し、良質の大麦、小麦、木綿などを産出している。

しかし、五年も雨が降らなかったら生活用水にさえも事欠いていたに違いない。泥や、この日のわずかな雨さえも疎ましく思っていた私であったが、彼らにとって、雨がどれだけ待ち望まれていたものだったのかを思い知らされた。

足元に注意しながら歩き、なんとか幹線道路までたどり着くと、そこは大渋滞である。古びた車の列に混じって、大きな荷物を積んだ馬車も渋滞に巻き込まれている。ハンドルを握る人々の中には、カフィーヤと呼ばれる紅白の格子柄の布を頭に被ったアラブ人の姿も多い。

繁華街に出てからも、相変わらず泥と水で歩くのに苦労した。それでも、意外なほど人通りは多く、新旧さまざまなディスプレイや、スピーカーから流れる音楽で沸き返る街の中心は、予想以上に活気があふれていた。

ある教会の前を通り掛かったところ、扉が開け放されていたので覗いてみた。そこには、もうすぐやって来るクリスマスに向けて、神父と数人の若者たちが冷たい空気の中で腕まくりをして念入りに掃除をしている姿が見えた。

この町を歩いていると、モスクのみならず、たくさんのキリスト教会を目にする。それもそのはず、この地帯ではシリアがイスラム化される以前からキリスト教が信仰されており、ハッサケは、シリア正教会の中心地マルディンなどのキリスト教徒たちが、オスマン帝国末期のキリスト教徒大虐殺から逃れるために移住してできた町なのだ。

また、イエス・キリストが話していたとされるアラム語をもととし、マロン派など東方諸教会で祭儀用語として使われるシリア語が、この地方には今も生きているという。

銀行、電話局、ホテルなどが並ぶ街の中心、ジャマル・アブドゥル・ナセル通りを行くと、今は亡きハフェズ・アル・アサド前大統領の像がある。アサドは自らも信仰するアレヴィー教の信徒を政治、軍事の中枢に据え、国際世論からは独裁政治を行っているとの批判を受けていたが、支持率百パーセントに限りなく近かった彼の評判は、クルド人の間でもすこぶるいい。クルド語の使用やクルド民族の伝統的な祭りが自由化されたのも、一九七一年にアサドが大統領になってからのことである。私の出会った誰もが、シリアに暮らすクルド人のためにアサドはよく働いてくれたと言っていた。二〇〇〇年六月に彼が亡くなり、続いて息子のバッシャール・アリ・アサド氏が大統領に就任してからも、クルド人たちは若き新大統領の活躍に満足しており、さらなる期待を寄せている。

同行の三人は、泥まみれの道を歩きながら「ハッサケ、ビューティフル？」と飽きもせず何度でも訊ねてきた。私はそのたびに「ビューティフル……」と挨拶代わりに答えるのであった。シロップとナッツがたっぷりのアラブ菓子を味見し、人間と野菜くずとがあふれ返っている市場で写真を撮って警察に文句を言われ、そうこうするうちにハッサケ巡りは終了した。

実は、その日の外出はそれだけで終わったわけではなかった。ファトマの家族は、私がクルディスタンを知るためにこうして旅を続けているということをすでに心得ており、その上で彼らは私を数軒の家に案内してくれた。向かった先は、クルド民族の理想を追い求め、戦いに散っていった若者たちが生まれ育った家である。

見たところ、訪問したどの家もこの辺りのごく平均的な普通の民家だった。私を連れてきたファトマの叔父はチャイムを鳴らすと、「いろいろな話を聞かせてもらえるはずだ」と自信ありげに私に言った。

ところが、三軒ほどあたってみたのだが、家には上げてもらえたものの、何のために訪ねてきたのかを、ファトマたちが私に代わって説明すると、「今はお父さんがいないから」とか「ちょうどこれから外出するところだ」とのことで、結局、誰からも話を聞くことはできなかった。ただ、どの家の居間にも、ＰＫＫ党首オジャランの大きなポスターが貼ってあるのを、そしてその傍らには、戦場へと向かって行った彼らの家族の写真が添えられているのを私は目にしたのだった。

現在のところ、シリアにはクルド人による目立った反体制組織や民族主義運動というものはないが、シリアに住むクルド人の多くが、トルコやイラクにあるクルド人の活動グループに賛同している。特にハッサケやカミシリ周辺一帯には、トルコで武装決起したＰＫＫの支持者が多く、一九九九年二月にそのカリスマ的中心人物であるアブドゥラ・オジャランが逮捕されると、嘆き反発したこの地域の若者たちは、次々に密航して北イラクのカンディールにあるＰＫＫのキャンプを目指したのだった。その数は、男女あわせておよそ千人にものぼるといわれている。私が訪問した家々の息子や娘たちもその中に含まれていた。

トルコ国境に近いこの地域では、トルコのテレビ放送を受信することができる。ニュース画面に映し出された、国境の向こうで民族の名にかけて戦うＰＫＫ兵士の姿を、彼らは自らの問題として見ていたに違いない。

いつ果てるとも尽きない彼らの戦いは今も続く。そして、多くの若者が命を落としていった。クルド人たちはそんな彼らを殉教者と呼ぶ。殉教者は、家族のみならず民族の誇りとしてクルド人の心の中に生き続けているのだという。

家に戻ると、ファトマの姑はいそいそと寄ってきて、私に籠いっぱいの薬草を見せた。風邪をひいていた私のために摘んできてくれたらしい。私は夕べからシロップの咳止め薬をスプーンに注いで飲ませてもらっていたが、床に就いてからも咳が止まらなかったので、みんなに心配を掛けていた。すぐに彼女は「これを飲めば身体も温まるし、喉にもいいんだよ」と言って、大きなストーブの上に鍋をかけ、薬草を煎じ始めた。出来上がるのを待つ間、彼女は外から帰った私をストーブの脇に座らせ、膝の上には毛布を掛けてくれた。

この家で、私はお客というよりも、過保護にされたわがまま娘だった。騒々しさに耐え切れなくなったり、強引なまでの親切に辟易したり、毎日風呂に入れないということやトイレの扉が壊れているといったことに至るまで……、そんな次第で、私は一日のうちに何度もこの家から逃げ出したくなるのだった。そんな時は、いらいらしたり、大人げなくへそを曲げてみたりした。そのくせ、さんざん食べ、くつろぎ、笑い、時にはほろりともした。私はこの家族のもとで過ごしている間、喜怒哀楽の情を遠慮することなく吐き出した。なぜかこの家族に対してはそれができてしまうのだった。完全に甘えきっていたというわけだ。

そうしているうちに、暖かくて快適な特等席は私の席として定着し、すっかりこの家の中に私の居場所が出来上がっていた。

そして、時はあっという間に過ぎていったのである。


クルディスタンにいる限り、どこの国であっても一つの場所に長居するのは禁物である。シリアとてそれは同じことだ。外国人が観光地でもないこの近辺に滞在するということは、警察の警戒する対象となる。ましてや、その人物が写真を撮ったり、クルド人の話を聞き回っていると知れたら、たまたま出会い、関わることになったこの家族に、面倒な事態が起こり得る。戦争がないとはいうものの、ここシリアでもクルド人たちは自由であるとは言えない。

それでも彼らは、どこの馬の骨ともつかないこの私を受け入れ、とことんつき合ってくれた。決して、警察の目が気にならないわけでも、事態がわかっていないわけでもない。彼らは、私を守り、喜ばせ、協力することを選んだのだ。一縷《いちる》の望みを託しつつ。

「私たちのことをもっと知ってくれ、われわれはしっかりと存在しているのだ」と。

クルド人というと、話題にのぼるのは、ほとんどイラクやトルコのことばかりだが、シリアにも百万人を超えるクルド人が暮らしている。もともとシリア東北部はクルディスタンの一部にあたるのだ。では、アラブ人が八五パーセントを占めるシリアにおいて、クルド人の立場や状況は如何なるものなのだろう。

シリアでは、クルディスタンを抱え込んだほかの国々とは違い、「クルド対政府」の戦争は起きていない。隣人同士が密告し合うようなこともない。クルドの生活習慣や文化活動も比較的自由にできる。出版や学校教育をはじめ、公用語はアラビア語と限定されているが、イスラム教徒が多数を占めるクルド人にとっても、アラビア語は「コーランの言葉」「聖なる言葉」であるため、アラビア語の使用については反発は起こらない。むしろクルド人の口から、アラビア語の美しさや素晴らしさを説かれるくらいである。

かといって、クルド人たちがこの国で生きていくことに不満はないかというと、決してそうではない。自分たちはアラブ人と比較すると一段下に置かれている、と感じている人は多い。政府や警察、軍隊でクルド人が高い地位に就くことはほとんどないとか、アラブ人の住む町は役人の目が行き届いていてよく整備されているのに、クルド人の町は汚く道路もでこぼこだ、と。

しかし、彼らにとっての一番の問題は身分証明書の発行にある。そこにはアラブ人と記され、クルド人と書かれることはあり得ない。シリア国民としてのクルド民族の存在は、完全に否定されているに等しい。

ことにクルド人の町であるここハッサケにおいては、ほかのアラブ人の町と比べ、その取得はとりわけ困難だ。子供が生まれると、その子の身分証明書が必要になる。申請をして、回りくどい手続きを踏み、長い時間かかってやっとのことで発行されるのだそうだ。しかも、それは親が身分証明書を持っている場合に限ってのことである。

どんなに面倒だとしても、身分証明書がもらえるならまだいい。シリア北東部のクルド人居住地域全体で、十五万人から二十万人ものクルド人が身分証明書をもらえずにいるのだ。

身分証明書がないと、いろいろな問題が起きてくる。例えば、六年間の初等教育しか受けられない。病気になっても診療所で診てもらえるだけで、設備の整った大病院で治療を受けることはできない。もちろんパスポートの取得も無理だ。仕事に就くことも厳しい。不動産や車を購入したい場合には、高い仲介料を支払った上、他人であるアラブ人の名義で登録しなければならないため、正式に自分のものとすることができない。また、夜十時以降に外出し、警官に声を掛けられるようなことがあれば厄介な事態になる。

シリアのクルド人たちは言う。

「例えばトルコでは戦争もあって大変ではあるけれど、クルド人でもとりあえず身分証明書はもらえるんだ。ということは、その国の市民権を得られるということだ。シリアではクルド人は外国人なんだ。ここはお前たちの居場所ではないと言われているようなものなんだ。シリアで生まれ育っても、シリア国民として国の保護を受けたり、何かを手に入れようなんてことは望めないんだよ」

彼らはどうすることもできずにいる。クルド人たることを公言し、叫ぶことは刑務所行きを意味する。民族のアイデンティティについて声を上げることは一切許されず、ましてやクルド人としての活動グループの結成や参加、またＰＫＫへの賛同といったこともすべて禁止されているのだ。

しかし、ある人の話によると、シリア国内にもクルド人の結成した政党があり、小さなものも入れればかなりの数になるそうだ。ただし、すべてが秘密裏に存在する非公式のものである。彼らは、クルド人が政治にもっと参加できることを、そしてアラブ人との平等を目指しているという。

私は、世話になった人たちに、明日ここを発つと告げた。すると、みんなはこう言って私を引き留めた。

「明日は十二月二十五日でキリスト教徒の祭りの日だし、そのすぐ後には私たちの断食明けの祭りがあるから、もう少しここにいなさいよ。子供たちのためにもそうしてちょうだい」

子供たちも私の腕を揺さぶって説得しようとしている。気持ちは少し揺らいだ。でも、そうもしてはいられない。「また、必ず来るから」と私は応えた。

夜は更けてゆき、外はまたしても雨模様に変わっていた。吹きつける風と雨は窓を強く叩き、そのたびに激しい音がした。

その時、驚いたことに、殉教者の父親が私に会いに突然やって来た。

「先日はせっかく来ていただいたのに失礼しました。ちょうど出掛けるところでしたので。今日は何でも聞いて下さい。私にわかることならすべてお話しします」

大柄な彼は、濡れた髪や肩を拭きながら、笑顔でゆっくりと大きな声で言った。

私たちはまず、イスラムの教えやこの国の歴史などについて話していたが、話題は自然に彼の息子のことへと移っていった。彼には、三人の息子と二人の娘があったのだが、そのうちの二人の息子フェイルーズとメフメットは北イラクでＰＫＫの活動に加わり、銃弾に倒れた。彼らがハッサケを去ったのは一九九九年の三月。それぞれ二十三歳と二十歳の時だった。

can

「お悔やみ申し上げます。お気持ちをお察し……」と言う私に対し、彼から返ってきたのは、「いや、とんでもない！」という沈鬱な空気を吹き飛ばすかのような、これまでと変わらぬ大きな明るい声だった。

「息子たちは、われわれクルド民族のために立派に戦って殉教者となったのです。私たちの最大の誇りです。決して悲しむべきことではありません」

きっぱりと軽快に、こう言い放ったのであった。

戦死した二人のうち、兄の方のフェイルーズは、この家で暮らすアリの親友だった。ゲリラキャンプへ向かう途中、彼は友に会うためにこの家に立ち寄った。

「あの時、彼はそこに腰を下ろし、お茶を一杯だけ飲んだ。そう、今ノリコが座っている、まさにその場所に彼はいたんだ。そして『これから行く』とだけ僕たちに告げると、彼は立ち上がり、その場所から旅立って行ったよ」

アリは、引き出しの中にしまってあった一枚の写真を取り出した。写っていたのは戦いに倒れたＰＫＫ兵士を弔うために描かれた絵だった。

青年の首の下で絡む三色の旗。クルドの象徴である赤、緑、黄色の旗は、呪縛から逃れようと苦しみ、もがき、絡み合う。そしてそれがひとつの束となり、固く結び合うほどに血は流される……。絵の右上には、フェイルーズの流した血液で染められた彼の手形があった。

フェイルーズの父親は、引き裂かれ虐げられた末に闘わざるを得なくなった民族の覚悟と、失われることのない誇りを、一人の父親としてではなく一人のクルド人として、伝えずにはいられなかったのだろう。終始、彼の毅然とした態度は揺らぐことがなかった。

しかし、異なる世界からやって来た私は、この期に及んでもなお、彼を目の前にして身につまされる思いがするのであった。彼らは「聖戦で美しく散る」という事実と、恐怖や悲しみという感情とを、いかようにかけ離して受け止めることができるのだろうか。宗教の力なのか、闘う民族の血なのか……。

ひょっとしたら、民族の未来のために戦った末、殉教者として天国に昇っていった息子を誇りとし、悲しむことではないと信じることが、彼にとっての救いなのかもしれない。それは大切な者を失った自分を持ちこたえさせ、生きていくための一つの手段なのかもしれない。

そして、父は生きて、息子たちの目指したものは正しかったのだと語り継いでゆく。

彼が帰って行った時、時計の針はすでに夜中の一時を回っていた。雨はさらに激しさを増し、風はひゅうひゅうと音を立てていた。

髪の白くなった初老の彼は、外出先から戻るとすぐ、泥にまみれた暗い道を長い時間かけて歩いて、私に話をするために来てくれたのだった。ファトマの義姉も本当に一生懸命に通訳をやってくれた。周りに集まった家族も一緒になり、静かに頷きながら真剣に話を聞いた。子供たちも一生懸命に耳を傾けた。

私は、最後の晩の最後になって再び、彼らの度重なる心からの厚遇と思いの強さに心を打たれ、しばしじっと座り込んだまま心の中が静まるのを待たなければならなかった。また、自分の子供っぽさや、弱さが恥ずかしくもなった。

そして私は、彼らの尽力を無駄にしないためには、彼らが投げかけてきたものを、私の記憶の中に留めているだけではいけないと強く思い始めていた。もっと多くの人にも彼らのことを知ってもらいたい、と。

私はノートを閉じ、ようやく立ち上がって深呼吸をした。

それから間もなくして、午前二時に夕飯の時が来た。昨日と同じ時間である。断食月のため、食事の時間が普段とはだいぶずれている。私はたっぷりと食べ、胃を膨らませたまま、家族と蒲団を並べて眠りについた。

朝起きると、いつものようにアルマンジは大鍋でお湯を沸かしてくれていた。十五歳の彼女は、この騒々しいファミリーの一員とは思えないほど穏やかな娘で、いつだってにこにこしながらお茶を注いでくれたり、咳き込む私にティッシュペーパーをそっと差し出してくれるのだった。アルマンジは、お湯と水を混ぜ、温度を確かめてから大きな水差しに入れ替えて、少しずつ私の手に注いでくれる。そうやって毎朝毎晩の私の洗顔は人の手を煩わせて行われてきた。水でも構わないから、顔くらい一人で洗わせてほしいと、はじめは思ったものだった。だが、出発の朝、いつもと変わらぬアルマンジの優しい助けはたまらなく胸にこたえた。

それから間もなく、アルマンジは私の知らぬうちにそっと学校へ行ってしまった。

日本に帰る時がやって来た。ハッサケからは、まずダマスカスへ向かう。バスでおよそ八時間の道のりである。ダマスカスからは飛行機だ。急に日本のことが近く感じられた。

私が発つ時、病弱で不登校の十三才になる息子ハサンは、蒲団に顔をうずめたまま泣いていた。昨晩、私がレモン味のする塩を珍しがっていたら、彼はどしゃ降りの中を買いに走り、お土産だと言って私に手渡してくれたのだった。あの時はあんなに元気な笑顔を見せたのに……。

「また会おうね。必ず戻ってくるから」と言って、私は外に出た。

「この家の扉はいつもあなたに開かれているということを絶対に忘れないでね。また必ず帰ってきてちょうだい。私たちはノリコの幸せを思って毎日お祈りしているからね」

私は家族に見送られ、振り返りながらバスターミナルへと向かった。しばらく進んで、また後ろを振り返ると、あんなに太った女たちの姿が点のように小さく見えた。それだけ遠く離れてしまっても、まだ彼らはいっそう大きく手を振っている……。

ダマスカス行きのバスに乗り込み、一人になった。あの家に着いた時からずっと、早く一人になりたいと思ってきたのに、この時ばかりは不思議と、一人は何だか寂しいと感じたのだった。


そして、そのほんの二カ月後、私は本当にまたここにやって来てしまった。前回と同様、不機嫌になりながら、重たい荷物を引きずりつつ。

ハッサケのバスターミナルで電話をかけてから彼らの家に向かったところ、私を見送ってくれた時と同じように、彼らは一家総出で通りに立って私を待っていてくれた。アルマンジは涙を流しながらの歓迎だ。また今晩も大騒ぎになる……。まあ、それもよいだろう。

彼らを撮った写真を渡すと、扁桃腺を腫らしたハサンは、茶の間の飾り戸棚の目立つところにそれを飾った。そして家族は、頻繁に訪れる親戚や知り合いに必ず写真を見せては私の話をするのだった。ただし、クルド語なので私にはわからない。いったい何を言われていることやら……。

私は、これからもきっと、この家を訪ね続けることだろう。そのたびに写真を手土産に、また至れり尽くせりしてもらおうと思っている。

水に沈む遺跡と生き残った村
――バトマン周辺――

旅の途中、タクシーやバスの運転手たちにはずいぶんよくしてもらってきた。彼らは、車の窓から身を乗り出しては、地元住民や運転手仲間からさまざまな情報を集めてくれるし、安いホテルを探していると言えば宿泊料の交渉までも引き受けてくれるのだ。

バトマンに着いた時もそうだった。ディヤルバクルで私を乗せたミニバスの運転手は、「安心しろ。安くていいホテルに連れて行ってやるからな」と何軒ものホテルに入っていき、自ら進んで値段や設備をチェックした。「よかったら、うちで食事をしてからホテルに行ったらどうだ」と、食事にも招いてくれた。そしてそう言ったかと思うと車はすでに自宅の前で、彼は私の返事を待たずしてサイドブレーキを引き、素早い動きで車を降りると、もう門に取りつけられたインターホンに向かって叫んでいた。

「お客だ。何か食べさせてやってくれ！」

私には遠慮している暇などなかった。

この家には運転手夫婦と彼の両親のほかに、兄夫婦と幼い子供、そして運転手の弟二人に妹一人の大家族が一緒に暮らしていた。父親と弟はパン工場を経営しているらしく、家は立派で大きい。彼らの父親はアラブ人で、母親はクルド人だ。そしてその二人の間に生まれた運転手が最近迎えた美しい嫁は、トルコ人である。彼が以前、大型バスの運転手をしていた頃、仕事でアンカラに行った時に彼女と知り合い、丸五年かけてやっとのことで彼女の心を射止めたのだそうだ。こんな家族を見ると、トルコがいろいろな民族で構成されるモザイク国家であることを思い知らされる。トルコ人もクルド人もアラブ人もそのほかの民族も隣人としてつき合い、民族を越えた結婚は当たり前のように行われてきた。対立も多いが、仲が悪いばかりでもない。

少し垂れた目でなんとも甘い表情を見せる妹ギュネシュが、私のためにと言って「日本の音楽」のCDをかけた。聴けば「六段」の調べ、「かごめかごめ」などの童謡と、確かに「日本の音楽」ではある。琴や三味線、尺八の音色が大音響で鳴り響く中、家族の面々はやけに神妙になった。どう見ても、この家族に琴や尺八の音色は似合わない。私はおかしさが込み上げてきた。

ギュネシュを除く大家族の面々は、次第に日本の曲がもつ閑寂の趣に戸惑い始め、彫の深い大きな目は「この退屈な音楽ときたら、どうしたものか……」と訴えるようになった。特に、頭の禿げ上がったランニングシャツ姿の父親ときたら、落ち着きなく目をきょろきょろさせ、どうも様子が変である。ただ、日本人の私が目の前に座っている手前、口に出して異論を唱えるわけにもいかないみたいだ。その私にしても、どうせならこの土地の空気にそぐわない「日本の音楽」よりも、この地ならではの音楽を聴きたいと思った。しかしギュネシュは、そんな様子を意にも介さず、笑顔を浮かべて「日本の音楽って素晴らしい！　もう一枚聴く?」とみんなに向かって言うのであった。

一家のご馳走になった後で送ってもらった先は、街の中心にある値段の割に部屋の広い快適なホテルだった。

翌朝、光を遮る分厚いカーテンを開けた時、初めて私はホテルの前に鉄道が走っていることを知った。正面にはくすんだ黄色の木造倉庫が、そして少し先には古びた駅舎が見える。眼下に横たわるレールの上には、重々しい真っ黒な貨物列車が停車していた。車輪が動きだす時の鉄のぶつかり合う音を聞いたような気がして、思わず窓を開けたら、街の空気は暖房用の石炭の臭いに混じって微かな鉄の臭いがした。

トルコでは第二次世界大戦後、積極的な建設事業によって道路網が張りめぐらされ、トラック、バス輸送が主な交通手段として広く利用されてきた。その一方で鉄道は、広い国土と起伏に富んだ地形や経済面での制約が障害となり、目覚ましい発展を遂げることはなかった。国有鉄道（TCDD）によって運営されるトルコの鉄道といえば、バスより遅い、時間が不正確、本数が少ないなど、評判は芳しいとは言い難い。しかし、時代を感じさせるトルコの駅や列車は、旅情をかきたてる魅力をもっている。列車に揺られ、広大な大地を吹く風を受けながら、移りゆく風景を眺める旅というのも、なんとも言えず味わい深いものだ。

クルド人の町バトマンは、ディヤルバクルの東、およそ百キロの位置にある。観光客の訪れる土地ではないから、物珍しそうな目で見られることはあるけれど、居心地はそれほど悪くない。しかし、油断は禁物だ。以前、私は別の町の警官に「行ってはならない場所だ」と言われ、持っていた地図の上にいくつかの×印をつけられたことがある。バトマンはそのうちの一つだったのだ。

そのこともあって、南東に向かって約四十キロの地点にある遺跡の町ハサンケイフを訪れる目的でバトマンに来たのだということを、さりげなくアピールした。カメラとたくさんのフィルムを持って歩く私にとっては格好の口実になると思ったからだ。

ホテルの従業員に教えられるままに、アタチュルク像のある広場を抜け、五分ほど行ったところにある陸橋を渡ると、ローカル線専用のバス乗り場はあった。バスは、エンジン音を轟かせ、排気ガスのきつい臭いをまき散らしている。車は塗装の剝げかけた古いものばかりで、シートの所々には穴があった。そんなバスに乗り込もうと集まってくる人の中に、旅行者などいやしない。ほとんどが、近郊の村々に帰る労働者や農民たちばかりである。ハサンケイフに向かうバスは、一時間に一本程度。私はバスを待つ間、駅の周辺をぶらついて写真を撮ることにした。

駅の中は閑散としたものだった。列車の到着は何時間も先のことだから、それもそうだろう。時折、近所に暮らす人々がやって来ては、日本のようには高くないプラットホームからポンと飛び降り、当たり前のように線路を横切ってゆく。レールの上を伝い歩きする子供が、牛や羊を引き連れ、こちらに向かってやって来る。線路沿いの塀に干した絨毯を棒で叩いてほこりを払う主婦や、線路の上でボール投げをする子供たち。線路脇に建てられた、トタン屋根を乗せただけのチャイハネ（茶屋）では、小さな椅子に腰掛けた男たちがお茶を飲みながらボードゲームに興じていた。空席がないほど、人でいっぱいだ。誰かが持ち込んだ大きな籠からきれいな鳥が顔を出すと、髭面の大の大人が「写真を撮ってやってくれ」と無邪気に叫んだ。線路はまるで彼らの庭も同然である。一昔前の、それも車社会が到来する前の時代、そんな空気が漂う佇まいに、私はみるみるうちに数本のフィルムを使い切っていた。

徐々に、線路の上で遊んでいた子供たちが私の周りに集まり始めた。目立ってしまいそうだと気にしながらも、撮影をせがまれてなかなかカメラをしまえずにいると、とうとう巡回中の警官が私

の前に現われた。

「日本のジャーナリストか。ここでの写真撮影は禁止だ」

仕方がない。そうとは知らずに撮ってしまったことを素直に謝り、自分は旅行者であると話すと、幸いもうそれ以上の追及はなかった。撮ったフィルムを没収されることもなかった。立ち去る二人の警官の後ろ姿を見届け、ほっと一安心したところで、私は子供たちに別れを告げてバス乗り場へ戻ることにした。

定刻より少し遅れて出発したバスは、中心街から外れると、一般庶民の暮らす地域へと入って行った。機械油の臭いが立ち込める自動車修理工場の並びや、水溜まりを避けて寄り集まった屋台、壁が崩れ落ちた廃屋の前を通り、バスはぽつりぽつりと乗客を乗せては降ろし、また走る。

国道D九五五に出ると道幅は急に広くなり、古いバスもここぞとばかりにスピードを上げて気持ちよさそうに突っ走る。その整備の行き届いた道路の西側に並んで見えるのは、石油の貯蔵タンクだ。トルコ南東部には石油の鉱脈があり、この一帯には油井が点在する。通ってきた町並みはひなびていたけれど、バトマンはトルコで最も重要とされる産油地なのである。

バトマンの町が終わったことを示す看板を過ぎると、道幅は狭くなり、景色はなだらかな丘陵地帯へと変わった。開墾された緑の小麦畑と、人の手の入っていない乾燥した土漠《どばく》が代わる代わる現われる。佗しい村の入口でバスを降りて行く男性の少し丸まった背中は、か細く、どこか疲れているようだ。

窓から見えていた丸石のごろごろと転がる小川は、いつしか本流へと流れ着き、次第に幅広く雄大な姿へと変貌する。メソポタミアの大地を潤し、古代文明の一つを育んだチグリス川である。右手に輝くチグリス川、左手に白っぽい色の岩壁が見えてくれば、遺跡の町ハサンケイフはもう目と鼻の先だ。片側の視界を遮る岩壁には、たくさんの横穴が見える。自然にできたものではないことはひと目でわかり、所々には板を張り合わせて作った扉がついている。これらは、ハサンケイフの人々が岩山の柔らかく削りやすい性質を利用して作った住居の跡なのだ。現存する穴の数はおよそ五千、数家族が現在もそこで生活を続けているという。私は、チグリス川に架かる橋を渡りきった所でバスを降り、遺跡のある小高い丘へと向かって歩き始めた。

およそ五千五百人のクルド人が暮らす、川沿いの美しい町ハサンケイフは、中世の時代から今日に至るまで破壊されることなく生き残ることのできた、南東アナトリアで唯一の町である。古くはペルシャ帝国に対抗する古代ローマ帝国の前哨地帯の一部となり、十二世紀から十三世紀にかけてはメソポタミアにおける交易の場として栄えた。多種多様な人々と文化が流れ込んできたこの町の、チグリス川の南にある高い丘の上には、城、キリスト教会、モスクが、また丘の周辺にも、イマーム・アブドゥッラー（身体を回転させる踊りや祈祷で法悦状態に入るダルウィーシュと呼ばれるイスラムの托鉢僧）の小屋や十一世紀に造られたとみられる橋などが形を留め、さまざまな文化に彩られた長い歴史を今に伝えている。

考古学上極めて重要な史跡の宝庫であることが認められたハサンケイフの町は、一九七八年にはトルコの保存指定地域の一つに選ばれていた。ところが状況は一転し、チグリス川流域のシリア・イラク国境から六十五キロ上った地点にダムが築かれることになり、世界でも最大級のこのオープン・ミュージアムは、この一帯の町や村とともに水没する運命にあるという。

「ハサンケイフを失うことは人類にとっての大きな損失だ。この地面の下には、私たちの知らない歴史の真実が、まだまだ秘められているのだから」

「政府にとっては、千年もの歴史を伝える私たちの文化的遺産など、発電用のダムを造ることに比べたら、どうでもいいものなんだよ」

　地元住民や近隣のクルド人たちからは、そんな声が聞こえてくる。ハサンケイフを救おうと呼びかけているボランティア組織のあるメンバーは、「開発やダム建設そのものに反対しているのではありません。私たちは貴重なハサンケイフを失いたくないだけです」と述べ、ダムの高さを計画よりも低くすることで、ハサンケイフを救うことが可能になると提言する。また、遺跡を別の場所へ移転させてはどうかという案も出ているが、アンカラ大学のオルス・アリク教授によれば、ハサンケイフにあるほとんどのものは移動が不可能で、別の場所へと避難できるのは、せいぜい全体の十五パーセントにすぎないという。ハサンケイフの存続にかけ、弁護士、ジャーナリスト、芸術家など、多くの人たちが力を合わせている。しかし、決定した巨大プロジェクトに対する彼らの働きかけに、果たして政府はどういう反応を示すのだろう。


　ハサンケイフを水没させることになるウルス・ダムの建設は、ＧＡＰ（南東アナトリア開発プロジェクト）の一環として取り入れられたものだ。ＧＡＰとは、農業や教育を含めたインフラの整備、観光開発のほか、衛生状態の改善などを目的とする多角的総合開発事業で、中でもチグリス、ユーフラテス両川を流れる水資源の確保と灌漑設備の充実には重点が置かれている。主要な事業として、南東アナトリアに百七十万へクタールの土地を潤す水路、二十二基のダム、十九の水力発電所の建設が決定しており、現在も進行中だ。

「灌漑設備を整えれば、南東部の農作物の生産性が向上するだけでなく、住民は建築や運営に携わる新たな就労機会を得ることもできる。その結果、この地域の人々の収入は増え、生活水準が引き上げられることで、地域間の格差や分裂の解消にもつながる」と政府はＰＲする。実際、二〇〇二年の時点では、南東部地域の綿花や穀物の収穫量は好調な伸びを見せており、成果は確かに上がっているといわれている。

しかし、政府の掲げた夢の巨大プロジェクトは、本当にこの地の人々、つまりクルド人たちに恵みをもたらしてくれるものなのかという疑問の声は多い。それどころか、ＧＡＰの中でも最大規模とされるウルス・ダムの建設に関しては、政府の宣伝とはまったく逆に、深刻な社会・政治問題を引き起こすとの指摘さえ受けているのである。

その中でとりわけ問題視されているのは環境に及ぼす影響である。ダムが建設されるチグリス川には、ディヤルバクル、バトマン、シールトなどの街の廃棄物や汚水が、何の処理もされないまま投げ込まれているのが現状だ。そこにダムが設置されれば、川のもつ天然の浄化能力は損なわれ、汚染が著しく進むことになる。政府は「ディヤルバクルに汚水処理プラントを設置することで対処する」とコメントしているが、どれだけの効果が期待できるのか、またバトマン、シールトに関してはどうなのかといったことは、明らかにされていない。

また、巨大な貯水池が造られることによって、害虫が横行しマラリアなどの病気が蔓延する可能性も指摘されている。研究機関による健康や教育に関するプログラムが組まれているが、これまでのダム建設の経験では、そのような方法で人々が病気から守られることはなかった。

ウルス・ダムが建設されると、ハサンケイフを含む十五の町と五十二の村が水没する。ほとんどの住民が住み慣れた土地に留まることを望んでいるというが、その思いも虚しく、彼らは家を失い移住を強いられることになるのだ。その数は、きちんとした調査が行われていないために正確にはわかっていないが、一万五千人から四万五千人とみられている。すでに実行に移されたアタチュルク・ダムやカラカヤ・ダムの建設に際しても、十万人もの人々が自らの意思とは反する移住を強いられてきた。このような場合、通常は失った土地や住居は補償されることになってはいる。だが、南東アナトリアでは、大部分の土地が一部の大地主の手に握られているため、土地を所有しない多くの家族たちは補償を受ける対象から外され、何一つ受け取ることもできずに、ただ泣き寝入りするしかなかった。プロジェクトの土木建設作業に参加するのも、よその地域で雇われた者ばかりで、現地の住民に仕事が与えられることはなかった。そして彼らは不満を抱きながらも口をつぐんだまま、ディヤルバクルやイスタンブールといった大都市のスラム街へと移るしかなかったのだ。クルド人である彼らが、政府の行うGAPに対して不満を述べたり抗議の声を上げるようなことをすれば、反政府組織のシンパであると見なされ、逮捕されることを恐れたからである。

「人々の幸福に寄与するプロジェクト」という政府の宣伝と、現実にクルド人が直面する諸問題との落差はあまりにも大きい。前例に見る問題点を検証し、教訓として次の計画に取り入れようという姿勢は、トルコ政府当局にはまったく見られない。そしてウルス・ダムの建設によって、また新たな「難民」が生み出されようとしているのである。

チグリス川、ユーフラテス川の下流に位置するシリアやイラクも、川の水をトルコにコントロールされることになるダムの設置に、ただならぬ不満を抱えている。「水をめぐる戦争」の引き金となり、政情不安定を引き起こす可能性も懸念されているほどだ。

GAPのダム建設は、トルコ政府の発表するような「人間中心」の「より公平な発展に貢献するもの」だと果たして言えようか。「水」という切り札を用いることで、シリアとイラクに対する政治的影響力を強め、一方で南東部人口の多くを占めるクルド人を分散させるという、トルコ政府の二つの思惑に動機づけられた、圧倒的に政治がらみのプロジェクトだと考えられはしないだろうか。

長い時の流れを見続けてきた遺跡をかいくぐり、狭くて急な石段や坂道をよじ登って、ようやく丘のてっぺんにたどり着いた。まるで天空の城に立ったかのように、蛇行する川も岩山も、歴史ある町並みも、すべてが一望できた。一つ向こうの丘の麓には、女たちが横一列に腕を組んで踊る姿が見えた。クルドの踊りだ。傷みの激しいモスクの壁ぎわに腰を下ろし、彼女たちの自然と調和した踊りを見ているうちに、私は乾いた熱気で包まれたハサンケイフの三年前の夏を思い出していた。

夏になると、チグリス川の浅瀬にテントが張られ、チャイハネ（茶屋）がオープンする。靴を脱いで、川の水に足を入れたまま席に着き、遺跡見物でカラカラになった喉と身体を、お茶やコーラで癒すことができるのである。面白いことに、一息ついた頃、体長五センチほどの魚が絶好の餌を見つけたとばかりに寄ってきて足を突っつく。少々くすぐったいが、どんなにやられても決して痛いことはない。ふと顔を上げて見れば、向こう岸は水を飲みに来た羊の群れでいっぱいだった。私は群がる魚を引き連れて川の浅瀬を歩き回り、子供の気持ちに帰って楽しんだ。あの夏、そうして心に刻んだ光景は、今も懐かしくよみがえる。

あれから三年経ち、幸いなことにまだ陸の上にあるハサンケイフを、私は再び訪れることができた。しかしこの先、魚たちに足を預け、ハサンケイフの景観を仰ぎ見ることなど、もうできなくなってしまうのだろうか。長い歴史を物語る遺跡や、女たちが足を鳴らして踊る花咲く大地も、いずれ水の底に沈んでしまうのだろうか。ダムが出来ると、あの美しい塔やアーチ状の橋も、白く柔ら

かい岩肌にくり抜かれた住居も、男たちが静かに仕事に精を出す工房も、そして近隣の小さな村も、何もかもが水に呑み込まれてしまう。時空を超えて存在してきた文化や伝統の価値、代々受け継いできた土地で暮らす人々の生活のすべてが破壊されてしまう……。

バトマンの町に戻ると、犠牲祭を迎える準備で賑わっていた。私の気分を変えてくれたのは、憎たらしいほど元気な花売りの子供たちだった。彼らと話をしているうちに、マラバディ橋という美しい橋があると聞き、行ってみることにした。

チグリス川の支流をさかのぼり、北におよそ三〇分ほど行ったところで、運転手に「ここだ」と告げられてミニバスを降りた。道路を挟んで左側に橋が、そして右側には小さなダムが築かれている。そのすぐ先では、三人の若い兵士たちによって検問が行われていた。

「マラバディ橋って、これのことですか」

私は兵士に訊ねた。

「そうだ。渡ることもできるよ」

橋はいかにも真新しそうな、コンクリート製のものだった。大きく半円を描いたような橋の頂上は高く、見晴らしはよいのだが、石造りの古い橋だと思っていた私はがっかりした。

後からインターネットで調べてみたところ、「バトマン川に架かるマラバディ橋は一一四七年に造られ、二つの監視塔に守られながら今もなお水の反射を受け続けている」とある。本物のマラバディ橋は、コンクリートの橋とは別に存在していたのだろうか？

橋からの眺望を満喫した後、検問所の兵士に許可を得て、コンクリートの橋の麓にある村にも足を伸ばしてみることにした。ここでも子供たちは、すぐに集まって来た。彼らは間違いなくクルド人なのだが、誰もがクルド語ではなくトルコ語で話し掛けてきた。そして、そうこうしているうちに、しっかり者といった雰囲気の女の子が先頭に立って、みんなで私を村の学校やモスクへと案内してくれた。通る道、通る道、小さな村ではどの道も、家の中の廊下のように狭かった。そこを、人も羊もアヒルもニワトリもみんなが通る。水たまりを避けながら、ぬかるみに足を取られないように気をつけて歩いて行く。「静かだね」と言うと、子供たちはこっくりと頷いて、にこにこ笑った。

バトマンに戻るバスをつかまえなければならないため、ここに長居はできない。急ぎ足で検問所に戻ると、兵士がダムの見張りを任されている男性と肩を組んで私にこう言ってきた。

「こいつはクルド人で、トルコ人とは別の言葉をしゃべるんだ」

トルコ人の口からしばしば発せられるこの言葉や態度は、たいていの場合、クルド人を見下したものと見受けられる。ただこの時に限っては、必ずしもそんな様子ではないように思われた。兵士とクルド人男性や子供たち、ここでの彼らの関係は決して悪くはなかった。政府機関の人間をも含め、トルコ人とクルド人の生活者の一人一人が互いを尊重し合い、良好な人間関係を築くことはとても大切なことだと私は思う。しかし、「ここはコルジュの村なのだ」という確信が、私の心境を複雑なものにしていた。

南東部にある山間の小さな村に検問所が置かれるにあたって、軍は土地の人々に協力を要請したはずである。「コルジュとなってＰＫＫと戦え」と。そしてまた、クルド人であってもＰＫＫの戦術に異議を唱え、ＰＫＫを憎んでいる人もいる。彼らは、コルジュは国や自分たちの生活を守る大切な役割を担っていると断言する。

ここの村人たちが、そのような考えを持っているならば、コルジュの仕事を当然のことと受け止めただろう。だが、村の中に反政府的言動を唱えたりＰＫＫに賛同したりする者がいる場合、または政府からの「コルジュになれ」という求めに応じない場合には、村人は銃を向けられ、家に火をつけられ、村ごと破壊されてしまうのは必至である。いずれにせよ、この村がこうして存在していられるのは、村人たちがコルジュとしてＰＫＫを撃つことを受け入れたからに違いないのだ。

しかし、一九二三年のトルコ共和国建国以来、虐げられ、迫害を受けてきたクルド人たちにとっては、トルコからの独立を目指すＰＫＫ党首オジャランの登場は、暗闇に射し込む光のようなものだった。人々は彼の言葉に目覚め、民族の誇りや伝統にも目を向けるようになっていった。ＰＫＫの闘争に希望を見出すようになるにつれ、自ら闘いに加わることを望むようになり、キャンプへと向かう人々が後を絶たない時期もあった。

その一方、警戒を強めたトルコ政府の攻撃や虐殺、ＰＫＫになりすました治安部隊によるおとり捜査や攻撃、そのほかあらゆる蛮行は際限なくエスカレートしていった。トルコ南東部は拷問がはびこり、子供たちまでもが日常的な暴力にさらされる、そんな場所になってしまった。今もこの近辺の山中には、ＰＫＫゲリラが潜んでいるという。一般市民の中にも、その支持者は決して少なくない。

コルジュたちは、周りのクルド人からは裏切り者と蔑まれ、ＰＫＫの攻撃の対象となる。「クルディスタン独立」の大義を掲げてきたＰＫＫは、「ベビー・キラー」とさえ呼ばれるほど、コルジュと赤ん坊を含むその家族に対して冷酷で残虐な報復を行うことで恐れられている。それでいながら、身の安全を政府軍に守ってもらえる保障は何もない。それでもこの村の人たちは、政府の側につき、ＰＫＫを撃つことを選んだ。

私の周りに集まってきた子供の父親や兄たちは、どんな気持ちで政府から渡された武器を手にしたのだろう。彼らがコルジュとして軍と共存していく途を選んだのは、国に協力してＰＫＫと戦うことが正しいと信じたからなのだろうか。それとも、国家に追いつめられたあげく、生きるためにはそうするしかないという苦しまぎれの結論だったのだろうか。あるいは、奇麗事や誇りだけでは、食べることも生きていくこともできやしない、ＰＫＫを殺して給料を貰う方がよっぽどましだと考えたからなのだろうか。いったい、彼らにとって正しい選択とは、何なのだろうか……。

食堂で一人食事をしていると、明るく声を掛けてきた人がいた。

「バトマンへようこそ。あなたは、この土地がトルコではなく、クルディスタンだということをご存じですか。そして私たちの指導者は、オジャランだということを。彼はイムラル島の刑務所に収容されていますが、彼の力は今も絶大です。彼の意思を継ぎ、勇気ある者たちの手で、いつかこの土地に本物のクルディスタンという国が創られることを私たちは願っています」

その男性はそれだけ話すと、私の食事代を店員に渡して去って行ってしまった。クルド問題について何でも貪欲に聞き出そうとしていたこれまでの私ならば、彼を追い掛けて話をせがんだだろうと思う。しかしこの時の私は、どうしてもそうする気にはなれなかった。

民族自決の夢やイデオロギーに裏づけられた「正義」の闘いも、とてつもない痛みや悲劇をクルド人たちにもたらしてしまっている。正義とは何か、正しい選択とは何か、という答えの見つからない問いばかりが頭の中に浮かんでは離れなかった。

チェックアウトをしにレセプションに行くと、ホテルの常連客と思しき中年女性が私のもとへとやって来た。

「あんた、ウルファへ行くのなら、このホテルに泊まるといいよ」

しわがれた声でそう言うと、ホテルの連絡先を書いたメモを寄こした。

「ウルファには悪いのがいっぱいいるからね、誰も信用しちゃいけないよ。タクシーに乗る時には、警官に手伝ってもらいいな。そうすれば、ぼられずにすむから」

見た目には柄が悪そうだが、実は世話焼きで気のいい人なのかもしれない。

「あたしには日本人の恋人がいるのよ。彼は船乗りで、メルシンに船が着くと必ず私の家に来て泊まってくんだよ」

それなのに、彼女は彼の名前を覚えていなかった。くわえ煙草に厚化粧と派手な服装、鳴り続ける携帯電話。バトマンで仕事ですかと訊ねると、彼女は大声で笑った。夫とは離婚し、息子を一人自宅に残して旅をしているのだという。

彼女は実はこのホテルを仕事場にする売春婦だった。これも一人の人間にとっての、生きるためにはやむを得ない一つの選択なのだろうか……。


私がこの町を去った後、バトマン近郊の山岳地帯で政府軍とPKKの戦闘があり、数人のゲリラが狙撃されたとのニュースが流れた。テレビは参考映像として、山に向けて発砲する兵士たちの姿や、上空からパトロールするヘリコプターを映し出していた。

その映像を眺めながら、私はどういうわけか、ハサンケイフを流れるチグリス川で出会った魚たちと、コンクリートの橋のある村で一緒に歩いた子供たちのことばかりを、しきりに思い出していた。

アレヴィー教徒のまち
――トゥンジェリ、ピュトゥルゲ――

古い時代、クルド人たちはゾロアスター教（拝火教）を信仰していたものとみられている。火の上を飛び越えたり、焚き火の周りを踊ったりする祭りの伝統は、どうやらその名残らしい。それが七世紀になると、イスラム勢力がクルディスタンにも押し寄せてくる。クルド人たちは抵抗し戦ったが、敗北の後、イスラム教に改宗させられたという。

イスラム教は、二大宗派と七十八の分派を発生させてきたが、現在、ほとんどのクルド人が属しているのが正統派といわれるスンニー派だ。また、イスラム・シーア派から分派した「十二イマーム派」の教義を国教としているイランでは、一部の地域でシーア派のクルド人も見受けられる。

その一方で、クルディスタンの中でも、数多くのキリスト教会があるトルコ―シリア間の国境付近は、古くからキリスト教が信仰されてきた地域として知られている。オスマン帝国末期に行われたキリスト教徒大虐殺では、かなりの犠牲者が発生したが、生き残った者たちはシリア領内のカミシリやハッサケなどの町へと逃れて教会を建てた。現在もその一帯では、キリスト教を信仰するクルド人が多く見受けられる。

ほかにも、クルド人が信仰しているものに、アレヴィー教、ユダヤ教、イェジディー教（ゾロアスター教やイスラム教の要素を含み、悪魔をも信仰の対象にすると誤解されることがある）など、さまざまな宗教が挙げられる。

「アレヴィー」というと、その解釈は多様で意見が分かれるところだが、シーア派から派生したイスラム教の一派と見なされるのが一般的なようだ。しかし、イスラム教では死者の魂は「最後の審判」を待つことになっているのに対し、アレヴィーの教義では、魂は輪廻転生するとされている。また、モスクには行かない、コーランを読まない、礼拝をしない（スンニー派は一日五回、シーア派は一日三回）、メッカ巡礼はしない、断食はラマザン月ではなくムハルレム月（イスラム暦第一月）に十二日間のみ行う、飲酒は自由、うさぎの肉は禁忌、女性はスカーフを被らない、といったことから、アレヴィーはイスラム教とは違った別の宗教であるとの見方もある。また、踊りながらの礼拝や教義の特殊性から、長い間、アレヴィー教徒は正統派イスラム教徒による偏見と迫害の対象になってきた。

トルコのアレヴィー教徒は、ザザ語を母言語とする人々が暮らす地域、特にトゥンジェリ、エラズー辺りを中心とする山岳地帯に多い。ただし、例えばシリアのアサド大統領はアラブ語を話すがアレヴィー教徒だったり、ザザ語を話すトルコ南部の人々がイスラム教徒だったりと、必ずしもアレヴィー教徒とザザ語を話す人々が一致しているわけではない。それどころか、この地域にはほかにもさまざまな宗教が存在し、宗教や言語事情はとても複雑なのである。

クルド人の母言語であるクルド語は、インド・ヨーロッパ語族のペルシャ（イラン）語系とされているが、地域によって方言に大きな違いがみられるため、一般的に大きく三つに分類される。トルコ東部のクルマンチュ語、イラン北西部や北イラクのソーラーン語、そしてトゥンジェリ県やビンギョル県といったトルコ東部でも中央寄りの地で用いられるザザ語である。クルマンチュ語とソーラーン語には共通点が見受けられないことはない。だが、ザザ語だけは大きく異なり、ほかの二つの言葉との間で意思の疎通を図ることはとうてい無理だ。また、それぞれの方言グループの中でも、山を一つ越えただけで言語に違いがみられることもあるという。

異民族に対し、強硬な同化政策を推し進めてきたトルコ政府は、その目的のために「弾圧」という手段を取ってきた。トルコ共和国初期の一九三六年から三九年にかけて、最初にして最大といわれる大虐殺が行われたのは、ザザ語を話し、アレヴィー教を信仰するクルド人の町デルスィム、現在のトゥンジェリであった。山に囲まれていたがゆえに、自治を維持してきたデルスィムの住民たちは、弾薬が尽きるまで戦い続けたが、最後はその大多数が老若男女を問わず虐殺されてしまったという。

この「デルスィム事変」から長い歳月を経た現在もなお、その土地にはザザ語を話し、アレヴィー教を信仰するクルド人たちが暮らしている。彼らには、クルマンチュ語を使うスンニー派のクルド人たちとは違った何かがあるのだろうか。そしてその地に行けば、どんな出会いや発見があるだろうか。ともかく私はトゥンジェリへと向かうことにした。

雪のちらつくハッカリからワンへ、ワンからエルズルムへ、そこで再びバスを乗り換えてエラズーへと進む。エラズーはクルド人の町の一つだが、これまでに何人かのクルド人の口から「エラズーの人間は獣のようで嫌いだ」と聞いたことがある。嫌うあまり、「エラズーは避けて通ることにしている」という人もいた。その理由というのは、どうやらこういうことのようだ。

「カルス、エラズー、エルジンジャン辺りの人間は、民主主義を嫌う権威的なトルコ国粋主義の一味だからさ。クルド人のくせにクルド人であることを捨て、トルコ民族の優越を声高に叫び、ほかを排斥しようとする『ファシスト』なんだ。そうして、トルコ国粋主義者たちに迎合することで金を受け取り、甘い汁を吸っている。私たちの望む市民的、政治的自由を極度に抑圧しようとする奴らは、同じクルド人であってもコルジュ同様、われわれの敵なんだよ」

「ファシスト」たちは、一目でそれとわかる特徴のある口髭を生やし、握手をするにも手首を掴む変わったやり方で、自分がそうであることを相手にわからせるのだという。


そのエラズーで一晩寝るためだけの宿をとり、翌朝早くトゥンジェリ直通のバスに乗り込んだ。道中は上り坂の連続であったが、山は丸みを帯びており、ハッカリ周辺の山に比べればなだらかに思えた。夏になれば、辺りは緑一色に染まり、きっと美しいに違いない。

トゥンジェリの町の中心部に到着したのは昼すぎだった。ちょうどこの時は、観光地は別としてトルコのたいていの飲食店が日中の営業を控えるラマザン（断食月）だったのだが、トゥンジェリでは閉まっている店などどこにもなく、店の中では客が堂々と食事を楽しんでいた。確かにここはアレヴィー教徒の町だということが身近に感じられた。

デルスィム事変が起きたのはもうずいぶん昔のことで、町をぐるりと見渡す限りでは、過去に起こった悲惨な出来事を彷彿させるものは何も見当たらない。トルコによくある、山に囲まれた普通の小さな町だ。むしろ、商店街を歩く若い人々は都会的な明るい雰囲気さえ漂わせている。

町の中心から少し外れると、のどかな田舎の風景が広がっていた。山の斜面に建ち並ぶ家々には、

木製の柵、ぶどうやいちじくなどの果樹、庭を歩き回るニワトリ、張られたロープに掛けられた色とりどりの洗濯物などと、生活感があふれている。道すがら出くわす女性たちは、頭にスカーフを被らず、家事や農作業をする普段着として、もんぺのようなだぶだぶのズボンをはいていた。これまで私の出会ってきたクルド人女性には見られなかったスタイルだ。そしてまた、聞こえてくる言葉の響きは、クルマンチュ語とは明らかに違うものだった。だが、声を掛けてくれたりお茶に招いてくれたりするところは、ほかの地方のクルド人やトルコ人とまったく変わらない。アレヴィー教徒は排他的で秘密主義者などと噂されるが、町歩きをしている限りでは、そんなふうに感じることはなかった。

ある日、「トゥンジェリの町を案内させてくれ」と言ってきた大学生のグループに半ば強引に連れられて、私は公園に行くことになった。ところが歩きだして間もなく、彼らとまだ何の話もしないうちに、私たちは警官の尋問に遭ってしまった。カメラバッグを持参していた私は、写真を撮りたいのなら許可を取ること、それがテロリストを警戒する地域での決まりなのだと真っ先に撮影禁止を命じられた。警察は、この近辺の山岳地帯ではＰＫＫが活動していると言うのだ。

警官が去った後の学生たちの意見は、「撮影許可など下りるはずがない」ということで一致した。そして、あれほど積極的だった学生たちは、間もなく去って行ってしまった。「問題が起こると困るので……」とだけ言い残して。

今後、もし無許可のまま撮影しているのがばれたら、同行していた学生たちも立場がまずくなる。写真はもう撮るわけにはいかない。

トゥンジェリのことをもっと知りたいと思ったが、学生たちが去って行った後、私に協力してくれそうな人は現われなかった。ちょっとした質問にも人々の口は重く、そう簡単に心を開いてくれそうにはなかった。私は結局、煮えきらない思いを抱きながら、寒空のトゥンジェリを後にした。

私が訪ねた、アレヴィー教を信仰するもう一つのクルド人の町ピュトゥルゲは、あんずの産地として知られる美しく平和な土地だった。あんずの収穫期は、この町が一年のうちで最も華やぐ時だ。夏になれば、都会に出ていた人たちもみんな帰ってくる。そして人々は一斉に畑に出て、あんずの実を採り、蜂蜜を集め、採れた野菜で一年分の漬物をこしらえる。夏場の仕事はきりがない。人々は忙しくも輝きに満ちたその季節を、心から愛し、楽しむのである。

だが、私がこの町を訪れたのは、今にも雪が降ってきそうな真冬の日のことだった。荷物を運ぶロバが繋がれた、昔ながらの木造家屋や商店が並ぶ小道には、窓をきっちりと閉め切った留守宅が目立っていた。住民の多くがイスタンブールへ働きに出ているためである。

ピュトゥルゲの町で、私は小さな商店を営む夫婦の家で世話になった。トルコ人の夫とクルド人の妻、夫の父親、そして三人の子供という六人家族だ。外見だけでは、どの人がクルド人で、どの人がトルコ人なのかの見分けはつかない。クルド人ばかりの小さな町に来て、信頼して身を寄せることになった家族の半分にトルコ人の血が流れているということを知ったのは、しばらく経ってからのことだった。

夫の父親であるメティン爺さんは、若い頃はトルコ全土を転々とした軍人であったといい、シルバーグレーの髪をつねにきれいに整えた、美しい顔立ちをしたトルコ人だった。足の骨折で一カ月ほどの間、寝たきりだった彼は、暇を持てあましてトルコの歴史の話をしばしばしてくれたが、彼の話は難解で理解できないことが多かった。それでも、静かに物語る彼の表情を見ながら耳を傾けるのは案外楽しいもので、私は彼の孫になったかのような気持ちにさえなっていった。

だが、客人にとっては「話し好きのお爺ちゃん」であるメティンも、嫁のアイシェにとっては煙たい存在のようだった。彼女は「お義父さんにこうしてずっと家にいられると、気の休まる時がなくてね……」と愚痴をこぼすことが時々あった。とはいうものの、普段のアイシェは、はつらつとした本当にすてきな笑顔を見せてくれる人だった。彼女はピュトゥルゲ生まれだが、子供の頃に親戚の家に預けられ、イスタンブールやディヤルバクルの学校に通い、高校卒業後すぐに結婚してピュトゥルゲに戻ってきたということで、話し方には都会育ちゆえの切れ味のよさと華やかさがあった。アイシェに心底惚れてしまった夫のオスマンは、トルコ人でありながらも山奥のクルド人の町に移り住んで彼女と暮らす決心をし、ピュトゥルゲで写真屋を開業したのであった。

この地域の村に暮らす男たちの多くは民兵として、つまりキョイ・コルジュ（村落防衛隊）として、PKKの襲撃から村を守る任務を請け負っていた。月に一度の集会が行われる時には、政府から支給された迷彩柄の軍服を身にまとったコルジュたちが、銃を担いでピュトゥルゲの町にぞくぞくと集まってくる。だが、彼らの姿にあまり緊張感が感じられないのは、この地域は実際にPKKに襲撃されたことがないからかもしれない。そんなこの地のコルジュが口を揃えて言うのは、「一部の悪いクルド人がPKKというテロ集団を作ったんだ。村を守るためには政府と協力してPKKと戦わなければならない」ということだった。ことにクルド人問題については、報道規制が厳しいこの国のことである。もともと政府から迫害を受けることのなかったこの地域では、自分たちと同じ民族が遠くの地でどんな目に遭わされているのかほとんど伝わってこない。また、部族社会の名残が色濃くみられる町や村なら、部族社会や地主を強く批判するＰＫＫと対立することは必然であるともいえる。そして、誰もが一同にＰＫＫをテロリストと信じて憎んでいるから、仲間内で密告し合うことや猜疑心を煽られるようなことは起こらない。そのような地域にいるコルジュと、隣人同士、知った者同士で殺し合う東部のコルジュとは、「ＰＫＫを撃つ」という点では一致していても、立場や心のありようはまったく異なるように思われる。ピュトゥルゲ近隣のコルジュたちにとっては、ＰＫＫと戦うことは正義以外の何物でもなく、同じ民族を撃つという意識など微塵もないのだ。

一家は、村の写真を撮りたいという私の要望を聞き入れ、車を駆って周辺の村に連れて行ってくれた。家にこもりっきりだったメティン爺さんも一緒だ。骨折して以来、初めての外出である。あんずの林に囲まれた小さな村を二つ訪ね、たくさん写真を撮った後、山の中にあるアイシェの親戚の家に立ち寄ることになった。私たちを歓迎する食卓には、自家製の赤ワインや、焼きたてのパンが運ばれ、大きなニワトリも丸ごと一羽調理された。メティンは、「こんなことは初めてだ。彼らは貧しいのに、ものすごいもてなしをしてくれている。すべてノリコのためなんだよ」と、私に言い聞かせた。

夜になるとその家には村の人々が集まり、酒の力も手伝って、歌や踊りで大いに盛り上がった。手拍子とともに、自然を愛する歌や戦いに出るときの歌をはじめ、トルコ語の歌もクルド語の歌も次々と飛び出し、その歌声は静かな山中に夜遅くまで響き渡った。クルド語のわからないトルコ人のメティンとオスマンにとっては、彼らの歌のほとんどが聞き覚えのないものだ。「またこれもクルド語の歌だ。何を歌っているのか、さっぱりわからん」と言って二人は笑った。

若い頃に軍人として戦ったことは、メティンの誇りだった。村人たちが歌い疲れ、踊り疲れて、メティンが口を開く番になると、「あんたが兵役に就いたのは、いつだったんだい」と徴兵の話になった。そして、自分が兵を率いる立場であったことをひけらかすこともなく、みんなから「メティンおじさん」と呼ばれている好々爺は、「ほう、そうか、そうか」と大きく頷きながら、つねに村の男たちの話の聞き役にまわった。そんな彼は、明らかに村人から親しまれていた。

西側の都会で育った元軍人のトルコ人が、クルド人ばかりの小さな町で生活することになったのは、おそらく年老いて妻を亡くしたがための、息子夫婦を頼ってのやむを得ぬ移住だったのであろう。だが彼は、この町を取り巻く自然の美しさや、その恵みを楽しむようになった。そして、近隣のクルド人住民とは良好な関係を持った。その姿は、単一民族国家を謳い、そのための政策を強行してきたトルコ国内であっても、プロパガンダや政治の力が自分たちに直接働かない限り、隣人同士の民族や言葉や宗教の違いは大きな問題にはならないのだということを示しているかのようにも見えた。

しかし、私の中にはどうしても拭いきれない思いもあった。この町を安住の地であると認めながらも、元軍人であった一老人は、「トルコ人とクルド人」「軍人と貧乏な山奥の民」という確固たる格付けの意識を抱き続けているのではないだろうかと……。

それを一番敏感に感じていたのは、クルド人である嫁のアイシェであったように思う。ある時、メティンが「この辺りの人はみんな、クルド人でアレヴィーなんだ。私や息子は根っからのトルコ人でスンニーだが、アイシェはクルド人でアレヴィーなんだよ。彼女はクルド語も話す。アレヴィーとスンニーとではだいぶ習慣が違うから、普通じゃあアレヴィーはスンニーとは結婚したがらないんだがね」と、私に言ったことがあった。するとアイシェは、「そんなことはないわよ。アレヴ

ィーだってスンニーの人と結婚するし、暮らしぶりだって大して変わらないわよ。すぐにお義父さんは、アレヴィーとかクルド人を別物扱いするような言い方をしたり、ちっぽけな人間として見るんだから！」と憤慨した。メティンは、クルド人は貧しいとか、字の読めない人が多いとか、時折そういうことも口にしていた。そのたびに、アイシェは神経を逆なでされる思いをしていたのである。

とりたてての悪意はないとしても、クルド人が未開な地に住む野蛮な民族として捉えられることは、いまだ少なくない。迫害とまではいかなくとも、「貧乏で無教養」といった固定観念や軽はずみな差別的態度と蔑視にクルド人は傷つけられてきた。日本人の私でさえ、救いようのないほど偏見で凝り固まったトルコ人に出くわし、うんざりすることがある。

例えば、イスタンブールの下町にある公園を、トルコ人の家族と散歩していた時のことだった。土産物を売る屋台で、魔除けのペンダントを買おうとしていたその家族の主人が、金を支払う段階になって売り手と口論を始めた。年老いた彼の母親は泣きだすし、大勢の野次馬も集まってきた。言い争いは殴り合いの喧嘩へと発展し、通報を受けた警官が駆けつけると、激しく抗議をする屋台の男だけが連行されていった。なぜなら、通報したのはその家の主人の弟で、その日は非番だったが彼も警察官だったからである。家族や私のもとに戻ってきた主人は、怒りを抑えきれずに荒々しい口調で言った。

「とんでもない値段を吹っかけてきたんだ。頭がおかしいとしか思えない。奴はクルド人だよ。まったくクルド人ときたらトルコの恥ってもんだ！」

そして私には、「クルド人を知っているか？　連中はテロリストだ！」とつけ加えた。

彼は、相手をクルド人だと思った理由を話してはくれなかった。私の見た限りでは、二人とも似たような顔つきと体型をしていた。彼も外見で判断したわけではないだろう。それならば、地方から移り住んだクルド人に多い、屋台で物を売る仕事ゆえにそう決めつけたのか、言葉になまりがあったからなのか、それとも、たちの悪い者、気に入らない者、憎い者は、すべてクルド人だということで片づけてしまおうということなのだろうか。こんなことさえなければ、そのトルコ人男性はつつましやかな暮らしを送る「親切な人」で終わるはずだった。私がこれまでに出会ってきた大勢のクルド人たちに似た……。

トルコの日常に垣間見える、クルド人に対する偏見はどのくらい強いものなのか。トルコ人の中にも、クルド人のことを否定的に捉える人、肯定的あるいは同情的に捉える人、国がクルド人に対して行ってきた差別や迫害は国民にとっての恥だと考える人などと、個人差は非常に大きい。ただ、深く考えることもないまま、思い込みによる「気軽な」差別意識や偏見は、いまだに少なからずはびこっている。

オスマン夫婦の三人の子供のうち、優等生の長女シリンは、遠い国の人たちと仲良くしたいからと言って、私と知り合ったことをきっかけに、英語の勉強を毎日するようになった。「それはいいね。私もトルコ語を勉強するよ」と、私たちは大きなテーブルにノートや本を広げ、互いに教え合った。そこへ妹のウズゲも、習い始めたばかりの国語の教科書を手に加わった。ようやく二歩三歩と歩き始めた末っ子カーンも、寄ってくる。

クルド人とトルコ人の血を半分ずつ受け継いだ三人の子供たちはすぐに大きくなり、世界中で起こっているさまざまな出来事や、国の中のクルド人問題について知るようになるだろう。その頃には、クルド民族に降りかかった不幸な歴史や出来事が、報道や教育の場できちんと伝えられるようになっているだろうか。絶対にあってはならない、決して許すことのできない、人を人と思わぬ暴力がクルド人たちに振るわれてきたことを。そしてそれを知った時、子供たちは何を思い、どのような人生を歩んでいくことになるのだろうか——。

何が正しくて何が間違いなのか

――ハッカリ――

トルコで「これからハッカリに行く」と言うと、「本気なのか」と驚かれる。そして、何を考えているんだ、とんでもない所に行きたがるものだという顔をされる。実際に行ってみれば、何ということはない。爆弾など降ってこないし、人々は気ままに町を歩いている。「僻地」にありながらも、思った以上に整備された町だ。だが、実際にこの町を見るまでは、山奥にあるうら寂しい所、貧しく細々とした暮らし、ＰＫＫ対トルコ政府軍の激しい戦闘、外国人誘拐事件の多発など、人から聞いた話や古い情報によって、私の頭にもそんな諸々のイメージばかりが先行していた。

ハッカリへ行くには、ワンからバスに乗る。南東へ向かっておよそ二〇〇キロの距離だ。途中、ホシャップ城跡が切り立った崖の上に見える。オスマン帝国支配下の十七世紀に、この辺りの統治を任されていたクルド人領主が築いたものだ。ホシャップとはクルド語で「美しい水」という意味で、城の眼下にはその名の示す通り、川が流れている。トルコではクルド語の使用禁止に伴い、人名や地名などの固有名詞もトルコ語化されたため、この町の名前も、ホシャップをトルコ語に直訳して、ギュゼルスとなった。

ワン―ハッカリ間のほぼ中央には、バシュカレという町がある。ここでは、どのバスも給油をするために停車し、休憩をとる。見たところ、何の変哲もないただの小さな町だが、バシュカレの名はトルコでは有名だ。ヘロインの原料となるケシ栽培が盛んだということらしい。

ハッカリの手前にある警察の検問所では、私はいつでもバスを降ろされ、取り調べを受けることになる。この五年の間に何度も行っているから、顔も名前も覚えられてしまった。警察はますます警戒しているのかもしれないが、行き続けるにつれ私の神経は図太くなっていった。だが、最初に訪れた時はやはり恐かった。荷物を開けて調べられたり、しつこく尋問されたりしたのは初めての体験だったからだ。その時、最終的には私をただの旅行者であると認めた警察官は、こんなことを言って引き留めた。

「ハッカリになど行くべきではない。美しくも何ともない岩ばかりの山を見たってしょうがないだろう。ハッカリにはＰＫＫがいるぞ。あいつらは、血も涙もないテロリストなんだ。獣だよ。人を食うワニと同じだ」

結局は、さすがの警官も「外国人が誘拐されることがある。夕方以降は絶対に出歩かないように」との忠告を繰り返しながら、いや、正確に言えば脅しをかけながら、町まで送ってくれたのだった。実際のハッカリを初めて目にした私が、思ったよりも大きく開けた町であることに驚いていると、「麻薬で儲けているからだよ。だが、こんな所じゃ金の使い道なんて全然ないからな。クリスチャン・ディオールだとかサンローランだのという看板のついた店に行き、せいぜい服でも買うのが関の山さ」と、警官は吐き捨てるように言った。

トルコ東部は、アフガニスタンやパキスタンで生産されたヘロインがヨーロッパへと流れていく麻薬ルートの中継地点だということは、よく言われることだ。また、バシュカレやユクセコヴァに代表されるこの近辺の気候が、ケシの栽培に適していることも知られている。そしてハッカリは、そのビジネスの中心拠点だということらしい。ハッカリで出会った一般のクルド人たちも、この地域に麻薬が流れ込んでくるということを否定はしない。だが、そのビジネスに携わっているのは、マフィア、警察や代議士、またはそれらと手を組んでいるごく一部のクルド人だと主張する。そしてPKKのオジャランは麻薬ビジネスを禁止している、と。

一般的には、トルコでの麻薬取引を仕切っているのはPKKで、莫大な資金を要する武装闘争を彼らは麻薬の商売で支えていると考えられている。だがその一方で、トルコ国民は一九九六年に起きた事件を忘れてはいない。イスタンブールとイズミールを結ぶ幹線道路で起きたススルク事件である。交通事故を起こした車のトランクから発見された、非合法の武器や麻薬、山ほどの偽造身分証明書。そしてその車に一緒に乗っていたのは、麻薬売買で国際指名手配されていた右翼の暴力団幹部、イスタンブール県警の上層部、さらには現職の国会議員二名だった。この事故でただ一人生き残った元議員は黙秘権を行使し、真相はいまだ明らかになっていない。しかしこの事件は、政府関係者が暴力団と癒着していること、麻薬の取引に手を染めていることを、広く知らしめることとなった。また、ヘロインの売買組織を取り仕切っているのは、トルコ初の女性首相だったタンズ・チルレル氏の側近であるということも報じられている。

教師の仕事を辞め、故郷のハッカリに帰ってきた男性に話を聞いた。昔のハッカリは、とても小さく静かな町だったそうだ。周辺の山々に点在する村では、たくさんの羊や山羊が飼われ、夏が来れば家畜を追って高原に行き、テントで眠った。緑の草原には色とりどりの花が咲き、夜空に瞬く星は今にもこぼれ落ちてきそうだったという。ハッカリの美しい自然は海外でもしばしば取り上げられ、山の愛好家がキャンプに来ることもあった。しかし八〇年代半ばにＰＫＫの武装闘争が始まると、山間の村は強制移住の憂き目に遭い、夏の間に行われてきた高原での遊牧生活も、山岳地帯を拠点に活動するＰＫＫゲリラの温床になり得るという理由で完全に禁止された。住む場所を失った村人たちは、次々にハッカリの町へと流れ込み、家を建てて住み着くようになった。そうして、小さかった町は外へ外へと広がり、人口はどんどん膨れ上がっていった。それは、新しい生活を始めるにあたって、現金が必要になったためでもあった。そして仕事を探し、慣れない暮らしに身を投じなければならなかった。大きくなった町には、品揃えの豊富な店が並び、高価な車が走り、満ち足りた生活があるように見えるかもしれない。しかし、裕福なのは一部の人間だけだ。多くの住民の生活は厳しく、学校すら行けない子供も多い。警察の暴挙も後を絶たない。

「ＰＫＫの最大の功績は、世界の目をクルド人問題に向けさせたことだ」と断言する彼だが、たとえ大義があったとしても、人の命を奪う武装闘争には賛成できないとの考えからＰＫＫを支持しない。しかし、このような状況下で闘わずにはいられなくなり、山に入って行った者たちの気持ちもよくわかるという。そんな彼は、ＰＫＫゲリラが捕らえられたり、殺されたりするたびに、胸が締めつけられる思いがするという。この時も、ＰＫＫゲリラの首が二つ、ハッカリの路上に転がっていたという出来事があったばかりだった。

その彼に、麻薬のことをどう思っているのか訊ねてみた。

「私たちは何もしていなくても、いつだって家畜同然に見張られているというのに、麻薬取引なんてできるわけがないじゃないか。警察とマフィアが手を組んでいるのさ。それで初めてそんな商売が可能になる。ＰＫＫが麻薬を資金源にしているなんていうのは、政府の流すデマでしかない。ＰＫＫを吊し上げておいて、それを隠れ蓑に、実は警察や代議士たちが陰で悪事を働いているんだ」

「何が正しくて何が間違いなのかを、私たちは知らなくてはならない」と彼は言った。その答えは簡単そうでいて、生身の人間にとっては相当な困難を伴う。戦争という人の命を奪い合う愚行、人の絆をことごとく崩壊させるコルジュやアジャンの存在、私腹を肥やすためなら手段を選ばない権力者たち……。どれも間違っていることなのに、いっこうに正される気配はないと彼は嘆く。

クルディスタンを旅していると時折耳にする「何が正しくて何が間違いなのか」という問いかけ。それとまったく同じ言葉を、ハッカリのクルド人とは正反対の立場にいる、トルコ人の警察官の口からも聞いたことがある。

「ＰＫＫの中には、明確な信念や政治思想を持って闘う者もいるが、何もわからないまま、うまい話にそそのかされてゲリラ活動に参加した者も多い。ＰＫＫに入れば食べることを心配しなくてすむとか、残された家族は報酬がもらえたり面倒を見てもらえると言われてね。ＰＫＫはそうやって貧しい人たちを誘い込むんだ。そんな言葉でその気になってしまうのは、彼らがそれだけ貧しいということ、それゆえ満足な教育を受けていないせいだ。女の子は親に必要がないと言われて学校に行かせてもらえない場合が多く、何の教育も受けられないまま大きくなり、たくさんの子供を産む。男の子も貧しくて学校へ行かせてもらえずに働かされたりする。そして最も問題なのは、彼らが正しいことと間違ったことを判断できなくなっていくことだ。ＰＫＫは、貧しいクルド人たちの心をくすぐるような話を言葉巧みに展開し、仲間を増やしてきた。残念なことに、ＰＫＫについていけば魅力的な未来がやってくるかのような気になってしまった多くのクルド人たちが、ゲリラ活動に

加わり、テロに手を染めてしまった。彼らには正しい判断ができなかったからなんだ」

彼は西側の都会出身の、まだ若い警察官だった。

「前の任地では、九カ月間も山の上でただひたすらPKKゲリラを待っていた。ゲリラは暗くなってから活動する。だから夕暮れ時から朝になるまで、じっと銃を構えたまま、真っ暗な山を赤外線カメラを使って監視するんだ。われわれには最新式の優れた兵器があるから、負けるなんてことはあり得ない。ゲリラには勝ち目などないんだ。でも僕はいつも思うよ、本当は戦いたくないんだとね。ゲリラだって人間なんだ、生きている人間を殺したくなんかないよ。僕たちと同じように、彼らにも家族や恋人がいる。PKKゲリラの中には、まだ幼い子供もいるんだ」

「この地の勤務を終えて西側の街に帰っても、僕には徴兵が待っている。きっとまた、東部に逆戻りすることになるだろうね。軍隊で十人のチームを組むと、そのうちの二、三人はクルド人だったりする。背中を向けているすきに、PKKに傾倒しているチームメイトに撃たれる可能性だってある。誰も信じてはいけないんだ……」

「何が正しくて何が間違っているのか――。考えてみれば、子供でもわかるような非常に簡単なことのはずなのにね」


ハッカリの町には高級車もたくさん走っていた。私はある男性に連れられ、雀荘のような店に入ってみたが、休日でもないのに昼間からビール片手でボードゲームに興じる髭面の男たちで大盛況だった。そこへ私を連れて行った男はこう語っていた。

「われわれクルド人は辛い目にばかり遭ってきた。日々の生活にも事欠いている。政府からは家畜のように扱われ、自由がない。この悲惨な現状を日本の新聞で伝えてくれ」

だが、店に集まってくる彼らの姿をいかに同情的に眺めようとしても、羽振りのよささや服装から、決して金に困っているようには見えなかった。

その一方、仕事場の机にクルド語の雑誌や新聞を隠し持ち、時間のある時にこっそり読んでいると言う男性もいた。

ホテルの近くにある屋台でチキンケバブを買っていたら、数人の大学生に声を掛けられた。キャンパスも校舎も小さいものの、近くに大学があるのだ。

クルド人である彼らの共通する意見は、「クルド人とトルコ人は兄弟だ。一番大切なことはお互いがこれまでの過ちを反省し、仲良くすること。そうしなければ、いつまでたっても平和は訪れない」ということだった。彼らは大学のダンスサークルの仲間だったが、募金を集めて、経済的な事情で学校に通えない子供たちに本をプレゼントするという活動をしていた。ところが、そんな模範的な学生たちも、町で喧嘩が始まると、とたんに野次馬の一員に加わっていた。

「クルド人は喧嘩が好きなんだ。熱くなる話題など、ほかには何もないからね」

険しい岩山に囲まれた坂道の多い町ハッカリ。この町は、花の咲く五月が最も美しいと人々は言う。それでも私は、雪のハッカリがどういうわけか一番好きだった。しかし四月の初めに訪れた折、二人の男性が雪崩に巻き込まれて亡くなったという話を聞いて、私の気持ちは少し変わった。

クルディスタンには「われわれに山以外の友はない」という古くからの言葉がある。山は人々の一生の友であり続けるのであろう。しかしそこは脅威の場であり、いまだ戦場でもあり続けている。

Ⅳ

私のなかのクルディスタン

みちのり
――バスの車中――

トルコでは装甲車にはじまり、パトカーや軍のジープ、タンクローリー、仕入れ帰りの野菜を満載したトラック、鞍をつけていない乗り心地の悪いロバ、最高の気分を味わわせてくれた馬など、生まれて初めて経験する乗り物に乗る機会がずいぶんあった。あげくの果てに、私は馬から落ちて背骨を折り、担架で運ばれ救急車にも乗った。そして行った先の病院では車椅子にも……。

それはさておき、トルコで一般的な乗り物といえばバスである。七八万五八五平方キロメートル(日本のおよそ二倍)の国土には、網の目のように道路が張り巡らされ、長距離バスはたいていの町に乗り入れている。もちろんトルコには、鉄道や主要な都市を短時間で移動できる航空路線もある。しかし庶民にとって、自分の住む町で手軽に乗り込むことができて値段も安いバスは、なんといっても一番の乗り物だ。二十四時間以上もかかる国を横断するような旅でさえ、主に利用されるのはバスなのである。

その出発点となるのは、オトガルと呼ばれるバスターミナルだ。そこでは、土産物から道中の食料までなんでも揃う。トイレは有料だが、手入れは行き届いている。ただしトイレットペーパーは備えつけられておらず、紙を使う代わりに手元にある小さな蛇口をひねって水で洗い流す仕組みだ。

大きな街ほどオトガルは大きく立派で、例えば首都アンカラの場合、空港よりもオトガルの方がよほど大規模で充実している。

オトガルには、「イスタンブール！　イスタンブール！」「アンタルヤ！　アンタルヤ！」などと客を呼び寄せる声が響き渡っている。まごまごしていると、その威勢のいい声の主である客引きたちがあっという間に群がってくるため、慣れない頃はその迫力に少々たじろいだものだった。しかし、彼らには行き先を言えばチケット売り場まで連れて行ってくれたりする親切な人が多いので、それほど敬遠することはない。大きなオトガルにはチケットを販売するカウンターがずらりと並んでいて、目的の地へ向かうバスを探すのも一苦労であるため、彼らの助けは非常にありがたいものなのだ。

オトガルでは、徴兵のために故郷を出発する青年たちの姿をよく見掛ける。彼らには、これから一年半にわたる軍隊での厳しい生活が待っている。見送りに来た親兄弟や友人たちに囲まれながら、肩車をされ、エールを送られ、賑やかに出発する者。家族と肩を抱き合い、母親の涙に見送られて静かにバスに乗り込む者……。バスが出発するまでの様子は人によってさまざまだが、バスが走りだし、見送る人たちの姿がもう見えなくなった頃、一人静かにシートに収まる若者たちの顔は、どれもこれもが同じに見える。軍の規則通りに頭を丸坊主にした彼らは、顔立ちはそれぞれ違っていても、その表情はまったく同じなのだ。

乗り合わせた青年に「兵役は大変なんでしょう」と話し掛けると、「自分だけじゃないから、誰もに課せられていることだからね。頑張らないと」と、腹をくくっているようなことを言った。

長距離旅客バスに乗ると、チョコレートのかかったビスケットやケーキと、お茶やコーヒー、あるいはコーラなどの飲み物のサービスを受けることができる。また、長距離バスに欠かせないものとして、コロンヤもある。コロンヤというのは、ガラスのビンに入った揮発性の液体で、薄い黄色やオレンジ色をしており、たいていはレモンの匂いがする。気分をリフレッシュし、手や顔を清潔にするためのものだ。バスが順調に走りだした時や休憩時間の後、そして間もなく到着という時になると、係員がコロンヤのビンを持ってきてくれる。乗客は手のひらを上にしてコロンヤを振りかけてもらうと、それを手に馴染ませたり、顔や首、髪になでつける。コロンヤをつけると最初は少しべたべたするが、アルコールの蒸発とともに、スーッとした清涼感を味わうことができ、手にはレモンの香りが残る。コロンヤは、レストランなどでも支払いを済ませた時に振る舞われるし、家庭の中でも来客時やリラックスしたい時に用いられている。コロンヤの存在を知った時、私はてっきり宗教的な意味合いもあるのかと思ったが、そういうものではまったくなかった。また、コロンヤはお隣のイランやシリアなどの国では見られない、トルコ特有のものらしい。しかも、地域や民族に関係なく国内のどこでも誰でも、もちろん東部でもクルド人たちの間でも、一般的に利用されているのである。

旅客用のバスは、特に長距離の場合はオトガルから出発する大型バスが中心だが、それ以外にミニバスと呼ばれるものがある。見た目には普通のワゴン車だが、フロントガラスに地名の書かれたプレートが掲げてあり、行き先がわかるようになっている。ミニバス乗り場はほとんどの場合、大型バスが発着する設備の整ったオトガルとは別の場所に設けられており、そこは地面むき出しの砂ぼこりの舞うような広場だったりすることが多い。出発時間は正確には決まっておらず、席がいっぱいになったら出発する。空席があっても出発し、路上でバスを待ち構えている客を拾いながら進むものもある。定員などないに等しく、客を一人でも多く詰め込めばそれだけ儲けになるため、乗降口の近くには風呂用のプラスチック製の椅子が置いてあり、混んでいればそこに座らされることもある。子供の席は、親の膝の上であることは常識だ。ミニバスはそういうものなので、トルコを横断するような路線はさすがにないが、七、八時間の道のりならいくらでもこなす。ただし、大型バスのようにお茶やお菓子のサービスがあるわけでもなく、車体が小さいだけに車内はかなり窮屈で、乗り心地も劣る。その割に大型バスと値段は変わらず、乗る側としてはちょっと損をしたような気分になる。だが、大型バスの席が取れない連休シーズンでも、移動を可能にしてくれるミニバスは、いざという時の味方だ。また、小回りの利くミニバスは、目的の町に入るとホテルや指定した住所などへ、少なくともその近くまでは連れて行ってくれる。タクシーに乗り換えたり、重たい荷物を抱えて人に道を訊ねたりする必要はないのだから、それはそれで大きなメリットがある。

私が初めてトルコを訪れた九〇年代半ばの頃、主要都市を結んで走るバスは快適な最新型だったが、地方のものは古く、空調の効かないものも多かった。南東アナトリアのうだるような暑さの中、冷房なしで長い道中を耐えなければならなかった時は本当にきつかった。たくさんの細かな傷と泥で視界が遮られた窓ガラスを開ければ熱風と砂ぼこりが吹き込み、これはたまらないと窓を閉めれば、人の吐く息の混じった湿り気のある重たい熱気が車内にこもる。冬は冬で、窓の隙間から入る冷たい風で、手足の先は痛いと感じるほどに冷え込むのであった。

だが、この十年足らずの間に、大型であろうがミニであろうが、この国のバスは格段に快適なものになった。今では、トルコのどこへ行っても、新しく乗り心地のよいものばかりだ。

私はクルディスタンの移動のほとんどをバスに頼り、道中の長い時間を見ず知らずの乗客たちと共有してきた。そして、移動しながら人々の口からこぼれ出る話に耳を傾けることは、私の情報集めの第一歩となったのである。

イスタンブールっ子の女子大生は、英語を使ってゆっくりとこう言った。

「イスタンブールにはクルド人がたくさんいるわ。エミノニュで露天を広げている人たちなんかは、みんなクルド人よ。実は私もクルド人なの。昔のことだけど、私の両親と叔母はいわれのない罪を着せられて拷問にかけられたことがあるのよ。それでイスタンブールに移ってきたの。私はイスタンブール生まれで、東部の町に住んだことはないし、クルド語を覚える機会もなかった。でも私はクルド人よ。はっきりとそう言えるわ」

ジズレでバスに乗り込んできた女性は、まだ首の据わらない赤ん坊と三歳の女の子を連れていた。母子の席は一つだけで、二人の子供を抱えた彼女はひどく疲れた顔をしていた。私が女の子にお菓子をあげると、それをきっかけに話し掛けてくるようになった。彼女は、イラクとの国境の町シロピにある実家から、夫のいるミディヤットへ帰る途中だった。

「葬式だったの。一番上の兄がイラクに行ってすぐに行方不明になっていたんだけど、死んでいたことがわかって……」

彼女の兄は、ＰＫＫのゲリラだった。かつて彼女は、山で戦う覚悟を決めた兄を誇らしく思っていたという。しかし、兄の死亡が確認された今は、命を懸けて戦うよりもとにかく生きることの方が大切だと思うようになっている。

「周りの人間は、兄は殉教者になった、われわれの誇りだなんて言うけど、死んでしまえばおしまいよ。建前上、あの人たちの前でそんなことは言えないけどね」

それが、やり切れない表情で語った彼女の本音だった。


シャンル・ウルファ発ディヤルバクル行きのバスで一緒になったケシレは、都会的な雰囲気のあるきれいな人だった。彼女が生まれ育ったのは東部の街ディヤルバクル。軍や警察の暴挙から逃れるために村を出て、スラム街に住み着き、ゴミを拾って最低限の暮らしをするしかなかった人々の姿を目の当たりにして育った彼女は、小さい頃からずっと、クルド人の置かれている状況に納得がいかなかったという。

視線にしゃんとした強さを漂わせる彼女は、それが災いしてか、検問ではたびたび嫌な目に遭ってきたそうだ。教育学を専攻していた学生時代には、シャンル・ウルファの大学に通うディヤルバクル出身者というだけで怪しい人物と睨まれ、妊娠中には、大きなお腹を指差されて「服の下に何を隠しているのか見せろ！」と、服を脱がされたこともあった。

現在、彼女はディヤルバクルで夫と一緒に電器店を営んでおり、店には警察官が客としてしばしばやって来るらしい。警官たちは何を考えているのかわからない不気味で恐ろしい顔をしていると、ケシレは言う。よその土地から赴任してきて間もない頃は庶民的な雰囲気である彼らは、いつしか高級な服を身につけるようになり、そのうち自家用車で来るようになる。そして、その妻も子供も同じように変貌していくのだそうだ。

「証拠がまったくなくても、クルド人を捕まえさえすればボーナスが入るのよ。給料はたかが知れていても、クルディスタンに来ればそんな臨時収入が期待できる。だから警察官は、家を買うため、車を買うため、貯金をするために、ディヤルバクルで躍起になるのよ」

彼女はそう力説した。そして、クルド人を鴨《かも》にして自分の私腹を肥やす警察官や軍関係者たちが、心から憎いと言うのだった。

その強い憎しみは、自分の家族に降りかかったある事件によって、より強められていた。ケシレの兄は高校では秀才と謳われていたが、ある日突然、警察からの出頭命令が出て、それから間もなくして忽然と姿を消してしまった。また、アンカラの大学の学生だった従兄弟も、まったく同じ経緯をたどって行方がわからなくなっているというのだ。家族は全国の警察や刑務所に訊ねまわったが、二人の行方は今もって不明だ。彼らが連れ去られるところを目撃した人がいるわけではない。だが彼女は、それが警察や軍の仕業だということを確信していた。そして、兄と従兄弟はもうこの世にはいないということも。

「でも、私は泣かない。父や母も決して涙を見せない。優秀なクルド人が、いつかこうした目に遭うということは、わかっていたことなのよ」と、彼女は気丈な態度を示した。それから、「政府が封印しようとしている現実は、あまりにも悲惨なものよ。この土地に何が起こっているのかを、日本で、いいえ世界のどこででも構わないから、伝えていってちょうだい。それはきっと、私たちにとって希望の光となるわ」と、私の目をじっと見つめながら言った。

また彼女は、トルコ人の中にたびたび見受けられる、クルド人に向けられた悪意にも憤りを感じていた。一九九九年八月のトルコ北西部を襲った大地震で六万人以上の死傷者が出た時、あるテレビの街頭インタヴューで、一人の老婦人がこんなことを話していたのだそうだ。

「どうしてイスタンブールやイズミットでこんなひどいことが起こってしまったのかしら。地震なら、ディヤルバクルで起これればよかったのに」と。

その話をしながら、彼女は「それを聞いた時には、怒りを通り越してあきれ果てたわ」と言って嫌悪感をあらわにした。

バスがシヴェレクの町に差し掛かった時、「ここはユルマズ・ギュネイの生まれ故郷ですよね」と声を掛けると、彼女に笑みが戻った。クルドの人々の苦悩を描いた作品を世に送り出したがために投獄された映画監督が、日本でも知られているということがとても嬉しそうな様子だった。

ジズレからバトマン行きのバスに乗車すると、最初に現われる町イディル。バスがイディルの町をかすめて通り抜ける時、必ず思い出すことがある。以前、ミニバスを乗り換えるために、その町でわずかな時間を過ごした時のことだ。そのよく晴れた昼下がり、子供たちはボールを蹴り、男たちはチャイハネに集っていた。だが、町を歩きながら至る所で目にしたのは、塀や壁に残る無数の弾痕や崩れ落ちた家の瓦礫だった。とりわけたくさんの銃弾を浴びた家の塀にカメラを向けた時、一人の女性が「ちょっと待って」と家の中から走り出してきた。それから彼女は、生々しい傷を負った塀を背景に、ＨＡＤＥＰのシンボルであるピースサインを私に向け、「撮って下さい」と言った。ＨＡＤＥＰは合法政党として認められてはいるものの、クルド人の組織する政党であるため、地域によってはその活動が禁止されたり、監視されたりといった圧力がかけられている。そしてその活動に従事する者、また支持する者が、逮捕されたり行方不明になるという事件は後を絶たない。しかし彼女は、クルド人の人権を勝ち取り、クルド人問題の解決を図ろうとするＨＡＤＥＰを支持していることを、はっきりと態度で示した。自ら堂々と写真に納まることを望んだ彼女をファインダー越しに見た時、「私は恐れてはいない」という彼女の心の声を聞いたような気がした。

クルド人の町を訪ねて移動していると、人里離れた小さな集落を通り抜けることもある。山間の細く曲がりくねった砂利道の向こうには崩壊した村が現われ、また一つ大きなカーブを曲がり切ると、そこには別の村が潰されたまま放置されている。エンジン音と、ガタガタという振動が伝わってくるだけだったミニバスの車内に、乗客の「チッチッチッチッチッ……」と舌を打つ音がする。どうにもやり切れない気持ちの彼らなりの表現だ。乗客たちは無人化した村々を見て舌を打ち、こそこそと何かを言い始め、そしてまた静まり返る。そのうちに乗客たちは、きれいな山や小川よりも、崩壊した村の写真ばかりを撮っている私に気づくことになる。

一人の男性が山奥の集落で車を降りた。そして、その人が窓の外から私に向かって口を開いた。「爆弾を落とされたこの家を写真に撮ってくれ。私たちは何もしていないのに、こんな目に遭わされた。それなのに誰も来てくれない。見向きもしてもらえない。この家の写真を撮って、あんたの国の新聞に載せてくれ」

目の前にある土煉瓦の家の上半分は吹き飛ばされていた。崩れ落ちた残骸は周囲に散らばったままだ。私は車の窓を開け、身を乗り出して写真を撮っていたが、やはり車を降りて撮り直した。運転手やほかの乗客は、何も言わずに待ってくれた。写真を撮り終えて車が走りだした時に後ろを振り返ると、男性が手を挙げて見送っている姿が見えた。

再び車内は静まり返り、沈黙の時間が続いた。次の村に到着すると、一言も交わすことのなかった老人が、私に握手をして車を降りて行った。ほかにも何人もの人たちが黙ってそうしていった。お返しの言葉を掛けようとはしたものの、彼らが「いつ何が起こるかわからない状況の下で暮らしている」という厳然たる事実に改めて直面させられた私は、声を出そうにもまったく言葉が出ずじまいだった。

皆既日食

——ジズレ——

「クルド人の町」「イラク国境付近」という土地柄を思えば当然なのだが、警察はジズレに入る外国人に対し、過敏な反応を示した。私は町に入る一歩手前でバスから降ろされ、執拗な取り調べを受け、町のホテルに着いてからもすぐに現われた三人組の私服警官に行動を制限された。度重なる「ジズレを訪れた理由は?」との質問に、私は断固として「日食を見るためだ」と答え続けた。

一九九九年八月、道すがら言葉を交わした人々の話から、近いうちにトルコで皆既日食が観測できるということを知り、私は心を躍らせた。調べてみると、皆既日食を観測できるクルド人の町の一つにジズレがあった。そこで、私はそれまで訪ねたことのなかったジズレへ行くことを即決したのである。

皆既日食が観測できる帯状の範囲内には、トルコ西部の観光地も含まれていた。いつにもまして内外からの観光客が多数押し寄せていたその地では、日食を見ながらのコンサートなども企画され、その模様は連日テレビで報道されていた。

トルコ中が皆既日食を前に沸き立っていた頃、「日食を見るなら、もっといい所がほかにあるじゃないか。なんでまたこんな所に来たんだ」と警察の訝しげな視線を浴びながら、私はジズレに入っていた。日食に関連するイベントなど皆無のこの町に、日食を見る目的で訪れたという人物は、二軒あるホテルの宿泊客の中でも私一人だけだった。

真夏のジズレの暑さは半端なものではない。国境線に近く、トルコの中でも最も暑い地域に属するジズレでは、日中の気温が五〇度近くになることもある。鉄筋コンクリートのホテルは、強烈な太陽光線を吸収し、熱された外壁は日が沈んでもその温度を保ち続けた。各部屋にはエアコンもなく、壁に手を触れると暖かい。冷房どころか、天然の床壁暖房が効いているのと同じ状態である。部屋がこれほど暑いのならと、カメラを手に、気力に任せて真昼の炎天下を歩きだした私だったが、挫折するのも早かった。ジズレの猛暑は、気力で太刀打ちできるほど生易しいものではなかった。私はうまい具合にアイスクリーム屋を見つけると、そこに逃げ込み、一休みすることにした。陽射しから逃れることも必要だったが、餅のような粘り気と歯ごたえのあるトルコのアイスクリームが、私はとても好きなのである。

アイスクリーム屋にもエアコンはなかったが、街路樹が店に影を落としているのと、扇風機が回っているのとで、暑さはホテルの部屋に比べればずっとましだった。私はアイスクリームを注文してから奥のテーブルに着くと、ほっと一息つき、店を出入りする人々に目を向けた。

暑いさなか、客足は途絶えない。アイスクリームを求めて、子供、大人、親子連れと、たくさんの人がやって来る。だが、女性の姿はなかった。ジズレの女性の多くが、この暑さにもかかわらず、頭の先から足までの全身を真っ黒なチャドルで包んでいる。ジズレはイスラム信仰の篤い保守的な町で、女性がアイスクリームを買いに店へ足を運ぶようなことはないのかもしれない。私がジズレの町を歩いていると、時々射抜くような強い視線で見られるのも、人々が女の一人歩きに抵抗を感じているからなのだろう。それでも、若い店員たちはさばけていた。チャドルを着た人が店の前を通ると、「ニンジャが一人、ニンジャがまた二人……」と私に話し掛けてくる。黒装束を着た忍者が登場する日本映画を観たことがあるらしい。

　くわえ煙草でアイスクリームを買いに来た十歳くらいの少年と一瞬目が合った。すぐに目をそらした私に、隣のテーブルにいた人が小さな声で話し掛けてきた。

「子供が煙草を吸ってるだろう。この町の人々はおかしなことになっている。少し前まで銃弾の音に脅えて暮らしていたから、みんなどこかが麻痺しちゃっているんだ」

　私は、髭面で真っ黒なサングラスをかけた、にこりともしない警察官たちに、「一緒に日食を見ましょう」と言われていた。しかし警官との約束の時間が来る前に、私はホテルを出てアイスクリーム屋へ再び向かった。私が店に顔を出すのを待っていた家族たちは、さっさと店を閉めて「うちのおばあちゃんはニンジャなんだ」と言いながら、私を連れて家に向かって歩きだした。

　歩きながら目にしたジズレの町は、困惑してしまうほどの大量のゴミで汚れきっていた。こんなことになったのは、市長が経歴詐称で退任させられて以来、市長不在で何の処置も施されていないからだという。投げ捨てられたビニール袋や生ゴミや吸い殻の散らばる路上で、集まった子供たちが遊んでいる。子供たちは元気に走り回っているが、町のあまりの汚さにその姿は不健全に見えてならなかった。

　次に、大通りから路地に入るなり目に飛び込んできたものは、民家の塀や壁に開けられた無数の弾痕だった。この町のこんな小さな通りに建ち並ぶ住宅地が、これほどの銃弾を浴びせられたということなのか……。

一九九三年に撮影されたジズレの写真が、『ナショナルジオグラフィック』の写真集に収められている。トルコ政府とPKKとの戦闘が激しく行われていた当時、暗闇に交錯する閃光弾の赤い筋をホテルの部屋の窓から写したものだ。現在では、この町で銃撃戦が行われるようなことはなくなった。しかしほんの何年か前まで、それは現実に起こっていたことなのだ。その爪跡は、町の至る所に残っている。


彼らの家に到着し、ブロック塀に取りつけられた頑丈な門をくぐると、葡萄やいちじくの木が庭に涼しげな木陰を作っていた。家の中に入ると、各部屋の壁は家族の写真やコーランの言葉で飾られていた。そして家族の集まる八畳ほどの居間には、家族みんなの笑顔と、安らぎを与えてくれる優しさが満ちあふれていた。


日食が始まると、私たちは代わる代わる庭に出ては、黒いガラスを通して欠けていく太陽を見た。テレビはどのチャンネルでも、日食の起こる仕組みの説明や、先に皆既日食を迎えたヨーロッパ各地の映像をしきりに放送していた。あいにくの大雨に見舞われた街角で、傘をさして空を見上げる人々の姿がテレビに映ると、それを見ていた家族たちは力いっぱいに手を打ち鳴らしながら「残念!」と叫んでは笑い転げた。ここジズレは完璧なまでの快晴で、空には邪魔な雲など一つもない。

昼食の時間になると、ゆっくりと欠けていく太陽を気にしながら、鶏肉と野菜を煮込んだ料理をご馳走になった。デザートはもちろん、店から持ち帰ったアイスクリームだ。

太陽は空の高い所で煌々と輝いていたが、少しだけ薄暗くなってきたような気がして外に出た。

黒いガラスを通して見ると、太陽と月はもうだいぶ重なり合っている。

今度は、はしごを使って納屋の屋上へと上がった。屋根の上には鉄製のがっちりしたベッドが置かれていたが、これはジズレだけではなく、シャンル・ウルファやガジ・アンテップなどの南部の暑い地域でよく見られるものだ。夏の間、家の中は暑すぎるので外で眠るのである。目をもっと遠くへと移して周辺の景色を眺めると、そこには歩きながら見たジズレとはまるで違う世界が広がっていた。古い時代に造られたミナレット（モスクの外郭に設けられた細長い尖塔）やオトガルの裏手に残る土煉瓦の積み上げられた城壁が、この土地が歴史あるメソポタミアの町であるということを思い起こさせた。

日の出前や日没後とは異なる不思議な暗がりに包まれると、音までも消えてなくなり、静まり返ったような錯覚に陥った。完全に月と太陽が重なり合った瞬間、黒い太陽の周りにはコロナが神々しくゆらめき、浅い闇に包まれた地面には海の底に見るような光のさざなみが立った。

皆既日食は、ほんのわずかな時間しか見られない。その最後の瞬間、月と太陽はダイヤモンドリングに姿を変えたかと思うと、みるみるうちに鮮烈な明るさが戻ってきた。そして太陽は再び猛威を振るい始め、クルディスタンの皆既日食は終わった。

「皆既日食を見る」経験など、一生のうちにそうあることではない。私にとっては最初で最後のことかもしれない。こんなに稀で貴重な時間を、恐い顔をした警察官に監視されながらではなく、楽しいクルド人の一家と和やかに味わうことができて、本当に幸せだった。クルディスタンでまた一つ遭遇した、貴重な出来事であった。

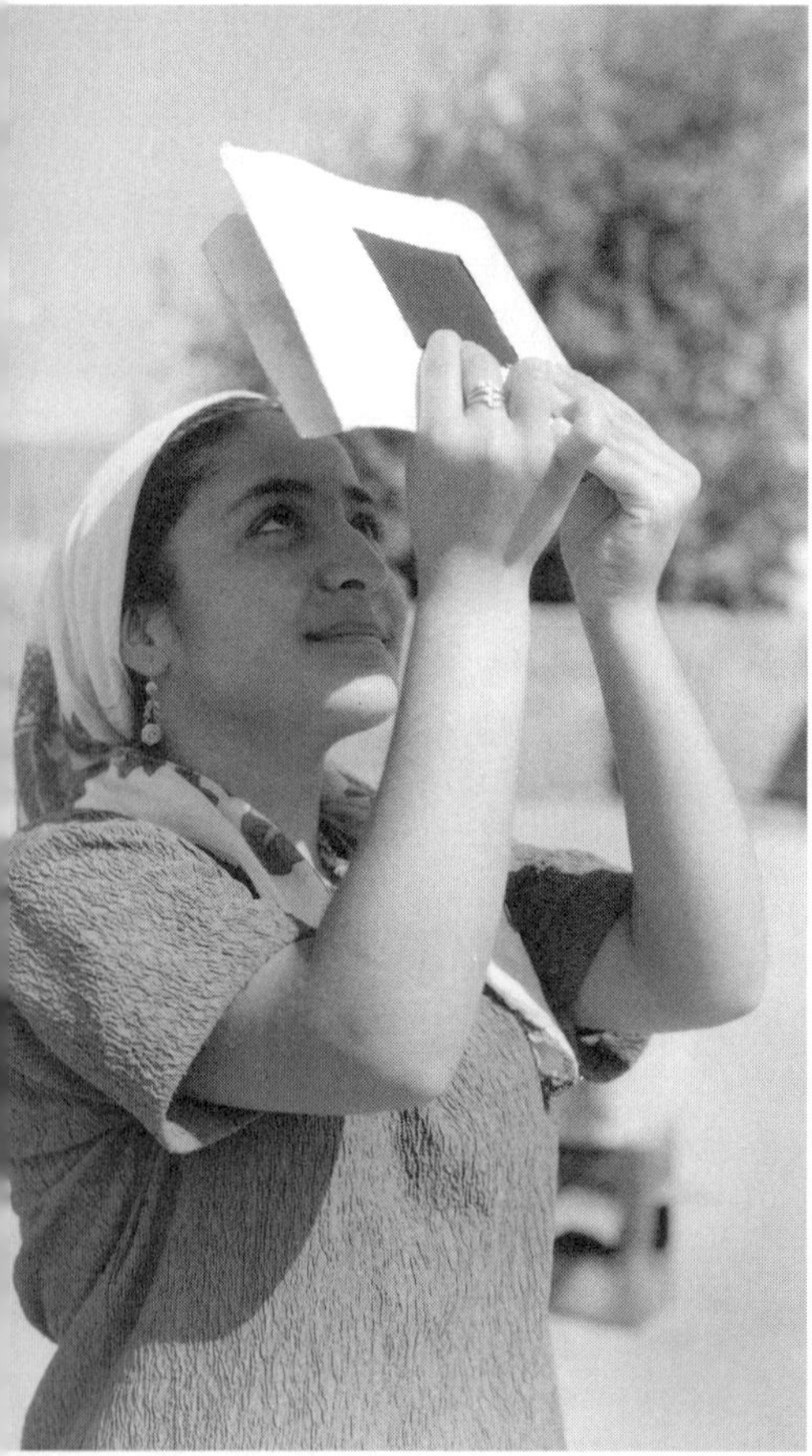

ホテルに戻ると、予想通り警察の質問攻めに遭った。誰の家に行き、何の話をしていたのかと、それはそれは執拗だった。家の住所や名前はもちろん、どこで出会ったのかも彼らはペンと手帳を手にして訊いてきた。

「たまたま道で出会ったおばあさんの家に行き、彼女の手料理をご馳走になり、日食を一緒に見て、日本の話をしました。私は彼女をニーネ（おばあちゃん）と呼んでいたので、名前はわかりません。老眼のせいで字が書けないと言うので、住所も教えてもらっていません」

そしてそれ以降、ホテルを出る時と戻るたびごとにある一日二回の警察の質問はいっそう厳しくなり、長居をすべきではないと考えた私は、間もなくこの町を発った。

愛しい人々

――シュルナック――

『昨日から雪が降り始め、今はもう見渡す限りの銀世界です。きれいな雪景色を見に、またシュルナックに来ませんか？』

ロゼリンというクルド名をメールアドレスに使う、ラファイからのEメールが届いた。

『春が来たら、そちらに行く予定です』

日本に戻っていた私はそう返事を書いて送った。

険しい山に囲まれた、イラクとの国境に近い小さな町シュルナック。ほんの四十五キロ先に位置する砂漠気候のジズレでは、夏の気温が五〇度近くになるのに対し、標高の高いこの町は、夏は涼しく、冬は雪深い。雪が降りやまないときには、道は閉ざされ、町に出入りすることが不可能になるほどだ。

見渡す山々の中に、伝説の山がある。東のアララット山と同様、ノアの方舟が流れ着いたと語り伝えられるジュディ山である。春先に見る標高二一一四メートルのその山は、頂上に青白い雪を残し、気高く美しい輝きを放つ。

しかしその聖なる山の実情とは、見た目の清らかさとはかけ離れたものだ。地雷をばらまかれた、誰も近寄ることのできない危険地帯なのである。

春の訪れの遅いこの町にも、柔らかな陽射しが降り注ぎ、花咲く季節はすぐそこまで来ていた。それでも、雪を被った山々を伝って来る風は、まだひんやりと冷たい。

女たちは家事を終えると、ストーブの周りに集まり、編み物や刺繍を始める。彼女たちの着ている、白のモヘアで編んだ長めのベストは、クルディスタンの中でもほかの地域ではあまり見掛けない、この町独特のアイテムだ。もちろん、自分たちのお手製である。

居候の私は、彼女たちのそばに座り、お茶を飲みながら、日記をつけたり本を読んだり、たまにはトルコ語の勉強などをして、まったりとした時間を過ごす。こんな日々は、これまでにも経験したことがあるけれど、内心はすぐさま外へ飛び出して行き、あちらこちらを歩き回り、写真を撮りまくりたい。しかし、外国人の女がカメラを持って歩き回れば、人一倍注目を浴びて厄介なことになってしまう。私自身は構わなくても、この町の友人たちは私を自由にさせてはくれない。この家の長男に「外出禁止」を宣告され、小さな行動半径に閉じ込められることになった私は、郷に入っては郷に従うしかない。これもまた彼らとのつき合い方の一つと肝に銘じ、落ち着きなく、あてのない何かを期待しながら、ただ時の流れに身を委ねたのである。

ドーガン家は、二人の妻に四人の息子、そして若夫婦と男女の子供一人ずつという十人家族だ。二人の妻の「共通の夫」であったこの家の主人はすでに病気で他界しており、今は私をこの家に招いてくれた長男が、父親に代わって家計を支えている。また、家の中の一切合切を切り盛りするのは、結婚後も親元で暮らしている働き者の長女だ。

この家のしつけは厳しい。お客の前で騒ぐことは恥ずべき行為とされ、子供だからといって、大目に見てはもらえない。親や目上の人に口答えをしたり、いつまでもわがままを言っていれば、大きな雷が落ちることは確実だ。

長女たち若夫婦の二人の子供は、買い物をしたり、親戚や近所に届け物をしたりという、使い走りの役目を任されている。隣の部屋にいる二十歳そこそこの叔父が壁をドンドンと叩けば、何か用事があるという合図だ。そんな時は好きなテレビ番組を見ていたとしても、飛んで行かなければならない。仕事を終えても「いい子だ。偉いぞ」などというねぎらいの言葉があるではなく、ご褒美がもらえるわけでもない。それでも子供たちは、大人の言うことを聞くのは当たり前のこと、みんなそうやって大きくなるものだと身をもって知っているから、ごねたりはしない。

まだ十歳そこそこの子供にはちょっと無理なおつかいとなると、子供たちにとっては叔父にあたる、二人の妻の末息子にお鉢が回ってくる。重たいものを持てるだけの力をつけた中学生の彼は、食事時にはお茶の準備をしたり、お皿を乗せた大きなお盆を運んだりすることも多い。その彼も、近頃は友人と過ごすことが多くなり、あまり家には居着かなくなった。とはいえ、家でテレビを見ている時などは母親の膝にもたれかかり、まるで大きな赤ん坊そのものだ。厳しい大人たちだが、子供たちが叱られるようなことをしない限り、大きくなってもこんなふうに甘やかし、めっぽうかわいがるのである。

戸棚の上にある大きく引き伸ばされた顔写真は、兵役でキプロスに行っている次男のものだ。トルコ国民男子は、十八歳を超えると徴兵義務が課せられ、招集の知らせを受け取ったら、頭を短く刈り込み、指定された任地に赴かねばならない。学生は卒業するまで徴兵されないとか、大金を支払えば免除されるなどという特例もあるが、ドーガン家の次男は、当時この一家で唯一収入を得ていた長男を後に回し、一足先に兵役に就くことになったのだそうだ。

石炭を採掘する会社を経営する長男と、今はその手伝いをするようになった三男だが、二人ともあまり家にいることがない。仕事から帰っても、すぐに外へ出て行ってしまうし、戻ってきたかと思えば、そのうちにまたいなくなる。どこに行っているのやら、老いも若きも、男は自由に外を歩き回るものらしい。

ドーガン家で過ごしていた間、とにかく時間だけはたっぷりあった。この家で、私に与えられた役割など何もない。家族や知人の集まる居間で、私はクルド語の会話を理解しないまま、保守的な暮らしを続けてきたクルドの人々を見つめていた。そんな中、まず視線が向いたのは、姉妹のように並んで座る、一人の男性に嫁いだ二人の女性の姿だった。

トルコの法律は一夫一婦を原則としているが、この地方では、一人の男性が法的には認められていない複数の妻を持つことが珍しくない。戸籍上での正式な妻は一人だけだが、家庭内で見る限りでは、正妻、第二、第三婦人といった格付けや区別はまったくないようだ。少なくとも、ドーガン家や、私の見たいくつかの家庭ではそうだった。

そもそもイスラムの世界では、女は男に守られるべきものであり、女が家の外で収入を得ることは許されていなかった。ということは、多くの男たちが戦いで命を落とす乱世では、女たちもまた、夫を失い、結婚にあぶれ、生きる術を失うことになる。そこで、生き残った数少ない男性が、多くの女性を守り養うための方法として、一夫多妻制が誕生したというわけだ。ただし男性は、むやみに複数の女性を娶《めと》ってはならない。養えるだけの十分な経済力を持ち、平等に愛さなければならないというのが条件だ。

一口に一夫多妻と言っても、一軒の家に複数の妻が同居していたり、別々の家に離れて暮らす妻たちを夫が順番に訪ね歩くといった、いろいろな形があるようだ。同居する妻たちは、案外、友達同士のように仲がいい。そうするしかないのか、家族として自然に受け止めるようになっていったのかは、私にはわからない。


何人もの妻を持ち、多くの子供を育て上げた夫は、それだけ自分には男としての甲斐性があるのだと言わんばかりに胸を張る。子供たちは「私には二人（もしくはそれ以上）のお母さんがいる」などと平然と話し、「これが自分を産んだ私のお母さん」と一人を指して言うことはない。私はそんな家族とこれまでに何度か出会ってきたが、若い世代に一夫多妻を見たことはなかった。時代の変化に伴い、国の定めた一夫一婦制度に従うようになったことや、経済的な事情もあるのだろうが、人々の意識が変化したことも大きな理由のようだ。ドーガン家では、二人の母が一夫多妻のやるせなさを子供たちに植えつけたというようなことはなかったにせよ、長男のラファイはこう断言した。

「同時に妻が何人もいるなんてひどい話だよ。僕が結婚するのは絶対に一人だけだ」


長いスカートと手編みのベスト、頭には白いスカーフという同じような恰好をして、いつも並んで静かに編み棒を動かす、ドーガン家の二人の妻たち。先にこの家に嫁いできたのは、デニズよりもだいぶ年上に見えるファトシュだった。だが彼女には、子供ができなかった。そのため、後継者を欲しがった夫は、ファトシュを家に置いたまま、デニズを新しい妻として迎えたのだという。六人の子供たちはすべて、デニズがお腹を痛めて産んだ子だ。

四十歳代にして夫を失ってしまったファトシュとデニズは、これから先も一つ屋根の下で、これまでのように、こうして一緒に暮らしていくのだろう。

物静かでクルド語しか話さないファトシュは、私が到着して間もなく、ジズレの親戚の家へ行ってしまい、私は彼女とほとんど接することもないまま、それっきりになった。

ほっそりとした東洋人に近い顔立ちのデニズは、大声を出したり大口を開けて笑ったりしないような、いつも冷静な女性だった。クルド人女性には、年がら年中、豊満な身体で抱き締められたり、キス攻撃をされることに慣れていた私は、クールなデニズに最初は取っつきにくかった。

彼女は、私をお客さんとして甘やかそうとはしなかった。例えば、食欲の出ない眠い朝、少ししか食べないうちに私が食事を終えようとすると、デニズはしっかりとそれを見ていて「今朝は全然食べてないよ。これだけ全部食べなさい」と、大皿に盛られた卵やチーズ、パンなどを最後まで残さず食べさせられた。まな板を使わずに、指に軽く刃物を当てるようにして、野菜を切る方法を練習させられたし、皿洗いをやり直しさせられることもあった。洗濯したいと申し出れば「なんで朝のうちに言わなかったの」と怒られ、洗い終わった物を干していれば「そうじゃなくて、こういうふうにするんだよ」と、干し方の指導もされた。それは冷たいと感じるものではなかったし、私はちやほやされるよりも、かえって気は楽だった。だが仮にも、彼女が自分の姑だったりしなくて本当によかったと、密かに思うのであった。


手厳しい母親のデニズとは打って変わって、結婚しても実家で生活をともにする長女のシュクランは、おっとりとした、とても優しい人だった。二十五歳の若さでありながら落ち着き払った彼女は、どんなことでも許してくれそうな感じがした。私の言いたいことの飲み込みが早いだけでなく、私がトルコ語のどの言葉を理解し、どんな言葉を知らないかをいち早く把握し、私に合わせた言葉

を選んで使ってくれた。だから彼女と長い時間話していても、私は疲れることはなかったし、誰よりも通じ合うことができた。彼女は柔らかかな包容力を身につけた女性だった。

「私がお母さんと一緒に暮らすことは、何かと都合がいいのよ。うちにはお客さんがとても多いでしょ。お母さん一人じゃ大変だし、私はいろんな人に来てもらうのがとても好きなの。ここでこうしているのも、亡くなったお父さんが、私が結婚した後も自分のそばに置くと決めたからなのよ」

この家の子供として最初に生まれたシュクランは、小さい頃から母親の手となり足となってきた。娘かわいさに手放したくないという理由からだけでなく、幼い兄弟たちを抱える母親を助け、家の安泰を維持していくためにも、彼女はドーガン家にいなくてはならない存在であるということを、父親は考えたのかもしれない。

シュクランと私は、半地下の広いキッチンで、食事の支度や後片づけをしながらよく話をした。お茶や果物を抱え、二人だけでシュクランの部屋に行くこともあった。

「女に生まれたって、冒険をしたり、社会に出て仕事をしてみたいとは思わない？」

「ノリコのような人のことは、ちょっと羨ましいとは思うけど……。でも私にはお金もないし、だいたい一人で旅行するなんて恐くてできないわよ。クルド人はね、男は外に出て働き、女は家を守るの。夫を支え、子供を育て、きちんと家事をこなすのが、女の役割なのよ」

家事がきちんとできていない、とデニズにいつも駄目出しされる私は、ここでは女失格だ。

「最近では仕事を持って自立する女性も多くなったけど、古い考えが根強いこんな田舎町では、女は年頃になったら結婚して、子供を産んで、家のために尽くすものだとされているのよ。この町にも、大学へ進学して立派な職業に就く人はいるけどね。私には家事以外にできることなんて何もないから、せいぜいこうしてスカーフの縁にビーズや刺繍糸で飾りをつけて、店で引き取ってもらって少しのお金を稼ぐくらいなの」

本の図案を見たり、友達とパターンを交換し合いながら、技法にヴァリエーションを加えていくのだそうだ。一目進めるたびに、スカーフの縁取りが美しく仕上がってゆくこの仕事が、彼女は結構好きなのだという。

「女は損よ。何をするにも夫の許可がいるし、勝手なことをすれば殴られる。でも、こんな人生まっぴらだと思ったところで、どうしようもないの。もしも妻が離婚を迫ったりしたら、夫はただではおかないでしょうし、世間や家族は許してはくれないわ。子供のことを思えば、なおさら無理よ。それなのに、夫の方から離婚を持ちだすのは構わないのよ。既婚男性が別の女の人を好きになることも許される。妻を何人も持つこともね。だけど、もし妻に好きな人ができたりしたら、それは大問題よ。夫は、男としての名誉を傷つけられたといって、妻と相手の男を殺しかねないんだから。不貞を犯した妻とその相手に制裁を加えることは、当然だという考えよ。実際にこの町にも、何年か前にそんな事件が起きたことがあったわ。とてもじゃないけど恐ろしくて、浮気なんてできないわね」

浮気がばれて殺されるというのは、かなり極端な例であり、めったにあることではもちろんない。ただ、男尊女卑の傾向がはなはだしく、日頃から妻や子供たちに暴力を振るう夫というのが、少なくはないのだそうだ。女、子供に暴力を振るう男など、許しがたいほど最低の恥知らずと私は思うのだが、シュクランによれば、ここでは男が女を殴ることは恥ではないのだという。

「私は幸せな方よ。うちの旦那は手をあげたりしないし、決して悪い人じゃないから」

そう言いながらも、彼女はうつむいた。

「私が結婚したのは十四歳の時だったの。そして十五で息子のマホメットを産んで、十八で娘のユルドゥスを産んだのよ。そんな年齢じゃ、まだまだ子供よね。でも、うちの母が結婚したのも十四の時だったし、十歳で婚約させられる人もいる。ここでは、決して早い年齢ではないの」

今さらどうしようもないこと、というような表情で、彼女は笑った。

「彼を好きだったかどうかと言うと……、たぶん、というところかな」

はじめは口を濁していた彼女だったが、話しているうちに、地元の人間ではない私にだったら構わないと思ったのか、少しずつ本音を打ち明けるようになっていった。

「本当は、彼となんか結婚したくなかった。歳の離れた彼のことは、最初から好きにはなれなかった。でも父は私を近くにいさせたがって、自分のお抱え運転手だった彼と私を結婚させることにしたのよ。父に逆らうなんてこと、絶対にできなかった。それが私が結婚した、ただ一つの理由よ」

彼女の表情には諦めの色が浮かび、声のトーンは一気に下がった。

「以前の私は、好きな服を着てお洒落を楽しんでいた。かといって、別に派手なわけではなかったわよ。でも、義母が私を見て『そんな女は、私の前から消えておくれ』と言ったの。それ以来、私はずっとこの恰好よ……」

クルディスタンの中でも、特に保守的なこの地方では、女性の行動は厳しく制限される。親や親戚、目上の人に反抗したり、口答えをすることはもちろん、人前でぺらぺらとおしゃべりをしたり、けらけら笑ったりすることもいけない。女がお酒を飲んだり煙草を吸うことも、ジーンズをはいたり髪を染めることも、スポーツを楽しんだり、一人で旅をすることもすべて「恥」と見なされる。クルド人から見れば、私などは、まさに恥のオンパレード、恥のかたまりでできた標本のようなものだ。以前、クルド人の家で、無理矢理ロングスカートをはかされたことが頭をよぎる。

「みんなノリコのことを外国人という目で見ているから大丈夫。誰もノリコを恥のかたまりだなんて思っていないって。私たちがそういうことをすると、クルド人のくせにと非難されるけれどね」

　優しいシュクランは、そう言って私を安心させ、「自由な国」で生きている私のことを本当は誰もが羨ましいと思っているのだと話した。


「会社を経営していた父は、たくさんの人を雇っていたのよ。だけど、父が突然亡くなった後、親戚たちがその仕事を分割して引き継ぐことになったの。その時に、仕事を失った従業員は多かった。うちの旦那は父の運転手だったでしょう。彼の仕事もなくなったのよ。それ以来、彼は仕事を探そうともしないで、家でテレビを見たりぶらぶらするばかり。生活費も子供たちの教育にかかるお金もすべて、大学を辞めて働く羽目になった弟たちに出してもらっているのよ……。

　前にノリコがうちに来た時、私のお腹が大きかったことを覚えているでしょう。急にひどく痛みだして町の病院に行ったんだけど、手に負えないと言われて、ジズレの大きな病院に運ばれたのよ。予定日より少し早く生まれたその子は、かわいそうに三日目に死んでしまったわ。そんな時でさえ、私に付き添ってくれたのは、弟のラファイだった。結局、退院するまでの一週間、夫が病院に現われることは一度もなかったの。

　それ以来、しばしば腰やお腹が痛むのよ。母や弟は病院に行くべきだと言って、夫にも話してくれているんだけど、彼は知らん顔をするだけ。病院に行くにも、夫の許可が必要でね。夫が行く必要はないと言えば、その話はそれまでなのよ。

　私は、家族や家に来るお客さんたちに一生懸命尽くしてきたつもりよ。なのに、それが当たり前みたいになっちゃって、誰も感謝一つしてくれないの。掃除も料理も適当で、人の家へ遊びに行ってはお茶を飲んで楽しくやっているような人が、旦那さんの稼ぎは多くて、たくさん愛してもらっているというのに、私にはいいことなんて何もない。私にはまるで運がないのよ」

これといった宗教を持たない私が、ぎこちなく「きっと神様は見ているから」と言ってはみたのだが、イスラム教徒の彼女の反応は「どうかしら……」とつれなかった。

シュクランの部屋で二人きりになると、いつも彼女は隠してある煙草を取り出し、火をつけた。気分が落ち着くのだという。ほかの誰も知らない、彼女の意外な秘密だった。


ある日、次女のラーレリが、夫と三歳になる息子を連れて遊びにやって来た。すらりと背が高く、スタイル抜群のラーレリは、姉のシュクランとは似つかない桁外れの美人だった。そんな彼女のことが愛しくてたまらない夫の話は、この界隈では有名になっているのだそうだ。これほどまでの美女を妻に持つと、夫も気が気ではないだろう。その夫は、どう見ても妻とは釣り合わない、冴えない容貌をしているが、実は、彼はいくつもの大きなビルを所有する相当な資産家らしい。なるほどラーレリの手には、指輪や幾重もの金のブレスレットが、きらきらと輝いている。裕福な暮らしとあふれんばかりの愛情を手にしたラーレリだが、その夫との結婚も、シュクランと同様、父親に命令されたものだったという。

シュクランにしても、ラーレリにしても、恋にあこがれる気持ちがなかったわけではないだろう。しかし彼女たちの父親は、気立てのよい、よく働く地味な娘を自分の運転手と結婚させ、家族の世話焼きとして手元に置いた。そして、あまりある美しさを授かった娘のことは、知り得る範囲で最高の金持ちに嫁がせた。親族の絆、繋がりを重んじる社会だというが、そのからくりの一端が、何だか見えたような気がした。

シュクランが結婚してから、およそ十年が経つ。その間に、時代は急速に変わった。トルコ経済は飛躍的な発展を遂げ、生活は欧米化が進んだ。イスラム教徒の国とは思えないほど自由な雰囲気に包まれ、アベックが肩を組んで街を歩くようになった。そんな時代になっても、結婚前の男女が手を繋いで歩こうものなら、後ろ指を差されかねないこの町。しかし、そういう土地柄だからこそ、表向きの顔と本音とでは、大きな開きがあるのだ。どこに暮らしていようが、若者たちの一番の関心事が恋愛であることに変わりはない。この町の若者たちも、恋をし、それを楽しんでいた。

二十四歳になるギゼンは、数年前に公務員の仕事を得て、親元を離れてこの町に移ってきた。この地域で、女性の一人暮らしはよくあるものではない。心配した両親は、しっかり者の妹パキゼをギゼンのもとに送り込み、二人は一緒にアパート暮らしをすることになった。両親は毎朝、彼女たちに電話をかけてくる。「元気かい。今度はいつ帰ってくるんだい」といつも同じ質問を繰り返し、二人に悪い虫などついていやしないかと心配する。そんな両親に対し、決まって二人はこう答える。「大丈夫。何の心配もいらないから」と。その明るい声は、清廉潔白そのもの。偽りなど、微塵も感じられるものではない。

十六歳のパキゼは、食事を作ったり掃除をしたりと家事をまめにこなし、断食月には誰に言われるまでもなく、きちっと行を守る。親からすれば完璧な娘だ。ところが、一方の姉のギゼンときたら、頭の中は恋人のことでいっぱいなのだ。親の目が届かないのをいいことに、恋を満喫しているのである。

初めてギゼンに会った時、彼女が色気のある探るような目をして訊いてきた最初の質問は、「彼氏いる?」だった。そして彼女は生真面目な顔になり、「私にはいないわ。トルコ人は男の人とつき合ったりするけど、クルド人はそんなことしないの」と言った。しかし、それもつかの間のこと、彼女たちのアパートにラファイの従兄弟のメスートが現われた途端、ギゼンは彼にべったりと寄り添った。そればかりか、メスートが眠くなったと言ったかと思うと、揃って隣の部屋へ行き、二人は一緒にベッドで寝ているではないか。メスートがいない時に「彼氏なんかいないいって言ってたじゃない。メスートはいったい何なのよ」と問い質すと、ギゼンは「私の彼氏よ。うふふ」と、私の顔面すれすれまで近づいてきて、瞳孔の開いた目でほほ笑むのだった。

彼女たちの家に泊まりに行くと、彼女ののろけ話は尽きることがなかった。彼の話がしたくてたまらないのだ。メスートが出て行った途端、ギゼンは溜息を吐き、「メスートがいないと寂しくて。彼のことが好きで好きでしょうがないのよ……」と何度も繰り返した。はじめは私も耳を傾けていたが、すぐにつき合いきれなくなり、しまいにはいい加減にしてほしいとまで思うようになってしまった。見れば、妹のパキゼも知らんぷりを決め込んでいる。しかしギゼンは、私たちのことなどいっこうにお構いなしだ。ベッドの下から、花模様の刺繍が施された白い透けるような生地のネグリジェを取り出し、「メスートのために買ったんだけど、どうかしら」と言って羽織り、くるりと回って見せた。どうかしらと言われても、絶句するだけだ。ところが、こんなネグリジェをちらつかせながらも、「私たちは触れ合ったり一緒に寝たりはするけど、まだ結婚していないから、最後の一線だけは越えていないの。それだけは絶対に駄目なのよ」と、自分の純潔を強調したのだった。

蜂蜜工場で働くメスートは、勤務時間が一定しておらず、夜になってから仕事に向かうことも多い。そんな彼は、昼夜を問わず、とにかく頻繁にこの家に現われる。夜遅く来て、そのまま泊まっていくこともしばしばだ。

彼をつねに待っているギゼンは、チャイムの音がすると、まずは窓に駆け寄り、カーテンのすき

間からドアの外に立つチャイムの主を覗き見る。彼かどうかを、いち早く確認したいのだ。それが彼ではないとわかると、「なんだ、メスートじゃないのね」とでも言わんばかりに舌打ちするが、メスートならば、目をハートの形に変えて玄関に飛んで行く。そしてメスートは、必ず周りをきょろきょろと見回しながら、ギゼンの開けたドアからするりと入ってくる。二人は、こんなことを一日に何度も繰り返すのだ。

トルコの人々は電話好きだが、恋する女性となればなおさらだ。この家にも、胸をときめかせる乙女からの電話がかかってきた。どうやら一目惚れしたということらしい。

「なんていう名前、何してる人、どこで会ったのよ、それからどうしたの……」と、電話を受けたギゼンもパキゼも興味津々だ。

そんな長話も終わり、再び始まったギゼンののろけ話に飽き飽きしていると、隣に住む同じ年頃の女性が遊びに来た。その友達は、煙草をぷかぷかと吸いながら、ハスキーな声でよくしゃべった。こうして友達と思う存分話すことが、一番のうっぷん晴らしになるのだ。若い娘だけが暮らすこの部屋は、誰に気兼ねすることなく、煙草を吸い、思いっきり話すことのできる、何かと好都合な拠り所になっているらしい。

そしてその友達もまた、恋する乙女の一人だった。琵琶を小さくしたような弦楽器「サズ」で弾き語りする男性を、たまたま見て好きになってしまい、彼女の積極的なアプローチののち、つき合うようになったのだそうだ。彼女の場合、つき合っていると言っても、直接会うのは、彼の弾き語りをカフェへ聴きに行った時に限られる。それも、演奏が終わった後に、少し顔を合わせる程度で、後はもっぱら電話で話をするだけなのだそうだ。それでも彼女は幸せなのだという。その日も彼は弾くことになっているらしく、夕方になったら、親には友達の家に行くと嘘をついて、カフェに行く約束をしているらしい。

イスラム教徒は旅人に親切なんだと言って、いろいろと私の面倒を見てくれたドーガン家の長男ラファイにも、心から愛してやまない人がいた。だが、彼は失意のどん底だった。

「彼女はアダナから来たトルコ人で、看護婦としてこの町の病院で働いていた。その人と結婚する約束だったけど、彼女の父親に猛反対されたんだ。それでも彼女が結婚したいと言い張ると、アダナから父親が来て、彼女を無理矢理連れ戻してしまったんだ。彼女の父親はＭＨＰの党員で、僕がクルド人だと知って怒り狂ったらしい。彼女がいなくなってしまってから、しばらくの間、僕は毎日泣いていた……」

極右政党として知られる民族主義者行動党（ＭＨＰ）は、トルコ民族主義を掲げており、クルド国家樹立を究極目標として結成されたＰＫＫなどのクルド人過激派組織への憎悪がひときわ強い。のちに黙認するとの妥協を示したものの、ＥＵ加盟実現に向けた死刑制度廃止やクルド語解禁をはじめとする国内の人権状況の改善をめぐっても、改革を推し進めたい民主左派党（ＤＳＰ）とは逆路線を歩んできた。彼女の父親がＭＨＰの党員であったことは、二人にとって不幸なことだった。クルド人とトルコ人の幸せなカップルはたくさんいる。しかし、ラファイのように過激派でも反政府活動家でもないのに、クルド人であるというだけで敵対視され、無条件に引き裂かれる恋人たちは少なくない。

ラファイは、少しよれて折れ曲がった彼女の写真を私に見せ、そして元通り財布の中にしまった。彼女と別れて以来、彼は決して写真を撮らない、そして写らないと決めた。彼女との連絡が途絶えてしまった後も、どうしても手放すことのできない彼女の小さな写真が、ずっと彼を苦しめ続けているからだ。彼の心の傷は当分の間癒えそうにない。

そんなラファイのそばで、彼に思いを寄せる女性がいた。二つ年下の従姉妹、ゾザンである。たどっていけば、ほとんどの住民が何らかの形で繋がっている小さなこの町では、親戚同士の結婚はよくあることだ。ゾザンは、子供の頃から一緒に遊んできたラファイのことがずっと好きだった。彼女は秘密を打ち明けるように、指輪の内側に彫られた文字を私に見せて言った。

「ラファイって書いてあるでしょ。私たちの絆はすごく強いのよ」

しかし、彼女の恋もまた、実らなかった。会話も楽しくチャーミングで、ラファイが親戚の中でも特に親しくしているゾザンだが、ラファイは彼女の告白に応えようとはしなかった。

「親戚の子をガールフレンドにするのは嫌なんだ」と彼は言うが、その心が別のところにあることは明らかだった。

「クルド人は、一人の人だけを深くずっと永く愛す。その分、嫉妬心もすごく強いんだ」

あるクルド人から聞いた、そんな話を思い出した。そう語った男性は、愛を誓ったはずの女性が親の決めた相手と突然結婚してしまったことに絶望し、自分の身体に刃物を突き立て、一生消えないようにと、幾筋もの深い傷を刻みつけた。彼がまだ十代の頃である。それから十年経っても、彼は別の人を好きになったことがない。神と家族だけを信じ、もう誰も愛さないと心に決めたのだという。

ストイックな彼に、幼なじみの友人は言った。

「終わってしまったら、しょうがないじゃないか。悲しい恋の歌を聴きながら酒を飲んで、思いっきり泣いたら、後はもう忘れようよ。そしてまた次の人を探せばいいんだ」

ギゼンの頭の中は、相変わらずメスートのことでいっぱいだった。しかし、どういうわけか二人の関係がぎくしゃくしたことがあった。仕事を休んだギゼンは、「どうしてなのかわからないんだけど、メスートが私と話したがらないのよ。携帯に電話しても電源を切っちゃうし、私はいったいどうすればいいの」と、うろたえ、うっすらと涙を浮かべた。そして、仕事中のラファイにも度々電話をかけ、「メスートが、メスートが、……」とわめき、何とかしてくれと懇願するのだ。そうまでされてはと、ラファイもメスートに話をつけ、メスートをギゼンのもとへと向かわせたのだが、二人は部屋の端と端に離れて座り、ろくに話をしようともしない。雲行きの怪しい彼らから遠ざかっていたいと願うパキゼと私が、否応なしに巻き込まれることになった。しまいには、何度も呼び出されたラファイの堪忍袋の緒が切れ、怒りをぶつけたあげく、彼女たちの家に泊まりに来ていた私を自分の家に連れて帰ると言いだした。私の手を引っぱり、荷物を運び出そうとするラファイを、メスートとギゼンはドアの前に立ちはだかり止めようとした。仲間を失いたくない妹のパキゼも必死だった。その後、二人は「ほら、もう仲直りしたから大丈夫だ」と手を繋いでみせ、わがままを言い合ったことから起こったらしい二人のいざこざは、あっさりと修復されたのだった。

その晩、ギゼンはいつにもまして念入りに化粧をし、香水をたっぷりつけ、例の白いネグリジェを着込んでいた。そして仲直りをした二人は、久しぶりに平和に一緒に眠ったようだった。

翌朝早く、ギゼンは寝ている私を起こし、「メスートったら大変なことをしてくれたのよ。私、お父さんに殺される。どうしよう、もう結婚できない」と取り乱した。

「出血しちゃったのよ。ディヤルバクルの大きな病院へ行って、元に戻してもらわないといけない。ラファイにも一緒に行ってもらわなくちゃ」

妊娠の心配より何より、彼女にとって大問題だったのは、自分の身体に傷がついたことだった。そして、メスートの親戚であるラファイが金持ちであると信じて疑わないギゼンは、手術にかかるお金を彼に出してもらうことまで考え始めていた。

そんな二人とは一旦距離を置いたほうがよさそうだと考えたラファイは、結局、私を自分の家に連れて帰った。

そしてこの日は、とりわけたくさんの親戚がドーガン家に集まった。お客が多く賑やかなのが好きだと、シュクランは言っていた。みんなも本当に楽しそうだ。人数が多くなり、窮屈になってくると、女たちは別の部屋へと移動を開始し、女の園は歌えや踊れの大騒ぎとなった。

「この町にいるのが一番よ」

「何言ってんの、こんな田舎ぜんぜん面白くないじゃない。バトマンの方が断然よかったわ」

と、自分の故郷をめぐって言い合う者もあれば、

「結婚なんて、するもんじゃないわね。旦那は殴るし、子供は手がかかって大変だし。私もノリコと一緒に日本へ行っちゃおうかしら」

と、大声を張り上げて憂さ晴らしをする者もある。彼女たちは思い思いの恰好でくつろぎ、語り、そして笑った。いつも彼女たちを縛っている女の「恥」の概念も、こんな時だけは無礼講である。

夜も更ける頃、女たちが協力し合いながら後片づけをすませると、客人たちは眠りについた子供を抱きかかえて、それぞれの家へと帰って行った。家族だけになった家の中は、ほっとしたような、それでいてなんだか寂しい感じがする。部屋の明かりが、いつもより暗く見えた。嵐が去った後の静けさの中で、ドーガン家の人々は、少々疲れた様子で言葉少なげに蒲団を敷くと、早々に天井の

電気を消した。

町を去る前日、シュクランの十歳になる息子のマホメットと私は、居間で珍しく二人きりになった。私を大人やお客というよりも、お姉さん的な友達感覚で捉えていたマホメットは、その広い部屋の中で「ほら見てよ」と、出来損ないの側転をした。中学時代体操部だった私は、「下手くそだなあ。こうやるんだよ」と言って手本を披露すると、彼が「すごい、すごい」と喜ぶので、さらに数回やって見せた。しかし、これがばれたら「恥」と言われるに違いない。そう気づいた私は、マホメットに向き合い、念入りな口止めをした。彼は絶対内緒にすると約束し、その後激しく練習を繰り返した。私は彼を尻目に、これで大丈夫だと、何事もなかったような顔をして静かに日記に取り掛かり始めた。すると、デニズが部屋の真下にあるキッチンから勢いよく上がってきた。床の振動が相当響いていたらしい。マホメットは祖母に大目玉を食らい、すぐさま外につまみ出されてしまった。一人叱られた彼だったが、約束を守り、同罪を犯した私のことは決して口に出さなかった。

その晩、最後の皿洗いは、マホメットの妹、ウズゲも手伝った。「ずっとうちにいてね」と言う彼女に嘘はつけず、「明日、ディヤルバクルへ行くんだよ」と言うと、彼女は「行かないで、行かないで！」と私の袖をつかんで飛び跳ねた。

この家に滞在している間、二人の子供たちとも、学校であったこと、友達と話したことなど、ずいぶん話をしたように思う。私が日記をつけていると、彼らも真似をして自分のノートに文字や絵を書き始めたものだった。私が新聞の切り抜きやトルコ語の勉強をする時には、いつも彼らに手伝ってもらうことにしていた。頭が痛くて薬を飲もうとしていれば、二人は競うように駆けつけて、コップ一杯の水を持ってきてくれた。気づかぬうちに、私は子供たちの世話になっていた。

見送りはデニズとシュクランの二人だけという、寂しい出発になった。子供たちは学校へ行き、ラファイたち兄弟は仕事で留守だった。部屋で側転をして、一人だけ叱られたマホメットに一言謝りたかったが、そのままになってしまった。

「また来てね。いつでも待ってるから」と、何度も私を抱き締めるシュクランともうお別れだ。デニズは、私の精一杯のうやうやしい挨拶を嫌がった。

バス乗り場へと向かう途中、坂道の向こうにドーガン家の裏庭と窓が見えた。家の外に出してもらえず、いつも外を眺めてばかりいたあの部屋の窓。そこから私は、学校や仕事に行く家族を見送っていた。その同じ窓から、今はデニズとシュクランが私に向かって手を振っている。

非常事態令下のこの町で、私はラファイと出会った。道行く人々は私を見て「外国の新聞記者か……」と囁き合い、ある人は「私たちクルド人は大変なんだ」と訴え、またある人は、私をトルコの悪口を書き立てるジャーナリストかスパイだと言って警察に通報した。ラファイは、そんなこの町に舞い込んだ私を、人々から引き離した。そして、PKKのことや、人々が受けてきた差別や迫害に関する質問には、一切答えようとしなかった。写真を撮ることも、許してはくれなかった。私は何のために苦労してこの町に来たのかと思うと、頼んでもいない彼の執拗な保護は、はじめは迷惑以外の何物でもなかった。

しかし、ラファイは言った。

「心の原点は故郷にあるんだ。だから僕たちはずっとここで暮らしていく。あなたには、そのいいところだけを知ってもらえば、それで十分だ」

「苦悩を背負ったクルド民族のために何をすればいいのか」という意識から抜け出ることができずにいた私は、その言葉にはっとさせられた。それから私はだんだんと、彼や彼の家族との心の距離が近くなっていくのを感じるようになった。そしてこの町は、私にとって、ほかとは比較することのできない、特別な場所となった。

二〇〇二年六月、ＦＩＦＡワールド・カップの決勝トーナメントで日本とトルコが対戦し、その試合が終わった時、ラファイから久しぶりに電話がかかってきた。

「どうだ、トルコが勝っただろう。ところで、今度はいつ来れるんだ？」

雪景色の美しい季節に再び行くつもりだ、と私は答えた。

罪悪感と試練
——イスタンブール——

私はホテルの部屋に閉じこもっていた。朝、一旦目覚めても、なかなか起き上がる気にはなれなかった。再び眠りに落ちることで、時をやり過ごすことができれば幸いだった。

ホテルの朝食時間が終了する少し前に、やっとの思いでベッドから降り、食堂に行って用意されたものを口にする。トルコのホテルで出される朝食は、どこに行っても変わりばえがしない。パンと紅茶、トマトやきゅうりのスライス、オリーブの漬物、チーズ、そしてゆで卵。私が食べる頃には、ゆで卵はもうなくなっていたし、早い時間なら山積みにされていたはずのフランスパンも、端っこの堅い部分や、くずのような切れ端ばかりが残っているだけだった。

私は、朝食を取るために部屋を出ただけでも疲労感を覚えた。部屋に戻ると、あれだけ寝たというのに、またベッドに横たわった。決まって昼近くになると、部屋の掃除に二人の女性がやって来てドアをノックする。億劫ではあったが、きれいなバスタオルやシャンプーの補充は欲しかったから、彼女たちに部屋に入ってもらい、私は外へ出ることにした。

別にどこへ行こうというわけでも、約束や予定があるわけでもなかった。私は真冬の低い陽射しを疎ましく思いながら、切り取ってしまうことのできない、どうにもならない時間をただ潰すためだけに歩いた。ひと頃に比べれば、むやみに話し掛けられることは少なくなった。初めてイスタンブールに来た時はあれこれつきまとわれて大変で、私はイスタンブールをひどく嫌っていた。今はだいぶましになったが、かといって散歩を楽しみ、心が晴れていくという心境ではなかった。どうしようもないほど時間を持てあましていたせいだろう。無意識のうちに、何度も腕時計に目をやった。そのたびに、まだたったの五分しか経っていないのかとため息が出た。そんな調子だから、ほんの一時間歩くことですら一苦労であった。

掃除が終わる頃には、さっさとホテルに引き返した。中庭に向かって張り出した小さなベランダで、喉が渇いたわけでもないのにミネラルウォーターをちびりちびりと飲み続け、寒くなれば部屋に入り、ただぼんやりとテレビ画面を見つめた。同じ場所に座り、何もしないでいるうちに、日は傾きだんだん暗くなっていく。

私は立ち直れずにいた。友人の言葉が、耳の奥で響いていた。

「――あの町に来てはいけない。僕にも問題が起こる」

一年ほど前、私は軍の検問所で朝方まで拘束された。観光客が訪れるはずもない非常事態令発令地域の町へ行こうとしたためだ。私はそれ以前にも数回、その町に流れ者のようにして入っている。そこではいろいろな人と暖かい交流を持てるようになったし、信頼できる友人もできた。だが、私はその友人のうちの一人を、とんでもない目に遭わせてしまった。

私はその検問所で、持ち物のすべてを徹底的に調べられた。担当した軍人は、どんなに小さなものでも見逃そうとはしなかった。そして荷物の中に、クルディスタンの地図や雑誌記事、さらには政治政党幹部のインタヴューをまとめたノートなどがあったことから、私は取材に入ろうとしているジャーナリストだと睨まれた。同時に、私の持っていた手紙から友人の名前が割り出され、夜遅く、取り調べを受ける私のもとへと、彼までも連行されてしまったのだ。二日がかりの尋問にさらされた後、最終的に私たちは問題人物ではないということで解放された。事実、彼には咎められるような要素は何一つない。だが、今後再び彼が不利になるような疑いをかけられたり、厳しく追及されたりするようなことはないだろうか……。私は大きな心配事を抱えることになってしまった。そして、決して口には出さないけれど、彼自身もまた、そうであったに違いないのである。

その後日本に帰ってからも、友人を巻き込んだ罪悪感と、彼の身に災難が降りかかるかもしれないという強迫観念にたびたび襲われた。ふと、彼は大丈夫だろうかと不安にかられてしまったら最後、悪い想像ばかりがどんどん膨らんだ。そんな時は国際電話をかけ、無事を確認しないことには安心できなかった。いくらかけても、翌日もそのまた翌日も携帯電話の電源が入っていなかった時には、嫌な冷たい汗が出た。夜中に一人、頭を抱えていたこともあった。

あのことで、私に関する記録や報告がどのようになされたのかはわからない。私はただ単に友人に会いに来ただけの旅行者ということで、その場をしのぐことができたが、今後もし何かあれば、もう旅行者ではすまなくなる。この出来事が起きるまでは、どんなに取り調べを受けようと、他人に影響が及ぶことはなかったから、どこにでも突き進んでいくことができた。のちに、私が入国を拒否されるようなことになっても、私一人の問題ですんだ。しかし、今後もしそのような事態になれば、あの友人は追及を免れないであろう。私の責任は重い。これからの行動は、これまでとは比較にならないほどの注意が必要になる。

そして、あれからもう一年……。足取りは軽くはなかったが、私は再びトルコへやって来た。この国に着いてから、まずイスタンブールでその友人に会うことになっていた。彼は東部の町で仕事をしているが、所用のため、私の到着の数日後にイスタンブールに来るという。

私は友人を待つ間、金角湾とボスポラス海峡のぶつかる辺りに面したエミノニュ地区に通った。イスタンブールに来ると、私は必ずそこで働く物売りたちの写真を撮る。彼らの多くがクルド人だということを聞いているからだ。今度こそ、彼らの暮らしを追ってみたかった。だが今回、私は自分の存在を人に印象づけるような行動はやめようと決めた。今さらエミノニュの物売りたちにまで細心の注意を払ってみたところで、何にもならないかもしれない。意固地になって判断力を欠き、貴重な出会いや発見を放棄し、知るべきことを目の前で棒に振っているだけなのかもしれない。そのことがわかっていても、結局、私は一観光客の素振りで撮影すること以外、ほかには何もできなかった。

イスタンブールに降り立ってから数日経った約束の日、私は友人の変わらない姿を目にすることができた。二人の親戚と一緒だった彼は、陸路での長旅にもかかわらず元気そうだった。

私たちはお互いの近況を報告し合った。彼の家族や親戚、そして友達も、みんな元気とのことである。親友のアキフは、一カ月後に徴兵でアンカラに行くことが決まったそうだ。前回会った時、妊娠五カ月目だったゾザンは無事女の子を出産。ケマルは新しいカフェをオープンして儲けているし、イスマイルは新しい車を買った。彼自身の仕事も順調らしい。悪い知らせは何一つなかった。心配で眠れなくなるようなことは、もうなくなるだろうと思えた。

しかし、あれから何の問題も起きていないかとの問いに、彼はこう答えた。

「何の問題もない。ただ、軍がノリコは立ち入り禁止だと言っている。次はあの程度ではすまないことになるからね。だから絶対に、あの町に来てはいけない」

あの時、今後私があの町へ行くことには何の問題もないということで決着したはずなのに、何があったというのだ。私が去ってから、彼は軍の人間にそんなことを言われていたのか。呼び出されたのだろうか、それとも連行されたのだろうか。また、そのことを口で言われただけですんだのだろうか……。私は問い質さずにはいられなかった。しかし彼は「終わったことだ。とにかく決してあそこに行ってはならない。あなたに大問題が起きる。そして僕にもだ」とだけ言って、この話題をすぐさま終わらせようとした。これまで彼が決して言うことのなかった「僕にも問題が起きる」という言葉。それを聞いた途端、私は血の気がひいていくのを覚えた。そして少し間があいた後、私はひどく執拗になった。

「何があったのか話してよ」

「もう聞くな」

「話して」「聞くな」

「話して」「聞くな」

「話さないなら、行くよ！」

「こっちの身にもなってみろ……」

話題がほかのことに移れば、彼の様子はいつもとまったく変わらなかった。私はと言えば、平静を装うつもりがうまくいかず、顔が引きつった。
一、二時間の短い間だったが、私たちは再会し、別れた。釈然としないものが残った。私の心境は、これまでに味わったことのないものだった。顔色をうかがいながらも、目の前に元気な彼の姿がある時はまだよかった。しかし、一人でホテルの部屋に戻ると、私はじわりじわりと泥沼の中に沈没していった。

私のこれまでやってきたことは間違いだったのだろうか。私が軍隊に拘束された時に、持ってい てはならないものが荷物に入っていたことは、明らかに私の大きな過ちだった。しかしそれ以前に、クルド人の町を繰り返し訪ね歩き、クルド民族の写真を撮るということ自体が、不幸な結果を招くそもそもの原因だったのではないだろうか。懸命なつもりでいたけれど、実はただ、いたずらに彼らの暮らしをかき乱していただけではなかっただろうか。私には彼らの写真を撮る資格など、初めからなかったのではないだろうか。

「クルド人の問題は、素人がやれるほど簡単なものじゃない」

クルド人の写真を撮ろうと活動を始めたばかりの頃、日本の友人に言われたこの言葉が、繰り返し頭をよぎっていった。

「写真を撮る」といっても、確信があったわけでも、仕事としての目星がついていたわけでもまったくない。ただ、写真は私の生きざまそのものを映し出してくれるのではないだろうか、そのことで目の前に立ち込める霧の中にもいつか自分の居場所が見つけられるのではないだろうか。そんな予感がしてならなかった。だから、迷いはなかった。というより、やってみずにはいられなかった。それでも自分に何ができるかなどまったくわからず、手探りの状態は続いた。自分の生活をどう支えていけばいいのか、そんなことを考えては、しばしば袋小路に入り込んだ。私は白紙の状態で自尊心など持てずにいたから、「好きなことがやれて羨ましい」とか「すごいね、偉いね」という周囲の声を、まともな生活と訣別した者に対する侮蔑と受け取ってしまう被害妄想に陥ることさえも

生きることをおろそかにしないと誓った。

私には、一度思い込んだら一歩を踏み出せるだけの勇気はあったが、自信などあるわけがない。会社勤めを辞めてまで「写真を撮る」という先の見えない選択をしたからには、暗闇の中を転んでも転んでも歩き続ける覚悟が必要だった。犠牲にするのは、安定だけではすまない。だがその分、生きることをおろそかにしないと誓った。

そうして、私が出会うことになったクルドの人々。先住民族である彼らの居場所は、不幸なことにたくさんの人々の血が流された「紛争地」だった。親から受け継いだ土地で暮らしているにもかかわらず、クルド人であるということを捨てるように強いられ、「私たちはトルコ人、トルコ国民だ。なんて幸せなんだ!」と叫ぶことを強いられてきた。彼らが「私はクルド人」と大っぴらに言うことは決して許されなかった。

それに対し、大して考えることもなしに「自分は日本人である」と言い切れてしまう私。どんなに長く辛い旅をし、彼らの苦悩を理解しようと努め、身につまされる思いをしても、私にはいつでも逃げて帰ることのできる場所がある。旅の道中に困難があると言ったところで、日本に帰れば不自由のない安全な暮らしが待っている。私は旅の回数を重ねるうちに、彼らの苦悩をほんのひとときかち合ったとしても、結局は何もできずに去って行くだけの自分に、後ろめたさを感じるようになっていった。自分がクルディスタンを訪れていながら日本と繋がっていることに気がひけて、旅の最中に国際電話をかけることもできなくなっていた。

クルド人の町を渡り歩き、彼らの叫びを聞けば、誰しも胸を締めつけられる思いをするだろう。自分には何ができるだろうかと考えるようになるだろう。私もその一人だった。それなのに、私は大変な失敗を犯してしまった……。

何一つやる気にならなかった。足元にペンが落ちても、拾うことすら億劫だった。日が落ちて窓から光が射さなくなっても、電灯のスイッチに手を伸ばしたのはずいぶん時間が経ってからだった。トルコに着いたばかりで、まだ何もしていないに等しかったが、「帰ろう。もう私にはできない」と、何度もギブアップ宣言をする衝動にかられた。ただし、ここで逃げ出したら、私にはもう彼らとつき合う資格などありはしない。今後、写真を撮り続けることも。

ほとんどの場合、私に同行者や通訳はいないが、ある時期から自分は一人で旅をしているような気がしなくなった。宿や食事を提供し、私を喜ばそうと心を尽くしてくれる、たくさんのクルド人たち。私には役割があると言ってくれた人、日本で帰りを待っていてくれる友達。私と関わったことでトラブルに巻き込まれてしまっても、友情を終わらせようとしなかった彼……。私はそのみんなに支えられ、生かされてきた。

私にはやるべき仕事があると、彼らから教えられたのではなかったか。クルディスタンの人々と触れ合ったことで、やれる何かがあるはずだと。よその世界からやって来た人間だからこそ、こんな微力な私であっても、できることもあるのではないかと。今ここで、中途半端に終わらせてはならないではないか。

何も手につかず、日本に帰る決心もつかないまま数日が過ぎた頃、私はまずイスタンブールを出ることから始めてみることにした。フィルム一本だけでも撮ろう。それから、また考えようと。

翌朝早く、イスタンブールを出た。東部アナトリア地方のあんずの里で、まずは一本、そしてもう一本と撮り続けた。シャッター音は、カンフル剤の効果があるらしい。十本ほど撮り終えた頃、なんだか少しずつ元気を取り戻しつつある自分を感じていた。

結局、旅はほぼ予定通り、三カ月近くに及んだ。その間ずっと、心の中にこれまでに味わったことのない重苦しさを絶えず引きずってはいたのだが。

それでも、また次にクルディスタンを訪ねる日はそう遠くはないだろうと思っている。「また会いましょう」と言ってくれた彼らとの約束を果たすために。そして、写真を撮り続けることをやめないためにも。

〔追記〕

二〇〇二年八月、トルコ国会は、クルド語教育と放送の解禁、言論・表現の自由、死刑制度の廃止（戦争など有事の場合を除く）などを謳った十四の改革法案を可決した。そしてその年の十一月には、改革の一環としてディヤルバクルとシュルナックの両県に出されていた非常事態令が十五年ぶりに解除された。一九八七年にトルコ東部に発令された非常事態令は、九〇年代後半になって段階的に解除されてきたが、最後まで残っていたのがこの二県だった。これにより、すべての地域で非常事態令が解除されたということになる。

だが、クルド語教育が解禁になったとはいっても、公立学校や大学でクルド語教育とクルド語での授業が行えるようになったわけではない。教室は私塾や語学学校に限られ、既存の学校とは別の専門施設を設けて運営しなければならないなど、現実とはかけ離れた厳しい条件がつけられている。

また新聞報道などによると、PKKが一九九九年に出した停戦宣言をきっかけに、トルコ政府は村を追われ国内避難民となったクルド人の帰還を促し、村の復興を支援する方針だというが、実際に帰還が許可されたのはごく一部にすぎない。帰郷を果たせたとしても、住む家を建て直すところから始めなければならない住民への政府の援助は乏しく、人々は建材と資金不足に困り果て、極めて劣悪な生活を強いられているのが現状だ。

改革法が成立したとはいうものの、その成果を見るまでには、まだまだ時間がかかりそうである。棚上げされてきた法案がこの時期に急きょ可決されたのも、トルコのEU加盟が事前協議される欧州委員会の報告書発表を十月に控え、民主化や人権問題、とりわけ対クルド人政策への取り組みをアピールしたいとの狙いがあったとの見方が大半だ。人権改善への第一歩は、果たして本当に踏み出されたといえるのであろうか。

あるクルド人女性が私に語った言葉が思い起こされる。

「きっと、これまでと何も変わることはない……。トルコ政府は『クルド人の人権は改善した。クルド問題はすべて解決した』と、国際社会に向けて宣伝したいだけなのよ」

死刑制度の廃止により、死刑判決を受けていたオジャランは終身刑に減刑されたが、二〇〇二年四月に「クルド自由民主会議（ＫＡＤＥＫ）」へと名称変更したＰＫＫは、いまだ局地的にトルコ政府軍とのゲリラ戦を繰り広げている。クルド人の住む町に平和が訪れたとはとうてい言い難い。

本書の執筆を終えた二〇〇三年二月のいま、米国はイラクの人々の頭上に爆弾の雨を降らす計画を着々と進めている。そのさなか、国際政治の取り引き材料として、クルド民族の存在が再びクローズアップされるようになっている。米国は北イラクのクルド自治政府幹部や反体制組織に資金援助を行い、会談を重ねている。その一方でトルコ政府やイラン政府は、サダム・フセイン政権崩壊後にイラク国内のクルド人が独立するようなことになれば、自国に抱え込んだクルド人の独立運動に火がつきかねないとの懸念を抱き、警戒している。

クルディスタンを抱え込んだ国のみならず、世界の大国にも、都合のいい時だけ引き合いに出され、利用され、必要のない時には無視されてきたクルドの人々。翻弄され続けてきた彼らの悲惨な歴史が、また繰り返されることのないように、そして人々が心からの笑顔で安心して生活できる世界が訪れるように、私たちにできることとはいったい何だろうか――。

あとがき

クルディスタンを訪ねると、そこにはいつも音楽が満ちている。人が集まれば、美声を披露する人が必ず一人や二人はいるもので、そんな時はみんなで車座になって耳を傾ける。目を閉じて静かに聴く人、一緒に口ずさむ人、立ち上がって踊る人……、その輪の中にあるさまざまな表情に出会うこともまた楽しい。そうしてクルドの人々は、老いも若きも、先人たちによって何十年も何百年も前から伝えられてきた曲を飽くことなく、朗々としみじみと歌い継いでいる。

クルドの人々の培ってきた音楽は、クルディスタンで聴くに限る。かの地の風を感じ空気を吸ってはじめて、その心に触れたような気持ちになれる。そして、クルディスタンに入り、その声色と旋律に再び触れた時、「戻ってきたな……」と妙に懐かしさを覚えるのである。

私は旅から戻ると、耳の奥底から聞こえてくる、消えることのない炎のようなクルドの音楽に、時々耳を澄まし、クルディスタンに思いを馳せてみる。

「クルド人の土地」を意味するクルディスタンという呼び名は、昔から広く用いられてきた。ところが、現在トルコでは、それは国土を分裂させようとする者たちの用いる「危険な」呼称とされ、口にすることも文字にすることも固く禁じられている。だが私は、クルド人たちが詩の中に詠み上げ、歌にしてきた美しい土地のことを、古くからの慣習に従い、政治的な意図など一切なしに、無邪気な気持ちであえて「クルディスタン」と呼びたい。

何も知らず、何も考えず装甲車に乗ったことがきっかけで始まったクルディスタンの旅。人相の悪い男に執拗につきまとわれたこともあれば、日没間近の吹雪の中、建物一つない誰一人通らない雪原でバスを降ろされ、頭の中までが真っ白になったこともあった。辞書と地図片手の一人旅は、決していいことばかりではなかったが、その一方で楽しい思い出もたくさんある。女旅芸人たちと数日間を過ごしたり、飛び入りで学校の教壇に立ったこと。親しくなった家族との再会で、大きな女たちに抱き上げられての歓迎を受けたこと。そんな彼女たちと腹筋運動をした時には、起き上がれずにもがくその姿に、みんなで大笑いしたものだった。それにこたえたのか、太りすぎはよくないと、私を真似て砂糖を入れずにチャイを飲むようになった人も多い。うどんを作り、箸を使って食べてもらったら、大家族の団らんはこちらが嬉しくなるほどに盛り上がった。

私が訪ねたこの六、七年の間に、クルド人の友人が所帯を持ったり、新しい命が誕生したりもした。元気だった人が突然亡くなったこともあった。また、刑務所に入ってしまっていたり、家族や友達からも身を隠して亡命の準備を密かに進めているという人もあった。

私は、名もなきクルド人の一人一人と向かい合い、その小さな声と言葉に耳を傾けながら彼らの素顔を見つめてみたいと、クルディスタンを歩いてきた。彼らの明るさや優しさは被写体としても申し分なかった。だが、彼らの背景にある問題がかくも深く大きいと知った時、彼らの見せてくれる笑顔は私の胸に深く沁みた。もっともっと彼らの写真を撮りたい、そのためにはもっともっと彼らのことを知らなければならない。彼らのひたむきな姿をファインダー越しに四角く切り取って見る時、その姿が記憶とともに現像液に浸した印画紙の上に浮かび上がってくる時、これまではあまり考えてみなかった「人間の誇り」や「命あるものの尊厳」といったようなことを私はふと考えるようになった。

世界の至る所で紛争は絶えない。戦争によって生きる者たちの暮らしは破壊され、人がたくさん死んでゆく。大国の都合は「正義」と取り違えられ、「人道」という言葉が用いられながら、反撃能力のない人々の持つものすべてが一瞬のうちに奪われる。「ある程度の犠牲はやむを得ない」と。

*

クルディスタンの旅を終えるたび、私にはまず頭を冷やす時間が必要になる。そんな状態の私が、版画家の大野隆司氏に旅の報告をした時のことだった。大野氏は「出会ったクルド人たちのことを書いておいた方がいい。寝ている場合ではないよ」と言って、原稿の締め切り日を設けた。私は出版を意識することもなく、読者を一人得たことに励まされ、その後も続く月ごとの締め切りに追われながら書き続けることとなった。その間、大野氏は締め切り日を決めるだけでなく、必ず読んで感想や意見を述べて下さった。だからこそ、私は一編一編を大切に書くようになった。この本はそうして書いてきたものが、形になったのである。

私の憧れである写真家の大石芳野氏は、この本のために推薦文を書いて下さった。私は、深く訴えてくる大石氏の作品やメッセージとそのお人柄に、いつも心を打たれてきた。この本の執筆中、壁にぶつかっていた頃に刊行された写真集『コソボ破壊の果てに』（講談社）を拝見した時もそうだった。その大石氏がこの本の草稿を読んで下さり、暖かい言葉をかけていただいたことが、私にとってどれだけ大きな感動であったかは、言葉では表わしきれないほどである。

クルド学の提唱と研究に長い間携わってこられた中川喜与志氏には、出版にあたり、大変貴重なご指摘と、ありがたいご感想をいただいた。私をクルディスタンの長旅へと向かわせた『クルディスタン＝多国間植民地』（柘植書房）の翻訳をされた中川氏の知遇を得たことは、それだけでも光栄なことであったが、ご自身の取材と研究にもとづいて著された『クルド人とクルディスタン』（南方新社）の表紙に、私の撮った写真を採用していただけたこともまた嬉しい限りであった。ここにあわせて謝意を表したい。

また、私の書いてきた文章をこうしてまとめあげることができたのも、ただならぬ力を注いで下さった新泉社編集部の安喜健人氏に負うところが大きい。草稿を実に丹念に読んでは、鋭く切り込んだご指摘によって、私から多くを引き出して下さった。写真の掲載一つをとっても、最後の最後まで根気強く作業を繰り返し、妥協を許すことはなかった。私の旅の記憶を綴ったものがこのように世に送り出されるのは、安喜氏の強い思い入れとご尽力があったからこそである。

私がクルディスタンへの旅を続けてこられたのも、本書が出版へと至ったのも、本当に素晴らしく大きな方々に支えていただいたおかげである。私一人の力では何一つ叶わなかったに違いない。支援して下さったすべての方々に、感謝の気持ちを精一杯込めてここに記したい。

そして長いつき合いの中で、私に大きな影響を与え続けてくれた尊敬すべき友人であるノンフィクションライターの中島由佳利氏、クルド民族の問題に関心をもち写真展や講演の場には何度も足を運んでくれた古谷明美氏とそのご家族、私を深く理解し檄を飛ばし続けてくれた饗場千晶氏に、心からの友情を伝えたいと思う。

最後に、無鉄砲に突っ走った結果、ある時は病気になって、ある時はけがをして車椅子で帰国するような私を、心配し支え続けてくれた家族に感謝して、結びとしたい。

二〇〇三年二月十五日

松浦範子

主要参考文献

イスマイル・ベシクチ『クルディスタン＝多国間植民地』中川喜与志・高田郁子訳，柘植書房，1994年.

中川喜与志『クルド人とクルディスタン』南方新社，2001年.

勝又郁子『クルド・国なき民族のいま』新評論，2001年.

遠山敦子『トルコ　世紀のはざまで』ＮＨＫ出版，2001年.

ジョン・キング『世界の先住民２　クルド人』柏木里美訳，リブリオ出版，1995年.

小島剛一『トルコのもう一つの顔』中公新書，1991年.

小島剛一「『クルド人』問題とは何か」『世界』1999年6月号.

S.C. ペレティエ『クルド民族　中東問題の動因』前田耕一訳，亜紀書房，1991年.

川上洋一『クルド人　もうひとつの中東問題』集英社新書，2002年.

清水紘子『来て見てシリア』凱風社，1998年.

ダンカン・フォーブス『トルコ歴史紀行』月村澄枝訳，心交社，1992年.

内藤正典編著『トルコから世界へ』明石書店，1998年.

田辺裕監修『世界地理大百科事典５　アジア・オセアニアⅡ』朝倉書店，2002年.

鈴木崇生『今日も病院に銃弾の雨が降る』亜紀書房，1999年.

坂本卓「『衛星電波』が結ぶクルド民族」アジアプレス・インターナショナル編『匿されしアジア　ビデオジャーナリストの現場から』風媒社，1998年.

坂本卓「砂塵舞う大地へ」アジアプレス・インターナショナル編『アジアの傷　アジアの癒し』風媒社，2000年.

Nader Entessar, *Kurdish Ethnonationalism,* Lynne Rienner Publishers, 1992.

Christopher Hitchens, “Struggle of the Kurds,” *National Geographic*, August 1992.

Peter Bosshard, “Ilisu - a Test Case of International Policy Coherence.”
（River Net = http://www.rivernet.org/turquie/ilisu.htm）

Claudia Steiner, “Dam Waters rise on Turkey's ancient.”
（Kurdistan Web = http://www.humanrights.de/~kurdweb/keo/english/enviro/dams/dam-debate-35.html）

著者紹介

松浦範子（まつうら・のりこ）

1964年，千葉県生まれ．1986年，武蔵野音楽大学音楽学部器楽学科卒業．
高校教師，会社員などを経て，現在，フォトグラファー．
トルコ，シリア，イラン，イラクのクルディスタンを繰り返し訪問し続けている．

クルディスタンを訪ねて――トルコに暮らす国なき民

2003年3月15日　第1刷発行
2004年6月15日　第2刷発行

著　者＝松浦範子

発行所＝株式会社 新 泉 社

東京都文京区本郷2－5－12
振替・00170－4－160936番　TEL 03(3815)1662　FAX 03(3815)1422
印刷・モリモト印刷　製本・榎本製本

ISBN4-7877-0300-5　C0036